전환의 시대, 사회공헌을 다시 묻다

전환의 시대, 사회공헌을 다시 묻다

데이터와 현장으로 읽는 변화의 지형도

김소영 | 신수민 | 신혜미 | 고대권 | 서진석 | 조성도 | 김경리 지음

페이퍼로드
paperroad

전환의 시대,
사회공헌을 다시 묻다

초판 1쇄 발행 2025년 11월 10일

지 은 이 김소영, 신수민, 신혜미, 고대권, 서진석, 조성도, 김경리

펴 낸 이 최용범
편집기획 이원석
관　　리 이영희
마 케 팅 강은선
디 자 인 이춘희
인　　쇄 ㈜다온피앤피

펴 낸 곳 페이퍼로드 paperroad
출판등록 제2024-000031호(2002년 8월 7일)
주　　소 서울시 관악구 보라매로5가길 7 1309호
이 메 일 book@paperroad.net
페이스북 www.facebook.com/paperroadbook
전　　화 (02)326-0328
팩　　스 (02)335-0334

ISBN　　979-11-92376-61-5 (03330)

- 이 책은 저작권법에 따라 보호받는 저작물이므로 무단 전재와 무단 복제를 금합니다.
- 잘못 만들어진 책은 구입하신 서점에서 교환해드립니다.
- 책값은 뒤표지에 있습니다.
- 이 책을 인공지능 학습용 자료로 무단 활용하는 모든 시도를 엄금합니다.

발간사

전환의 시대,
함께 만드는 사회공헌의 미래

　우리는 지금 거대한 전환의 한가운데 서 있습니다. 기술혁신과 인구구조 변화, 기후위기와 사회 양극화—21세기를 관통하는 이 복합적 변화의 물결은 우리 사회의 거의 모든 영역을 재편하고 있습니다. 특히 코로나19 팬데믹은 그 전환의 속도를 기하급수적으로 앞당겼고, 사회 가치를 위한 활동인 사회공헌의 중요한 변화를 추동하고 있습니다.

　1998년 IMF 외환 위기 속에서 출범한 이후, 사랑의열매는 한국 사회공헌의 역사와 함께 걸어왔습니다. 국가적 위기와 재난의 순간마다 기업과 시민, 그리고 정부 사이를 잇는 가교로써 수많은 나눔의 장면을 함께 만들어왔습니다. 그리고 지금, 우리는 다시 한번 중요한 기로에 서 있습니다. 지난 30년의 경험을 성찰하고, 다음 30년을 준비해야 할 시점에 있습니다.

　『전환의 시대, 사회공헌을 다시 묻다』는 바로 이러한 문제의식에서 출발했습니다. 이 책은 단순히 사회공헌 현황을 제시하는 책이 아닙니다. 한국 사회공헌의 흐름을 종합적으로 진단하고, 그 변화의 방향을 입체적으로 조명하며, 무엇보다 '다음 세대의 사회공헌 언어'를 함께 만들어가기 위한 초대장입니다.

책을 읽으며 독자 여러분은 한 가지 분명한 메시지를 발견하게 될 것입니다. 그것은 바로 '협력'입니다. 지역소멸과 기후위기 같은 복잡한 난제는 어느 한 주체의 노력만으로는 해결할 수 없습니다. 기업과 비영리조직, 정부와 시민, 기술과 현장이 함께 문제를 새로 정의하고, 해결의 질서를 재구성할 때, 비로소 진정한 변화가 가능합니다.

이 책이 제시하는 또 다른 핵심 키워드는 '임팩트'입니다. 사회공헌의 성과를 측정한다는 것은 단순히 보고서를 위한 숫자를 만드는 일이 아닙니다. 그것은 우리의 활동이 만들어낸 진정한 변화를 이해하고, 더 나은 방향으로 나아가기 위한 나침반입니다. 한 아이의 인생이 바뀌는 순간, 한 지역사회가 회복탄력성을 얻는 과정―이러한 변화의 본질을 포착하되 훼손하지 않는 방법을 찾는 것이 우리의 과제입니다.

사랑의열매는 이러한 시대적 요구에 부응하기 위해 '사회공헌 정보 플랫폼'을 새롭게 열었습니다. 데이터와 정보를 축적하고 공유하며, 기업과 비영리를 연결하고, 성과를 투명하게 공개하는 이 플랫폼은 단순한 정보 시스템을 넘어, 한국 사회공헌 생태계의 신뢰와 협력을 강화하는 공공재로 기능할 것입니다.

전환의 시대는 불확실하지만, 기회로 가득합니다. 한국의 사회공헌이 이 기회를 어떻게 활용하느냐에 따라 우리 사회의 미래가 달라질 것입니다. 협력하고, 임팩트를 측정하며, 생태계를 확장하는 것—이것이 전환의 한복판이자 협력의 시작점에 선 우리가 다음 세대에게 건네는 메시지입니다.

사회공헌을 진지하게 바라볼 줄 아는 모든 협력자가 각자의 시각으로 이 책의 내용을 해석하며 또 다른 새로운 것들을 만들어 나가기를 기대합니다. 그 변화의 여정 속에서 사랑의열매는 여전히, 그리고 앞으로도 한국 사회공헌의 중심에서 신뢰와 협력의 플랫폼으로 존재할 것입니다.

새로운 언어를 말할 용기를 가진 모든 분들과 함께, 다음 세대의 사회공헌을 만들어가기를 희망합니다.

감사합니다.

2025년 11월
사랑의열매 사회복지공동모금회 회장 김병준

차례

발간사
전환의 시대, 함께 만드는 사회공헌의 미래 _005

서론
전환의 시대, 한국 사회공헌의 새로운 길을 모색하며 _009

1장
지난 30년간 우리 사회의 사회공헌 경험 _017

2장
국내 사회공헌 Fact Sheet: 지난 5년의 사회공헌 경험 _037

3장
글로벌 기업의 사회공헌 실천: 미국, 영국, 프랑스의 최신 흐름 _069

4장
ESG와 사회공헌 _107

5장
환경·사회 문제에 대한 접근 변화 _141

6장
사회공헌 이해관계자의 변화 _183

7장
기술변화와 사회공헌 _207

결론
전환의 한가운데에서 협력을 재조명하다 _235

서론

전환의 시대, 한국 사회공헌의 새로운 길을 모색하며

21세기 초반을 관통하는 시대적 키워드는 '전환(transition)'이다. 기술, 인구, 기후, 노동, 가족, 복지 등 사회의 거의 모든 영역이 빠른 속도로 재편되고 있다. 코로나19 팬데믹은 그 전환의 속도를 기하급수적으로 앞당긴 결정적 계기였다. 대면에서 비대면으로, 중앙 집중에서 분산으로, 효율에서 회복탄력성으로의 변화는 사회 전반의 패러다임을 뒤흔들었다. 이러한 변화는 경제와 정치의 영역을 넘어 사회적 가치 실현의 방식, 즉 '사회공헌'의 본질적 의미와 구조에도 근본적인 질문을 던지고 있다.

그동안 한국 사회의 사회공헌은 고도 성장기 산업화와 함께 기업의 책임 의식이 확장되는 과정에서 발전해 왔다. 자발적 기부와 기업재단 중심의 자선형 사회공헌에서 시작하여, IMF 외환 위기를 거치며 사회 안전망의 보완적 기능을 수행했고, 2000년대의 전략적 사회공헌과

CSR, 그리고 2010년대의 ESG와 CSV로 진화해 왔다. 그러나 코로나 19 이후, 인류가 동시에 경험한 복합 위기 속에서 사회공헌의 역할은 단순한 '보완'이나 '후원'의 차원을 넘어, 사회 시스템의 재구성에 동참하는 공공적 행위로 재정의되고 있다.

전환기의 진단
: 왜 지금 사회공헌을 다시 바라봐야 하는가?

오늘날 사회공헌은 세 가지 도전 앞에 서 있다. 첫째, 사회구조의 급격한 재편이다. 지역소멸, 초고령화, 청년 불안, 불평등 심화, 기후위기 등 복합적 문제들이 동시다발적으로 진행되고 있다. 공공 재정의 제약이 커지고, 복지 수요는 급증하는 상황에서 사회공헌은 단순한 '선행의 보조 축'이 아니라 사회문제 해결의 '공동 파트너십' 구조로 설계해야 하는 시점에 있다.

둘째, ESG 경영과 디지털 전환이다. ESG는 사회공헌을 기업의 '별도 부서'가 아닌 기업 정체성의 핵심 요소로 재편하고 있다. 동시에 인공지능과 빅데이터, 플랫폼 기술의 확산은 사회공헌의 방식과 평가 패러다임을 근본적으로 바꾸고 있다. 데이터 기반 임팩트 측정과 기술 나눔의 융합은 이제 선택이 아닌 전제 조건이 되었다.

셋째, 신뢰의 위기와 공공성의 재구성이다. 사회의 다층적 갈등이 심화되는 상황에서, 사회공헌은 '누가', '무엇을 위해', '어떻게' 수행하느냐에 대한 사회적 합의를 새롭게 구축해야 한다. 공공성은 더 이상 국가의 고유영역이 아니라, 민간과 시민이 함께 기획하고 실천하는 공동의 질서로 재정립되어야 한다.

이러한 변화의 한가운데에서, 사랑의열매 사회복지공동모금회는 우리 사회의 가장 오래되고 가장 넓은 사회공헌 파트너로서 다시 한번 중요한 질문을 던지고자 한다. 한국 사회의 지난 30년, 사랑의열매는 국가적 위기와 재난의 순간마다 기업, 시민, 그리고 정부 사이를 잇는 가교로써 수많은 사회공헌의 경험을 공유해왔다. 그리고 지금, 변화의 소용돌이 속에서 다음 세대의 사회공헌을 준비해야 할 시점에 서 있다.

이 책을 펴내는 이유

『전환의 시대, 사회공헌을 다시 묻다』는 한국 사회공헌의 흐름을 종합적으로 진단하고, 그 변화의 방향을 입체적으로 조명하기 위한 기록이다. 단순히 사회공헌의 현황을 나열하는 백서가 아니라, 사회공헌의 '변화'와 '의미'를 해석하는 책으로 기획되었다. 이 책이 발간되는 이유는 세 가지로 요약할 수 있다.

첫째. 변화의 맥락을 통합적으로 기록하기 위해 이 작업을 시작하였다. 코로나19 이후의 사회공헌은 복지, 경제, 기술, 지역의 교차점에서 재정의되고 있다. 본서는 통계와 미디어 데이터, 기업보고서, 현장 인터뷰를 종합해 이러한 구조적 변화를 입체적으로 보여준다. 특히 최근 5년간의 데이터뿐 아니라, ESG와 디지털, 이해관계자와 기술혁신 등 미래 변화를 아우르고자 하였다.

둘째, 사랑의열매가 걸어온 사회공헌의 궤적을 성찰하는 데 필요하다. 한국 사회공헌의 역사에서 사랑의열매의 궤적은 곧 사회공헌의 궤적이었다. 사랑의열매의 사회공헌 역사와 한국의 사회공헌 역사를 별도로 들여다보았을 때, 둘의 궤적이 다르지 않음을 확인하였다. 1998년 IMF 외환 위기 속에서 출범한 이후, 기업과 시민의 사회적 책임이 제도화되는 과정에서 모금회는 항상 중심에 있었다. 이제는 축적된 경험을 바탕으로 사회공헌의 '공유 플랫폼'이자 '사회혁신 파트너'로서 새로운 역할을 제시해야 한다.

셋째, 미래의 사회공헌 방향을 제안하는 데 필요하다. ESG, 기술혁신, 지역 균형, 공공-민간 협력, 그리고 임팩트 평가의 제도화는 앞으로 사회공헌이 나아가야 할 새로운 축이다. 본서는 이러한 변화를 체계적으로 조망하며, 사회공헌이 사회적 신뢰를 복원하고 새로운 연대의 인프라를 만드는 길을 제안한다.

각 장의 구성과 주요 내용

이 책은 총 일곱 개의 장으로 구성되어 있으며, 각 장은 '과거-현재-미래'를 잇는 연속선 위에서 한국 사회공헌의 궤적과 방향성을 조명한다. 1장 '지난 30년 우리 사회의 사회공헌 경험'에서는 해방 이후부터 현재까지의 사회공헌 역사적 흐름을 통시적으로 복원한다. 기업재단 중심의 자선형 기부, IMF 이후 협업형 사회공헌, 2000년대 전략형 CSR, 2010년대 ESG와 CSV로의 진화를 조망하며, 사회복지공동모금회의 출범과 그 상징적 의미를 조명한다.

2장 '국내 사회공헌 Fact Sheet: 지난 5년의 변화'에서는 본격적으로 현재라고 할 수 있는 최근 5년간의 우리나라 사회공헌을 짚어본다. 국세청 법인세 신고자료, 사회공헌백서, 주요 기업 사회가치 보고서, 최근 5년의 신문기사 등을 바탕으로, 코로나19 이후 5년간의 사회공헌 규모·추이·패턴을 정리한다. 특히 기부금 총액, 참여기업의 분포, 자원봉사 변화 등을 통해 사회공헌의 양적·질적 전환을 입체적으로 분석한다. 3장 '글로벌 기업의 사회공헌 실천'에서는 미국, 영국, 프랑스 등 주요 국가의 사회공헌 변화를 분석하였다. 우리나라의 변화를 제대로 확인하기 위해 사회혁신, 임팩트투자, 공공-민간 협력의 제도화 등 바깥의 변화도 함께 살펴봄으로써 주체적이면서도 동시에 객관적 시각을 유지하고자 한다.

4장부터 7장에서는 현재의 변화를 좀 더 심도 있게 다루고자 하였다. 이런 변화 속에 이미 가까운 미래가 보인다. 겉으로 드러나는 데이터와 보고서에는 쉽게 포착되지 않는 실질적인 변화와 경험을 살펴보고자 하였다. 특히 개인 혹은 그룹인터뷰를 통해 더 심도있는 변화의 조짐들을 점검하고, 새로운 통찰을 포착하였다.

4장 'ESG와 사회공헌'에서는 ESG 경영 확산 이후 사회공헌이 어떤 전환점에 놓이게 되었는지를 고찰한다. 자선형 기부에서 전략형 사회공헌으로의 이동, 사회적 가치 기반의 성과 중심 패러다임 전환, ESG 보고서 내 사회 항목의 구조화 등 사회공헌의 제도적 전략화 흐름을 다룬다.

5장은 ESG의 부상과 함께 기업 사회공헌의 주제가 환경과 사회문제에 어떻게 재조명되고 있는지를 분석한다. 최근 기업들은 사회공헌 프로그램을 기획할 때, 단순한 기부나 지원을 넘어서 기후위기 대응, 자원순환, 생물 다양성 보호 등 글로벌 환경 이슈와의 연계를 강화하고 있다. 특히, ESG 경영과의 전략적 정합성을 고려하여 환경 관련 활동이 확대되고 있으며, 이는 ESG 공시 및 규제 변화에 따른 기업의 대응 전략과도 연결된다. 기업 내부에서는 사회공헌이 ESG의 '사회(S)'를 넘어 환경 이슈까지 포괄하는 실행 수단으로 기능하고 있으며, 기존 사회공헌의 경험과 자산이 이러한 변화 속에서도 지속적으로 활용되고 있다. 이처럼 사회공헌은 ESG 경영 속에서 환경과 사회 문제를 통합적으로 다루는 연결고리로서 그 실천적 의미가 강화되고 있는 양상을 보여준다.

6장 '사회공헌 이해관계자의 변화'에서는 기업 외브의 이해관계자들이 단순 수혜자가 아니라 전략적 파트너로 자리 잡는 과정을 조망한다. 특히 시민, 지방정부, 중간지원조직, 사회적경제 주체 등과의 협력 모델은 사회공헌의 확장성과 지속가능성을 좌우하는 핵심 변수가 되고 있다.

7장 '기술변화와 사회공헌'에서는 생성형 AI, IoT, 데이터 기반 플랫폼 등의 기술이 사회공헌의 대상과 방식, 평가 구조를 어떻게 바꾸고 있는지를 탐색한다. 기술은 도구를 넘어 사회공헌의 철학과 언어까지 변화시키고 있으며, 기술 기반 사회공헌의 가능성과 한계 모두를 함께 진단한다.

다음 세대를 위한 사회공헌의 언어를 만들며

사랑의열매는 지난 25년간 한국 사회공헌의 흐름을 가장 가까이에서 기록해 온 기관이다. 이 책은 그 기록의 연장선이자, 다음 세대를 위한 '사회공헌의 언어를 새로 쓰는 시도'이다. 사회공헌이 더 이상 '주어진 문제 해결을 돕는 일'이 아니라, '함께 문제를 새로 정의하고, 해결의 질서를 재구성하는 과정'이 되어야 하는 시대. 그만큼 언어와 구조, 실행 방식 모두에서 근본적인 변화가 요구되고 있다.

이 책은 이러한 변화의 중심에서, 사회공헌을 계획하고 실천하는 다양한 주체들에게 구체적인 방향성과 인사이트를 제시하고자 한다. 기업의 CSR/ESG 실무자에게는 사회공헌이 ESG 전략과 어떻게 접목될 수 있는지를 보여주는 실천적 로드맵이 될 것이며, 지방정부와 중간지원조직에는 지역 기반의 파트너십과 거버넌스를 설계하는 데 필요한 근거자료로 기능하길 바란다.

비영리조직과 사회복지기관 종사자에게는 변화하는 기업 환경과 이해관계자 구조 속에서 민간 협력의 새로운 가능성을 탐색하는 데 도움이 될 것이다. 그리고 연구자와 정책 기획자, 나아가 사회공헌에 관심을 가진 시민과 청년 세대에게는 오늘날의 사회공헌이 어떤 사회적 전환 속에 놓여 있는지를 이해하여 그것을 다음 세대의 언어로 다시 써 내려가는 출발점이 되기를 바란다.

이 책은 사랑의열매 나눔문화연구소의 연구과제인 '2025 한국 사회공헌 현황과 이슈' 보고서를 토대로 재정리하였다. 이 연구는 사랑의열매가 대한민국 사회공헌의 더 나은 발전을 위해 새롭게 추진하는 '사회공헌 정보플랫폼'의 출범을 계기로 지난 과거와 급변하는 현재를 명확하게 진단하고자 하는 의도로 수행되었다. 보고서의 모든 내용을 책에 담을 수 없기에 핵심적인 메시지를 중심으로 압축하였다. 더 많은 사례와 분석의 내용은 나눔문화연구소 블로그를 통해 제공되는 보고서를 통해 확인할 수 있다.

무엇보다 이 책은 사회공헌을 둘러싼 데이터, 제도, 현장, 글로벌 흐름을 통합적으로 조망하고자 했다. 단편적인 사례를 나열하거나 개별 주제를 분석하는 것을 넘어서서 구조와 패러다임, 그리고 실천의 접점을 동시에 탐색하고자 노력하였다. 따라서 독자들은 이 책을 하나의 연속된 흐름으로 읽되, 각 장을 필요한 문제의식에 따라 선택적으로 탐색할 수도 있을 것이다.

다음 세대의 사회공헌은 새로운 질문을 던질 줄 알아야 한다. 이 책이 그러한 질문을 던지는 출발점이 되기를, 그리고 그 질문이 새로운 실천을 낳는 연결선이 되기를 바란다. 물론 이 책이 말한 변화에 대한 해석의 다양성 또한 활짝 열려 있다. 사회공헌을 진지하게 바라볼 줄 아는 모든 협력자들이 각자의 시각으로 이 책의 내용을 해석하며 또 다른 새로운 것들을 만들어나갈 수 있기를 기대한다.

미래의 명확한 그림은 누구도 알 수 없다. 이 책에서 미래 그림이 이

것이라고 단언한다면, 아마도 그것은 교만이거나 혹은 과장일 수 있을 것이다. 특히 향후 5년 아니 3년의 변화를 예측하기도 어려울 정도로 변화의 속도가 빠른 이 시기에는 더더욱 그렇다. 사회공헌의 필드에서 마음껏 상상하고 또 그것을 실제로 구현해 내왔던 유능한 협력자들이 이 책을 디딤돌 삼아 새로운 변화와 혁신, 임팩트를 이끄는 아이디어를 현실화해주기를 기대한다.

1 장
지난 30년간 우리 사회의 사회공헌 경험

　모름지기 기업은 경영을 잘해서 사업의 성과를 내고 더 많은 고용을 창출하는 것이 본연의 역할이다. 새롭고 경쟁력 있는 서비스와 제품을 만들며 망하지 않고 지속하는 것 자체가 사회에 기여하는 것이며, 존재 자체의 목적인 것이다. 그러나 그러한 목적 외에도 기업 또한 사회 구성원의 하나인 이른바 '기업시민'으로서, 소속된 사회를 위해 기여해야 한다는 또 다른 사명도 엄연히 존재한다. 그것이 기업인 개인의 자선적 동기, 혹은 애국심에서 출발하였든 아니면 기업의 마케팅 전략이든, 혹은 정말 사회에 이윤을 더 환원하고 공동체를 이롭게 하고자 하는 순수한 동기든 간에 기업의 사회공헌 활동은 영향력이 있고 또 중요하다.
　우리나라 기업 사회공헌의 현재 변화와 이슈를 설명하기 전에 이제까지 우리 사회에서 기업의 사회공헌은 어떤 흐름으로 전개되어 왔는지를 살펴볼 필요가 있다. 물론 기업 사회공헌 자체의 포지셔닝과 내용적 변화의 현재 모습을 포착하는 것은 너무도 중요하다. 그러나 우리 사회가 경험한 정치, 경제, 사회라는 넓고 긴 서사 속에서 사회공헌 활동이 걸어온 길을 살펴보면 기업 사회공헌 활동의 의미를 파악하는 데 있어 훨씬 더 풍부한 이해를 얻게 된다. 그 시대에 맞게 기업들이 사회를 위해 무엇을 하고자 하였는지 어떠한 기여를 했는지 살펴보는 것은 사회적으로 의미 있는 사회공헌 활동의 본래 목적에 더 가깝게 접근하는 길임이 분명하다.

이번 장에서는 1945년 해방 이후부터 현재까지 한국의 현대사 흐름 속에서 자리 잡게 된 사회공헌의 태동과 변화를 간략하게 살펴보고자 한다. 기존 연구나 자료를 참고하면서 연구진의 토론, 사회공헌 관계자, 모금회 임직원들의 인터뷰를 통해 얻은 정보들을 재구성하여 정리하였다.

해방 후 1990년대까지

일제 강점기 우리나라의 기업 혹은 회사들은 주로 일본 제국주의 시민들이 가질 수 있는 전유물이었다. 회사법 하에서 조선인들의 기업 활동은 극도로 제한적일 수밖에 없었다. 그러다 1945년 갑작스럽게 맞이하게 된 해방으로 인해 일본인들이 남기고 철수해버린 사업체들의 회수, 그리고 소유권 지정의 문제는 극심한 시대적 혼란 속에서 해결해야 할 또 하나의 과제가 되었다. 더군다나 1948년 가까스로 맞이한 대한민국 정부수립 이후 또다시 겪게 된 3년간의 비참한 전쟁은 아무것도 남지 않은 제로베이스 상태를 만들기에 족한 것이었다. 사실상 기업을 꾸리기 위한 자본의 축적 자체가 요원한 일이었기에 여러모로 우리 기업활동 역사의 시작점이 한국전쟁 이후였다는 점에 대해서는 오히려 이론(異論)이 없어 보인다.

　이러한 상황에서 한국 전쟁 이후 재건을 위한 국제사회의 막대한 원조, 그 당시 우리 정부의 주도적 기획과 전략적 자원 집행이 우리나라에서 기업활동이 출발하게 된 토대가 되었다고 해도 지나친 과장은 아닐 것이다. 적어도 50년대까지의 초기 기업들은 초대 정부와 발맞추어 나라를 보위하고 국민들의 의식주를 해결하는 역할을 수행하는 공적 의무를 부여받은 주체로서 기능하였다.

　1962년 박정희 정권이 들어서면서 제1차 경제개발 5개년 계획이 수립되었다. 경공업 중심의 수출주도 경제개발을 추진하고자 했던 정부의 계획에 부응하여 사업을 키우고 수출을 주도한 기업들은 큰 성장의 모멘텀을 잡았다. 정부도 적극적으로 기업들을 키웠다. 기업은 이윤이 늘어나며 규모도 커졌지만, 정작 세금을 내야 하는 국민들의 주머니는 여전히 가볍고 얇기 그지없었다. 조세기반이 턱없이 취약한 상태에서 나라를 운영하는데 드는 자금을 조달하기 위해 가난한 국민들도 각종 성금과 헌납으로 십시일반 기여하는 것이 당시의 사회 분위기이자, 문화였고, 구성원의 의무였다. 불우이웃돕기, 방위성금, 호우피해 지원 성금 등 신문지면에 오르는 다양한 나라의 어려움이나 이웃의 어려움에 마치 자기 일인 양 호응하던 때였다. 기업들이라고 예외는 아니었다. 작은 사업을 하든, 큰 사업을 하든 힘껏 기부하면서 신문에 이름도 내고 뿌듯함도 누리던 시절이었다. 어려운 사람을 돕는 동포애에 체면까지도 세울 수 있어 성금을 내는 것은 당연하고도 자발적인 행위였다.

　그러나 이러한 자발적 활동들은 사실상 1972년 박정희 정부가 주체가 되어 방위성금을 걷겠다고 선언한 이후로 완전히 다른 분위기로 전개되었다. 당시 〈조선일보〉를 보면 6월 호국보훈의 달에 앞서 방위성금 모금이 시작된 직후에 삼성, 현대, 럭키, 한진, 삼양그룹 등 당시 주요 대기업 회장들이 너나 할 것 없이 박정희 대통령이나 총리를 만나

거액의 방위성금을 전달했다는 기사가 줄을 이었다.[1] 정부 주도의 계획과 지원을 힘입어 규모를 키워가던 기업들은 서슬 퍼런 권위적 군사정권 요구 앞에서 자의 반 타의 반으로 기부에 동참하였을 것이다.

이런 현상은 매년 여러 성금을 모으는 과정에서 반복되었고, 1980년대 중반까지도 이어졌다. 물론 이러한 70년대의 기업 기부가 사회공헌 활동이라고 볼 것인가에 대한 논란은 있다. 하지만 명확하게 규명할 수 없는 동기와 의도를 배제하고 가시적 활동만 본다면, 아마도 국민들이 일사불란하게 사회공헌 활동에 동참하는 기업들의 모습을 명확하게 인식한 것은 이즈음부터라고 유추할 수 있다.

물론 초창기 기업의 사회공헌이 이렇게 수동적인 면만 있었다고 본다면, 그것은 대단한 오해이다. 이미 1950년대부터 개인과 가족을 중심으로 한 장학회 등이 생겨나기 시작했고,[2] 1960년대부터 기업 차원에서 사회에 대한 기여를 실행에 옮기는 활동들이 포착되기 시작하였다. 1965년 설립한 삼성문화재단을 시작으로, 1970년대에도 몇몇 선구적인 기업가들이 애국적 동기로 기업의 이름을 딴 재단을 설립하였다. 1970년 "기업은 사회의 공기(公器)"라는 신념으로 유한양행의 유일한 박사가 자신의 사재와 유한양행 주식을 사회에 환원하며 설립한 유한재단, 1971년 포스코 창업주 박태준 회장이 설립한 제철장학회(현재 포스코 청암재단), 1973년 종근당 창업주 이종근 회장이 설립한 종근당 고촌 재단, 1977년 현대 아산 정주영 회장이 설립한 아산사회복지재단 등이 1970년대에 설립했던 대표적인 기업재단들이다.

---

[1] 김소영, 김수영, 조남경, 허용창, 유재윤, 송기호, 박준혁 (2020). 나눔토대연구 : 한국의 나눔, 정의와 변천. 사회복지공동모금회 나눔문화연구소 조사연구 2020-09, 72.

[2] 1939년대 후반 삼양사 창업주인 김연수 회장이 설립한 국내 최초 민간 장학재단인 양영재단(서울신문, 2024.7.18.)을 제외하고, 1950년대부터 본격화한 재단 설립이 포착된다. 전 삼성그룹 부회장인 홍진기 씨가 사재를 출연하여 1954년 설립한 일신문화재단 등이 있다.

이러한 기업의 재단 중심 사회공헌 활동은 1980년대에 크게 확대된 이래로 현재까지 지속된다. 1980년대에 이미 약 38개의 기업 재단이 설립되었다는 보고가 있다.³ 기업이 재단을 설립하면 독자적으로 고유의 활동을 할 수 있어 사업의 전문성이나 지속성을 담보할 수 있다는 이점을 갖게 된다. 모기업에서 지속적으로 출연금을 받거나, 일정 부분 주식을 보유하여 배당금과 자산운용 수익으로 목적사업을 수행하며 재정적 안정성이 뒷받침되기에 가능한 일이다. 물론 운영의 부담이나 비용 발생의 측면이 단점이지만, 법적으로 공익법인의 형태를 갖추었기 때문에 모기업과 관계를 깊게 유지하면서도 공익법인이 가지는 사회적 가치나 환원에 대한 의미를 살리는 구조로 유지될 수 있다.

1990년대부터 : 기업의 사회적 책임 요구와 경영전략으로서의 사회공헌

현재의 기업 사회공헌 사업들은 대체로 기업 내부의 사회공헌팀이나 ESG팀 등을 통해 수행되고 있다. 장학사업이나 복지, 의료 같은 전통적 기부사업을 수행하는 기업재단 중심의 기업 사회공헌 활동이 왜 기업 내부의 조직이나 구성원을 통해서 하는 사회공헌 활동으로 변하게 되었을까? 이것은 사회공헌 활동의 성격 혹은 역할 변화에 있어서 매우 중요한 질문이다.

이 질문에 대한 해답은 이미 여러 논자들이 다각도로 설명한 바 있다.⁴ 몇 가지 중요한 요인들을 국내외 상황으로 간단히 정리해 보면

---

3   정구현(1996) 한국 기업의 사회적 책임과 사회공헌 활동. 연세경영연구, 33(2), 233~251.
4   이상민(2016) 한국 CSR의 역사. 시민사회와 NGO, 14(1), 한양대학교 제3섹터연구소,

다음과 같다. 한편 국내 상황을 살펴보면, 1980년대부터 1990년대는 1987년 민주화 운동 이후 시민사회의 성장, 노동자의 권리 수호에 대한 움직임이 활발해지던 시기였다. 이 시기 우리 국민들도 급성장한 기업들이 사회적 책임을 져야 함을 강조하며 기업이 본업과 직결된 여러 사회적 문제에 더 적극적으로 대응하라는 요구를 하는 상황이었다. 특히 1990년대 초반 발생한 페놀 유출 사태(1991), 성수대교 붕괴(1994), 삼풍백화점 붕괴(1995) 등의 사고도 경제적 성과에만 초점을 두었던 기업 활동에 대해 사회적 책임을 촉구하는 계기가 되었다.[5] 이러한 사회적 분위기로 인해 주요 대기업들은 기업의 윤리강령과 환경보고서를 발간하였다. 또한 1996년에 전국경제인연합회에서는 '기업윤리헌장'이 제정되었고, 삼성경제연구소는 처음으로 기업의 사회적 책임(Corporate Social Responsibility) 개념을 다룬 연구보고서를 발간하였다.[6]

또한 기업의 글로벌 진출이 많아지면서 기업들은 다국적 기업에게 국제적으로 요구되던 기업의 사회적 책임에 따른 다양한 활동에 반응할 수밖에 없었다. 기업재단들을 통해 핵심 사업과는 다소 동떨어진 분야의 자선사업이나 장학사업으로 사회에 기여하던 것만으로 만족할 수 없는 상황에 직면했다. 기업 활동으로 인해 파생되는 여러 현상에 전략적 대응을 강화하기 위해서는 기업 내부에서 경영전략과 연계하

93-140.
유승권(2022) ESG 시대, 기업사회공헌의 역사적 흐름과 전략과제. ESG경제 (2022.1.1).
한솔(2022) CSR의 한국적 진화: SK의 사회적 기업 생태계 지원 전략을 중심으로. NGO 연구, 17(3), 123~183.
5 김소영, 김수영, 조남경, 허용창, 유재윤, 송기호, 박준혁 (2020). 나눔토대연구 : 한국의 나눔, 정의와 변천. 사회복지공동모금회 나눔문화연구소 조사연구 2020-09. 120.
6 21세기 초일류경영 동양정신서 나온다, 매일경제(1996.7.14.).
https://www.mk.co.kr/news/economy/1625769

여 직접 CSR 활동을 추진해 나가는 것이 필요했다. 증가하는 환경 문제, 소비자 권리, 지역사회 문제 등에 적극적으로 대응할 필요가 있어서였다. 홍보실이나 대외협력실, 마케팅 부서에서 발 빠르게 진행하는 것이 기업의 입장에서는 더 전략적이고 적합한 것이었다고 볼 수 있다. 이런 이유로 기업 사회공헌은 기업 외부에 기업재단을 설립하는 한편, 조직 내부에 사회공헌을 담당하는 팀이나 인력을 배치하는 형태로 분화되었다.

우리나라에서 기업 사회공헌의 흐름을 또 한 번 드라마틱하게 바꾼 결정적인 변곡점은 1997년 IMF 외환 위기였다고 할 수 있다. 성장 가도만을 달리던 한국경제가 믿기 어려운 위기에 봉착하게 되면서 경제위기를 경험해 보지 못한 국민들의 충격과 불안은 실로 대단했다. 수많은 기업들, 심지어 일부 대기업과 은행들마저도 경제위기의 파고를 넘지 못한 채 속절없이 무너졌다. 많은 근로자들이 일자리를 잃어 거리로 나오는 상황이 발생했다. 이른바 실직노숙자들이 서울역 광장에 넘쳐나고, 노상 급식을 받기 위해 줄을 길게 늘어선 뉴스의 장면은 우리가 직면한 위기를 실감하게 했다. 1997년 3.1%이던 실업률은 다음 해에 8.7%로 세 배 가까이 치솟았고, 1995년 9.6%의 경제성장률은 1998년 -6.9%로 곤두박질쳤다.7

이 위기를 비교적 잘 극복한 기업이라고 해도 안도의 한숨만 쉬고 있을 형편은 아니었다. 누구나 기억하다시피 국민들도 개인의 금붙이를 내놓으며 나라의 경제를 살리겠다고 나서는 초유의 상황에서, 경제의 중요한 축을 담당하고 있는 기업들이 공동체가 직면한 위기를 극복하기 위해 일정 부분 역할을 감당해야 하는 것은 일종의 암묵지였다. 더군다나 경제가 이렇게 되기까지 상황판단을 하지 못했던 정부나, 회

---

7   한국은행 경제통계시스템(ECOS).

사를 살리고자 대량 구조조정을 단행하던 기업들로서는 어떤 방식으로든 또 다른 액션을 취하지 않으면 안 되는 상황이었을 것이다.

> "이 때, 정확한 시발점은 알 수 없으나 대한제국기의 국채보상운동처럼 '금 모으기 운동'이 일어났다. 금은 곧 달러처럼 쓸 수 있으니, 장롱 속에 잠자고 있는 금을 모아 나라 빚을 갚자는 것이었다. 이렇게 확산된 '외채 상환 금모으기 운동'은 1998년 1월부터는 KBS 방송국의 '금 모으기 캠페인'이 시작되면서 전 국민이 보상과 헌납의 방식으로 금을 모으기 시작하였다. 결혼반지와 돌반지가 나왔고, 운동선수들은 금메달을 내놨다. 김수환 추기경도 금으로 된 자신의 십자가를 내놨다. 부모의 등에 업혀온 코흘리개 아이부터 백발의 어르신까지 수백 만의 국민이 금모으기에 동참하기 위해 길게 줄을 섰다. 위안부 피해 할머니들도 금반지를 내놨고 재외동포들까지도 합세했다. 그렇게 온 국민이 모은 금이 석 달 동안 227톤으로 18억 달러 어치, 현재 기준으로 2조 5천억 원어치였다. 금모으기에 동참한 사람 숫자만 약 351만 명이었다. 금모으기 운동은 실제적으로 외환위기 탈출의 발판이 되기도 했으나, 하루 속히 나라 빚을 갚고 금융위기를 극복하자는 국민들의 단결력을 보여준 사례로, 외국인들에게는 '불가사의한 한국인의 힘'의 하나로 인상에 남았다. 2015년 8월 한 방송사(MBC)에서 '광복 70주년 대국민 의식조사'를 했는데 광복 이후 가장 자랑스러웠던 순간은 '월드컵 4강 진출'이었고, 그 뒤가 88 올림픽개최, 세 번째가 'IMF 극복, 금모으기 운동'으로 꼽혔다"
>
> 국가기록원_기록으로 만나는 대한민국_"IMF 외환위기 극복" 중 일부[8]

1997년 즈음은 비단 경제적 측면에서만이 아니라 정치 및 사회적 측면에서도 중요한 변화의 시기였다. 경제적으로 국가의 외환보유고가 바닥나자 1997년 11월 21일 경제부총리가 국제통화기금(IMF)에 자금 지원 요청을 하고 그 대신에 가혹한 경제 구조조정 요청을 받아들이게 되었다. 이러한 위기 상황에서 1998년 2월 김대중 정부가 새로 들어섰다. 새 정부는 빠르게 경제개혁에 착수했고 여러 조치를 단행하면서 국가적 위기상황을 관리하였다.

---

8 https://theme.archives.go.kr/next/koreaOfRecord/imf.do

김대중 대통령의 취임은 한국 정치사에서 첫 민주적 여야 정권교체라는 중요한 의미를 가진다. 오랜 민주화 운동을 이끌던 대통령의 당선은 권위주의의 청산, 시민사회 활성화, 한반도의 평화에 대해 기대하도록 했다. 무엇보다도 김대중 정부가 지향했던 바는 사회권적 복지제도의 확립과 보편적 사회안전망의 강화, 복지 담론 확산과 정책 대중화였다. 우리나라의 제도적 복지국가 건설의 시작이 김대중 정부 당시부터라는 데에는 큰 이견이 없다. 종전까지 다소 형식적이었던 복지제도의 확충과 국민들의 사회서비스 요구에 부응하는 것은 경제위기 타개만큼이나 중요한 시대적 과업이었다. 복지 서비스를 담당해야 하는 사회복지시설과 비영리기관의 활동이 늘어나야만 했던 상황에, 이를 움직이게 할 재정적 동력이 그 어느 때보다도 강하게 요구되는 시기였던 것이다.

사회복지공동모금회의 설립, 사회공헌의 협업 구조 가동

공교롭게도 사회복지공동모금회는 경제위기의 여파로 서울역 앞이 실직노숙자들로 장사진을 이루던 1998년에 출범하였다. 모금회에 부여된 주된 과업은 과거 불우이웃돕기 성금에 해당하는 대국민 성금의 모금, 관리, 배분이었다. 해방 이후 신문사와 국민들의 자발적 참여로 진행되었던 불우이웃돕기 성금 모금은 1970년대부터 정부가 주도권을 가져가면서 유지됐다. 점차 정부의 조세 재정 사업이 확대되면서, 1980년에 이르러서 정부가 민간의 기부금을 관리하는 것에 대한 문제가 제기되기 시작하였다. 당시 무분별하게 증가했던 수십여 종의 성금이 국민들에게 준조세처럼 큰 부담을 가중시켜 한창 사회적 문제가 되던 시기이기도 했다. 불우이웃돕기 성금의 경우, 1992년 민간경제·사회단체에서 '이웃돕기중앙운동추진협의회'를 결성하며 모금이 계속 유지되어 왔다. 그러다 1997년 2월 '사회복지공동모금법'이 제정되었고, 다시 그 이듬해인 1998년 11월 '사회복지공동모금회법'으로 조직법화하면서 모금회가 설립되었다.

경제적 위기 상황에서 사회복지공동모금회가 이를 극복하기 위한 구심점 역할을 하게 된 것은 매우 절묘한 타이밍이었던 것 같다. 당시 우리나라의 경제적, 정치적, 사회적 어려움 속에서 모금회가 설립 이후 본격적으로 시작했던 1999년 12월, 연말 캠페인에서 삼성그룹의 100억 기부가 이루어졌다.9 삼성의 기부는 한국 사회에서 기업 사회공헌의 신호탄이었다고 해도 과언이 아니었다. 그 이듬해부터 진행된 겨울 캠페인에서 기업들의 사회공헌 기부가 본격화되었고, 대기업의 공동모금회 기부는 현재도 지속되고 있다. 대규모 기업기부금은 사회복지 현장의 초기 성장과 서비스 인프라 구축에 중요한 자원이 되었다.

복지서비스를 빠르게 확충하는데 기업의 사회공헌이 큰 역할을 하였다는 점을 잘 모르는 경우도 많지만 이는 엄연한 사실이다. 이후 설명하게 될 2000년대 기업의 사회공헌 활동을 통해 추진한 모금회 기획사업 내용을 보면 명확히 알 수 있다.

9　사랑의열매(2008), 사회복지공동모금회 창립 10주년 기념집, p79. 1999년 말에 실시된 2000 희망캠페인에서 삼성그룹 이외에도, SK그룹(5억), LG그룹(5억), 포스코 그룹(3억), 롯데그룹(3억), 두산그룹(1억)의 기업 기부가 이루어졌다. 이후 삼성은 매년 100억의 기부를 이어오다가, 2005년 200억으로, 2012년 300억으로, 2013년 500억으로 증액 후 현재까지도 모금회 기부를 유지하고 있다. 대기업의 주요 기부 내용은 사랑의 열매 사회공헌 정보플랫폼(https://csrhub.chest.or.kr)을 참고.

2000년대~2010년대의 사회공헌
: 대규모 사회공헌 사업의 등장과 확대

대기업을 중심으로 한 기업의 사회공헌 사업은 2000년대부터 본격화되었다. 당시 기업은 사회적 역할의 필요성을 인식하기 시작했고 취약계층을 돕고 싶었지만 이에 대한 전문성을 갖고 있지는 못했다. 그 때문에 기업의 초창기 사회공헌 담당자들은 주로 사회복지 영역에서, 혹은 비영리 영역에서 진입한 인력들로 채워졌다. 내부 전담 인력이 없으면, 모금회와 같은 모금 배분기관이나 주요 사회복지기관에 의존할 수밖에 없었다. 기업의 재원으로 복지 주체들을 통해 사회복지 영역에 지원하는 것, 이것이 사회공헌 사업의 주요 골자였다고 할 수 있다.

2000년 이후부터 2010년 중반까지의 사회공헌 활동은 부족하던 복지 인프라를 확충하는데, 어려운 이웃에게 도움을 주는 데 기여하며 확대되어 갔다. 각 기업들의 경험과 노하우가 쌓이면서 자기만의 새로운 사업을 만들기 위해 적극적으로 파트너를 발굴하고 사업을 추진해 나가기 시작하였고, 기업의 홍보나 마케팅 요소를 같이 접목하여 사회공헌을 활성화시켰다. 우리가 IMF 외환위기를 빨리 극복하였기 때문에 기업의 매출 성과도 빠른 속도로 회복된 상황이었다. 자연스럽게 기업의 기부금 액수도 순조롭게 증액되었다. 공공 사회서비스와 복지 인프라도 충분치 않았던 상황이었기에 기업의 사회공헌 활동은 그 자체로 매우 환영받는 일이었다.

기업의 개별 사회공헌 활동과는 별개로 전국경제인연합회(이하, 전경련)를 중심으로 한 대기업 사회공헌 활동의 추진은 이 시기에만 존재했던 독특한 협업의 방식이었다. 1990년대부터 시작된 전경련을 중심으로 한 기업의 사회적 책임에 대한 대응은 2000년대 기업 사회공헌 사업 추진에 있어서도 그대로 적용되었다. 당시 기업을 대표하는 전경련은 개별 회원 기업의 기부금을 모아 공동기금사업을 추진하는 역할을 맡았고, 모금회는 전경련의 파트너로서 대규모 기부금 집행을 기획하고 배분하는 역할을 담당하였다. 기업의 공동기금을 통해 구현된 대표적인 사업인 '전동휠체어 보급 사업', '저상버스 도입 사업', '점자정보단말기 지원 사업', '보듬이나눔이 어린이집 사업' 등은 지금까지도 의미 있고 중요한 사업으로 회자되고 있다. 기업의 기부로 큰 규모의 자원이 필요한 사회복지 인프라를 구축함으로써 기업이 미치는 사회적 영향력은 매우 컸고 이렇게 만들어진 복지서비스들은 사회서비스가 법제화되고 제도화되는 데 중요한 시범사업으로서 기여했다.

사회공헌 규모 면에서 획기적인 기부가 일어났던 것도 이 시기였다. 삼성의 '신경영 20주년 임직원 기부'가 그것이다. 2013년 말 삼성은 신경영 선언 20주년을 기념하여 전 계열사 임직원을 대상으로 특별 격려금(기본급의 100%)을 지급하면서 그중 10%를 각 임직원의 명의로 사회공헌 차원의 기부를 진행했다. 이렇게 모인 기부금이 약 1,100억 원이었다.[10]

이 기부금은 큰 규모라는 면 이외에도 사회공헌 활동에 임직원의 직접 참여가 수반되었다는 점이 새로웠다. 사업의 추진을 위해 모금회와 삼성은 협업 및 기획 과정을 거쳐 기부금 배분을 위한 몇 가지 기획사업안을 도출하였다. 그리고 이 안을 대상으로 임직원 투표를 하였다. 이들 중 어떤 사업을 실시할 지 임직원들에게 직접 선택하도록 한 것이다. 투표 결과 '보호아동청소년 자립통합 지원'(희망디딤돌 사업의 전신), '휴대폰을 이용한 아프리카 영아 사망률 개선', '의사소통 장애인을 위한 대체의사소통 보조 기구 지원', '복지시설 에너지비용 절감을 위한 태양광 발전 시설 지원', '저소득 가정 난치성 질환 치료비 지원', '공공

---

10 한국경제(2013.12.18.). '이건희 산타'... 삼성, 신경영 20주년 특별보너스.
    https://www.hankyung.com/article/2013121866811

복지시설 건립' 등 6개의 지원 사업이 결정되었다.11 특히 임직원의 참여는 기업의 사회공헌 내재화를 가속하는 역할을 하였다고 평가될 수 있다. 다소 이질적이었던 복지기관 출신의 소수 담당자가 추진하는 사업이 아닌 임직원이 직접 참여하는 사회공헌 활동은 기업 내부에서 사회공헌 활동이 단단히 자리 잡도록 하는 계기가 되었다.

이러한 사례를 통해서도 확인할 수 있듯이 사회공헌이 본격화된 2000년 이후부터 이 시기까지는 사실상 사회공헌의 확대기라고 볼 수 있다. 이 시기에 각 기업들은 자기만의 새로운 사업을 만들기 위해 적극적으로 사업을 추진하고 발굴하면서 기업의 홍보나 마케팅 요소를 같이 접목하며 사회공헌을 활성화시켰다.

사회적 책임으로서의 사회공헌에 대한 관심 고조

이러한 흐름이 조금씩 바뀌기 시작한 것은 2010년대 중반부터였다. 한국 기업들의 사회공헌 활동도 약 10년의 경험을 축적하게 된 시점이었다. 사회공헌 사업은 어떻게 추진해야 하는지, 누구와 협업해야 하는지 기업 내부에서 나름의 흐름이 잡혀가던 때이자 동시에 사회공헌 사업에 대한 새로운 변화를 모색하면 어떨까 하는 고민이 시작되는 시기이기도 했다. 단순히 기업이 좋은 일을 한다는 명분으로 기부나 후원만을 하던 것에서 나아가 프로젝트를 기반으로 한, 기획과 설계가 들어가고 의도한 목표를 달성하고자 하는 사회공헌 사업을 고민하게 되었다.

이러한 새로운 버전의 사회공헌에 대한 욕구는 더상 기관이나 사업

---

11 파이낸셜뉴스(2015.9.17.). 삼성 신경영 20주년 맞아 내놓은 임직원 기부금, 하나둘 결과물로.
https://www.fnnews.com/news/201509171152245029

영역의 확대, 사회공헌 방법의 다양화로 이어졌다. 2000년대 하반기부터 사회적기업 인증을 통한 사업이 본격화되면서 기업 사회공헌의 파트너로서 비영리가 아닌 사회적경제 영역의 플레이어들이 활동하게 되었다. 복지 영역과 비영리 영역의 파트너십을 더욱 확장하여 비즈니스 방식과 더 쉽게 소통하는 동시에 사회공헌의 영역과 대상을 더 넓힐 수 있는 새로운 기회들이 포착되기 시작한 것이다. 사회적기업 뿐만 아니라 협동조합, 자활기업, 마을기업 등 비즈니스 방식을 접목하면서도 사회문제를 해결해 나갈 수 있다는 신선한 접근에 사회공헌 자원이 결합되면서 사회공헌 활동의 영역은 더욱 확장될 수 있었다.

2010년 초반부터 시작된 개별 기업의 단일 활동뿐만 아니라 기업들끼리의 협업을 통한 공유공간 조성 사회공헌 사업도 새로운 시도의 예로 거론될 수 있다. KT가 주축이 되어 모인 콜라보 기업들의 '드림드림 스타트 사업'이 이에 해당한다. 이 사업은 서울역 동자동 쪽방촌의 목욕탕을 헐어 새롭게 쪽방 상담소를 만드는 사업이었다. 이른바 새롭게 등장한 '공유경제' 개념을 사회공헌 사업으로 구현해 낸 시도였다고 볼 수 있다. 공유경제 사업이 사회공헌과 만나면서 공간뿐만 아니라 장난감 공유, 놀이터 환경 변화, 생업공간의 리모델링, 주방 공유 등 여러 아이템으로 확산되었다.

2010년 초부터 기업이 사회공헌을 더 심도 있게 다루게 되는 국제적 분위기도 조성되기 시작하였다. 기업의 사회적 역할을 둘러싼 다양한 국내외 변화는 기업으로 하여금 사회공헌 활동이 일부 부서에서 하는 별개의 사업이 아니라 기업의 가치를 제고하고, 사회를 구성하는 다양한 직접적인 이해관계자와 소통하기 위한 핵심적인 활동으로 자리 잡도록 하였다. 맨 먼저 1997년 미국 CERES[12]와 UNEP[13]의 주도하에

---

12 CERES(Coalition for Environmentally Responsible Economies)는 1989년에 미국에서 설립된 비영리 연합체로 기업의 환경 책임성과 지속가능경영 보고를 촉진하기

GRI(Global Reporting Initiative)가 설립되어 2000년 GRI 가이드라인이 발표되었다. 이는 기업이 성과를 발표하면서 재무적 성과에 더하여 사회, 환경적 성과를 함께 보고하도록 하는 기준을 마련하였다는 데 큰 의미가 있다. 2000년 UN Global Compact의 발족도 중요한 지점이었다. 글로벌 기업들이 인권, 노동, 환경, 반부패 등 10대 원칙을 준수해야 함을 천명하였고 우리 주요 대기업들도 가입하였다. 우리나라의 주요 기업들도 글로벌 시장에 본격 진출하여 활동하게 되면서 2000년 중반부터 이러한 움직임에 참여를 시작하게 된 것이다. 2003년부터 삼성 SDI를 필두로 현대자동차, 한화케미칼, 대한항공이 지속가능경영보고서를 국내에서 처음으로 발간하기 시작하였다.[14]

이후의 변화도 이러한 흐름에 결을 같이 한다. 2010년 국제 가이드라인으로 ISO26000[15]이 제정되었다. ISO26000은 '사회적 책임'에 대한 국제 표준 가이드라인으로, 기업을 포함한 모든 조직이 사회적 책임(Social Responsibility, SR)을 어떻게 실천해야 하는지를 제시하였다. ISO26000은 조직 지배구조, 인권, 노동 관행, 환경, 공정운영 관행, 소비자 이슈, 지역사회 참여와 개발 등 7개의 핵심 주제와 원칙을 제시하여 이후 지속가능보고서 작성의 기준점 역할을 하였다. 또한 2015년 제70차 UN 총회에서 2030년까지 달성하기로 결의한 지속가능발전목표(Sustainable Development Goals, SDGs)가 발표되었다. SDGs 목표가 기업의 지속가능보고서에 필수적으로 담겨야 하는 것은 아니지만, 기업의 경영활동의 사회적 기여에 대해 이해관계자들 간의 커뮤니케이

위해 만들어진 연합체이다.
13 UNEP(United Nations Environment Programme)은 1972년 스톡홀름 인간환경회의 이후 설립된 UN의 환경 전문기구다.
14 김소영 외(2020), 나눔토대연구 : 한국의 나눔, 정의와 변천. 사회복지공동모금회 나눔문화연구소 조사연구 2020-09, 123.
15 ISO(2010), *Discovering ISO26000*.
    https://www.iso.org/files/live/sites/isoorg/files/store/en/PUB100258.pdf

션에 핵심적인 지표로 활용되고 있다는 점에서 이러한 변화는 기업 사회공헌 활동에 중요한 지표가 되고 있다.

한편 2010년대 중반 대기업의 기부활동이 큰 위기를 맞이하는 사건이 발생하면서 사회공헌은 또 다른 전환점을 맞게 된다. 바로 박근혜 정부의 미르재단과 K스포츠재단 사건이다. 2015, 2016년에 각각 설립된 이 재단은 박근혜 정부가 문화 한류 확산, 체육 스포츠 지원을 명분으로 설립한 재단으로, 이 재단들은 50여 개의 대기업으로부터 수백억의 기부금을 출연받아 설립되었다. 당시 민간인의 국정농단 사태와 연루되어 재단들의 설립과 운영에서 민간인이 실질적 배후로 지목되면서 결국 대통령의 탄핵, 대기업 총수들의 사법처리라는 엄청난 파장을 불러오게 되었다. 대기업들은 청와대와 권력의 압력을 우려해 거액을 출연하였고, 재벌과 권력의 유착 문제가 크게 쟁점화되었다. 이 사업은 결국 사회공헌이나 공익의 목적으로 만들어진 재단이 정경유착의 도구가 되는 대표사례로 인식되었다. 이 여파로 시민들은 여타 사회공헌 활동, 비영리 재단의 지원까지도 의심의 눈길로 바라보게 되었다.

결국 이를 계기로 사회공헌 사업의 추진이 이전보다 훨씬 조심스러워지고 위축되는 방향으로 전환되었던 것은 사실이었다. 우선 몇 가지 파트너십의 큰 변화가 있었다. 주요 대기업들이 전경련에서 탈퇴하기 시작하면서 전경련 중심으로 실시되던 사회공헌 사업은 사실상 없어졌다. 기업 측면에서도 계열사가 연합으로 수행하던 그룹 차원의 사회공헌 사업들이 계열사별로 흩어지는 계기가 되었다. 더욱 중요한 변화는 사회공헌 활동에 대한 기업 내부의 의사결정 과정의 변화에 있었다. 종전까지의 사회공헌 활동에 대한 기업 내부의 의사결정은 비교적 심플하게 보고하고 주로 대표이사의 뜻에 따라 결정되는 것이었다. 그런데 이 사건을 계기로 여러 기업은 일정 기준을 두고 주요 기부에 대해,

ESG위원회나 이사회 승인을 받도록 내부 규정을 보완하였다.[16] 신중한 의사결정 과정을 거치게 되는 것과 동시에 내부적으로 사회공헌위원회를 설치하는 기업도 늘어나게 되었다. 사회공헌을 둘러싼 거버넌스가 복잡해지고 내외부 참여자들도 많아지게 된 것이다. 사회공헌 사업의 타당성에 대한 어필도, 도전적인 사업 추진에 대한 꼼꼼한 검토도 더 강화되는 상황을 맞게 된 것이다.

기업 특성을 반영한 사회공헌 사업 추진, 성과의 강조

이러한 변화 가운데 기업 사회공헌의 두드러진 흐름은 바로 사회공헌이 기업별로 개별화되면서 기업에서는 기업의 브랜딩을 목표로 업의 특성을 반영한 사회공헌 사업을 강화하기 시작했다는 것이다. 기업들은 서로 비슷비슷한 사업을 하기보다, 우리 기업에 어울리는, 그리고 우리 기업의 주력 사업과 관련된 사회공헌 사업, 즉, 우리만의 특징을 보여주는 사업이 무엇인지를 고민하기 시작하였다. 기업마다 다양한 사회공헌 사업을 하지만 그래도 우리 기업의 대표 사회공헌 사업이라고 한다면 모름지기 무언가 하나 손꼽을만한 게 있어야 한다는 분위기였다. 이러한 사업이어야 복잡한 의사결정 구조 속에서도 기대감을 가지고 추진될 수 있는 브랜드가 될 수 있기 때문이었다. 그런 사회공헌

---

16 상법 제393조에는 '중요한 자산의 처분, 양도 등은 이사회 결의사항'이라는 규정이 있지만, 구체적인 조항은 없다. 그러나 2016년 미르재단, K스포츠재단 사건 이후 삼성, SK, 두산 등의 기업들은 자체적인 기준을 설정하여 10억 이상, 혹은 5억 이상의 기부 시 이사회 승인을 거치도록 자신들의 '기업지배구조 보고서'에 명시하고 있다. 명확한 금액을 설정하지 않아도, 금융회사의 경우, "사회공헌활동 및 기부금 지출은 이사회 산하 ESG 위원회의 심의, 승인을 거쳐 집행한다" 혹은 "중요한 기부금 지출은 이사회의 결의사항으로 한다" 등으로 명시하며 기부금 지출의 ESG 위원회와 이사회의 심의, 의결을 규정하고 있다.

사업들은 자연스럽게 비교적 장기간 추진되는 동력을 가질 수 있었고, 또 나름대로 의미 있는 성과를 쌓아나갈 수 있었다. 꾸준한 사업을 보면서 사람들은 그 사업의 진정성을 보게 된다. 결국, 성과도 있지만, 지속성 또한 가져가야 사회공헌 사업의 성공을 담보할 수 있다는 것을 깨닫게 되면서 사회공헌의 수준이 한 단계 도약하게 되었다. 이러한 흐름은 결국 기업이 잘할 수 있는 영역, 즉 코어 비즈니스와 사회적 필요를 접목하는 이른바 '전략적 사회공헌(strategic Corporate Philanthropy)'의 시작이라 볼 수 있다. 대표적인 예로 현대자동차의 이동권 지원 사업인 '이지무브' 사업, 삼성전자의 '삼성스마트스쿨', 아모레퍼시픽의 '메이크업유어라이프 사업' 등을 대표적인 예로 들 수 있다.

한편 기업의 사회공헌 활동과 관련하여 2010년대에 새롭게 등장한 개념 중 하나로 '공유가치 창출(Creating Shared Value, CSV)' 개념이 있다. CSV는 기업 사회공헌이 기업의 수익 창출을 위한 보조적 역할이 아니며, 기업의 핵심 목표가 사회적 혁신과 문제해결에 있는 기업 정책 및 경영활동을 의미한다. 이런 흐름에 더하여 2016년 말, SK그룹은 CEO 세미나에서 '사회적 가치 측정(SV measurement)'을 그룹 차원의 핵심 의제로 채택하겠다는 선포를 하고 실제로 2018년 사회적 가치 측정 체계를 공식 발표하였다. 이듬해에는 경제적 가치와 사회적 가치 모두를 동시에 관리하는 '더블 바텀 라인(Double Bottom Line, DBL) 경영'을 최초로 제시하기도 하였다. 이러한 시도는 초기 사회공헌 활동이 사회적 요구에 대응하는 단순 기부, 봉사 중심에서 기업 본연의 사업을 통한 지속가능한 가치 창출로 전환하는 것을 의미한다. 전략적 사회공헌이 말 그대로 기업 본연의 업과 연결된 사회공헌 사업을 추진한다는 점을 강조하고 있다면, 기업의 활동이 만들어내는 사회적 가치는 비단 기업 사회공헌 활동의 기여를 말하는 '사회적 성과'를 넘어서서 '환경적 성과'나 세금 납부나 협력사의 동반 성장과 같은 '경제적 성과'까지도 다

아우를 때 만들어내는 가치를 말하는 것이다. 이러한 접근은 사회적 성과를 더 큰 차원의 개념으로 확대했다는 의미를 갖는다. 그러나 더 중요한 영향은 바로 이러한 성과 혹은 가치를 '측정'하도록 하고 이를 '정량화'하여 '관리'하겠다는 지점에 있다.

주지하다시피 기업이 사회공헌 활동을 하면서 만들어내는 효과 혹은 성과를 명확히 보여주면서 내외부 이해관계자를 설득하고 활동의 정당성을 확보해 나가는 것은 필연적인 과정으로 인식되고 있다. 십수 년간 쏟아부은 활동에 대해 기업이 혹은 사회가 얻은 것은 무엇인지를 좀 더 명확히 설명해 달라 요청하는 것은 어쩌면 비즈니스 영역의 주체들에게는 당연할 수 있다. 이러한 흐름에 따라 사회 가치를 측정하는 다양한 방법, 사업의 성과 혹은 임팩트를 제시하는 여러 툴을 사용하여 사업의 결과를 설명하려는 많은 노력은 지금까지도 계속되고 있다.

코로나 이후의 사회공헌

2020년 2월부터 시작해 2022년까지 약 3년 동안 전 세계를 강타한 코로나19는 우리가 이제껏 경험하지 못한 새로운 유형의 사회적 재난이었다. 코로나 사태 한가운데에서 마스크를 쓰고 생활하며 사회활동을 극도로 제한하던 시기에는 '코로나 이전의 생활로 돌아갈 수 있을까'라는 물음에 누구도 단언할 수 없을 정도로 그야말로 시계(視界) 제로인 시기를 보냈다. 설령 회복된다고 하더라도 이 위기가 남기고 간 또 다른 변화는 무엇일지, 가늠하기 쉽지 않았다.

기업 사회공헌 분야에서 2020년대의 시작은 너무 큰 변곡점이었다는 점을 부인할 수 없다. 코로나19가 가져온 비대면, 온라인 기술의 빠른 확산, 건강에 관한 관심 고조, 환경에 관한 관심 고조는 사회공헌 활동을 근본적으로 바꾸어 놓았다고 해도 과언이 아니다. 이제까지 도도하게 흘러왔던 사회공헌의 흐름, 그것은 이런 변화들 앞에서 궤적의 흔적을 찾지 못할 정도로 흔들리고 있는 것은 아닐까.

본격적으로 다음 장부터 보게 될 코로나 이후 사회공헌의 현상들 그리고 더 심연에서 일어나는 변화의 양상을 다 파악하기란 쉽지 않다. 그러나 그것을 추동한 요소들은 너무나도 명확하다. ESG 경영 강화, AI가 불러온 4차 산업혁명과 기술의 진보, 더 피부로 와닿는 기후위기, 지역소멸과 저출산 고령화, 정신건강의 악화 등 사회공헌을 둘러싼 변화의 추동 요인은 매우 미시적인 개인의 정신건강 문제에서부터 혁명이라고 일컫는 패러다임 변화에 이르기까지 그 층위 역시 엄청나다.

소용돌이치는 이런 요인들 속에서 우리가 만들어가던 사회공헌은 어떤 모습으로 변화하고 있는 것일까. 그리고 그러한 변화 다음의 모습은 어떤 모습일까. 이제껏 걸어온 사회공헌의 궤적과 어떻게 이어질 수 있을까.

2 장

국내 사회공헌 Fact Sheet
: 지난 5년의 사회공헌 경험

　본 장에서는 코로나 이후 5년간 국내의 사회공헌이 어떻게 이루어져 왔는지 사회공헌의 현황과 변화의 양상을 살펴보고자 한다. 우리나라의 사회공헌에 대한 이해를 높이기 위해, 사회공헌에 대한 현황 포착은 3가지의 렌즈를 통해 살펴보았다. 첫 번째는 사회공헌의 규모와 추이를 파악하기 위해 확인 가능한 계량적 수치를 중심으로 우리나라 사회공헌의 전체 현황을 가늠해보고자 하였다. 둘째, 사회공헌 활동의 내용과 흐름을 파악하기 위해 언론에서 다뤄지는 사회공헌에 대한 담론을 확인해보았다. 사회공헌 미디어 빅데이터 분석을 통해 지난 5년간 사회공헌 관련 키워드들이 어떻게 등장하는지 흐름을 살펴볼 수 있다. 셋째, 주요 기업의 사회공헌에 대한 분석 보고서를 중심으로 지난 5년간 사회공헌이 어떤 방향으로 변화하였는지 큰 경향을 포착해 보았다. 코로나 전과 직후에 사회공헌은 크게 변화했지만, 코로나 이후 5년간의 변화도 매우 다이나믹했다. 이후 장에서 사회공헌의 수면 아래의 변화를 들여다보기에 앞서 수면 밖에서 살펴볼 수 있는 변화를 확인하는 것도 유용하다. 우리가 체감할 수 있는 사회공헌의 단편은 극히 일부이기 때문에 사회공헌을 다각도로 살펴봄으로써 좀 더 입체적이고 다면적인 변화를 포착해 보고자 한다.

우리나라 사회공헌의 규모는 얼마나 될까?

우리나라 민간기업의 사회공헌 현황을 가장 공신력 있게 보여줄 수 있는 자료는 국세청 법인세 신고자료이다. '국세통계포털'을 통해 살펴볼 수 있는 국세청 자료에는 2023년 기준 총 103만 개의 법인이 신고한 법인세 내역이 포함되어 있다. 해당 내역 중 법인의 기부금 신고 총액이 우리가 살펴볼 수 있는 사회공헌 규모 파악에 유용하다.

국세청 데이터에 기반한 우리나라 법인의 기부금 총액은 2023년 기준으로 4조 4,836억 원에 달한다. 이전 연도의 기부금 총액 규모와 비교해 보면, 전년도보다 증가하였으나, 코로나 이전을 회복하지 못하였다는 점을 알 수 있다. 신고 법인의 숫자가 지속적으로 증가하였음에도 불구하고 기부금 총량은 오히려 감소하였다. 흥미로운 점은 수치상으로 볼 때, 법인의 기부금이 많았던 시기가 2018년부터 2021년의 시기로 코로나 전후 시점이었던 것을 알 수 있다. 코로나19라는 위기 상황에 우리 기업들의 기부 동참이 줄어들지 않았던 점은 인상적이다.[17]

---

17 법인세 자료는 영리법인과 비영리법인 신고내역 모두가 포함된다. 안타깝게도 해당 자료에서는 영리법인만을 구분해주지 않고 있어 우리가 주목하고 있는 기업의 기부금과 정확히 일치한 정보를 파악하기는 쉽지 않다. 그러나 국세통계연보에 따르면 법인세를 신고한 비영리법인의 비율은 전체의 4% 정도에 불과하며, 이 중 기부금 신고를 한 비영리법인의 숫자 역시 훨씬 적을 것으로 예상되어, 사실상 해당 기부금은 영리법인의 기

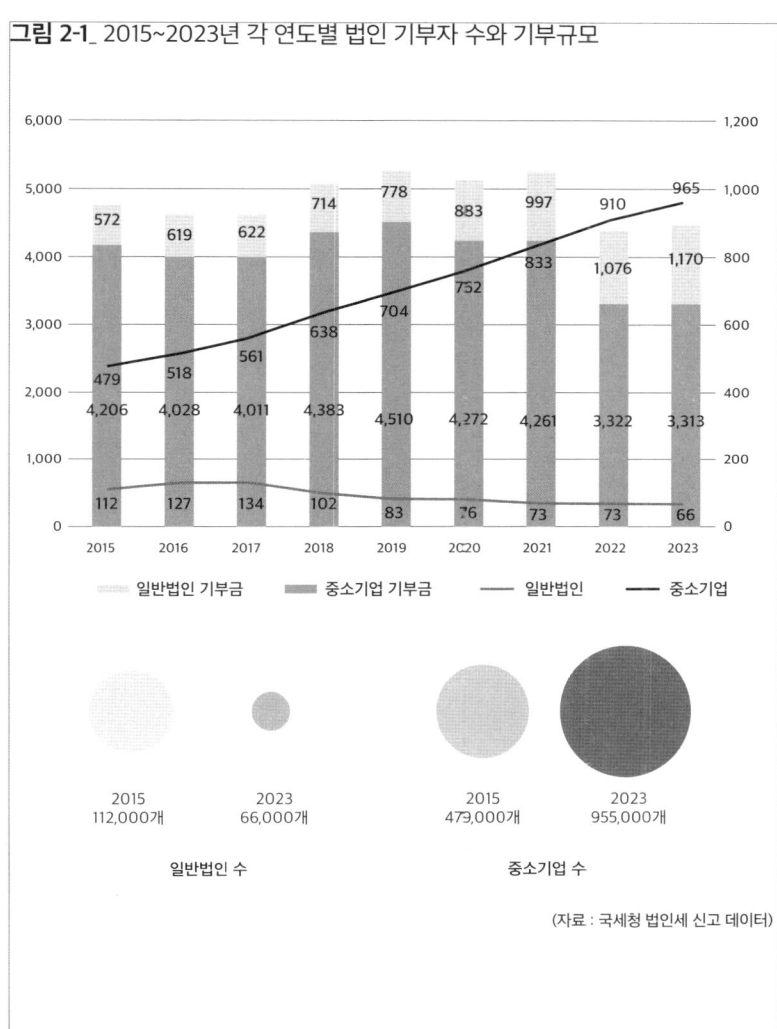

그림 2-1_ 2015~2023년 각 연도별 법인 기부자 수와 기부규모

(자료 : 국세청 법인세 신고 데이터)

    규모별로 중소기업과 그렇지 않은 법인을 구분하여 기부금 신고의 추이를 살펴보자. 2023년 신고를 기준으로 66,000개의 일반기업[18]이 신고한 기부금은 총 3조 3,000억 원이며, 960,000개 중소기업의 기부

    부금 신고 내역이라고 볼 수 있는 것으로 판단된다.
18   일반기업은 중소기업법상 중소기업이 아닌 모든 기업에 해당하는데, 중견기업, 상호출
    제제한기업(대기업), 그리고 그 외에 기업으로 구성되어 있다.

금은 1조 1,000억 원이었다. 일반법인의 기부금은 중소기업 기부금 총액의 약 2.8배에 해당한다. 그러나 기업 숫자는 오히려 중소기업이 14.5배였다. 중소기업보다는 규모가 있는 기업들이 기부금을 많이 내고 있음은 확실한 사실이다. 그러나 추이를 살펴보면 기부금 전체 총액의 감소가 일반기업의 기부금 감소에서 비롯된 것이며 중소기업의 기부금 총액은 오히려 꾸준히 상승하고 있는 점이 새롭게 발견된다.

다음으로 상장법인과 비상장법인의 구분에 따른 기부금 규모를 살펴보자. 상장법인의 숫자는 2023년 기준 2,464개, 비상장법인의 숫자는 102만 8,000개로 확인된다. 상장법인의 기부금 총액은 2023년 기준 1조 5,000억 원으로 당해년도 총 기부금액의 약 33.7%를 차지한다. 그래프를 통해 확인할 수 있듯이, 상장법인의 기부금 하락은 이미 2020년부터 시작되었음을 알 수 있다. 기부금 총액 비율을 통해서도 확인되는 바, 우리의 기업 기부가 대기업 위주라는 것은 이제 옛말이라고 해도 과언이 아니다. 기업 기부의 다양성과 저변확대가 가시적으로 확인된다고 볼 수 있다.

이렇듯 사회공헌 지출액의 점진적인 축소와 회복의 교차 흐름 속에서 100대 기업을 위주로 사회공헌 지출을 좀 더 살펴보자. 한국사회복지협의회에서 발간하는 『사회공헌백서』에 따르면, 2020년 100대 기업의 사회공헌 지출 총액은 약 1조 7,950억 원이었으나, 2024년에는 1조 1,577억 원으로 감소하였다. 특히 2021년에는 팬데믹 대응 기조 속에서 일시적으로 2조 6,916억 원으로 급증하였으나, 이후 전반적으로 예산 감축과 구조 재편 흐름이 동반되며 다시 하락하였다. 매출액 대비 사회공헌 지출 역시 2024년 0.12%로 소폭 하락하였다. 이는 단순한 절대 금액의 감소를 넘어, 사회공헌이 기업 경영활동 내에서 차지하는 비중이 상대적으로 축소되고 있음을 시사한다.

반면, 한국경제인협회(이하 한경협)의 『주요 기업의 사회적 가치 보고

그림 2-2_ 2015~2023년 상장 여부에 따른 기부금 총액 비중 및 기부자 수

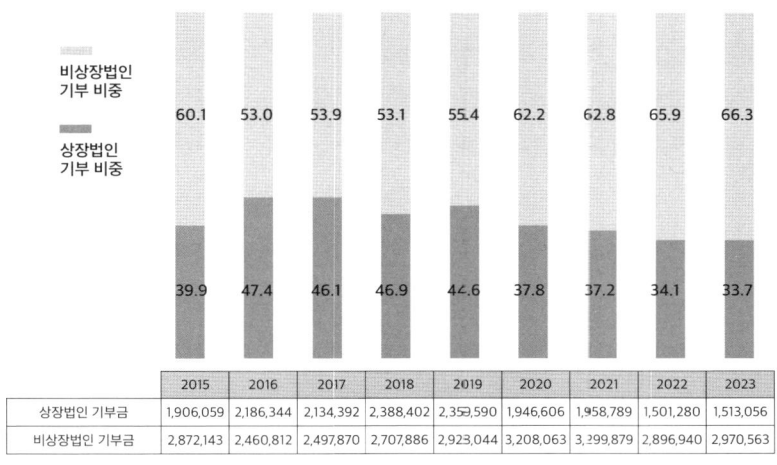

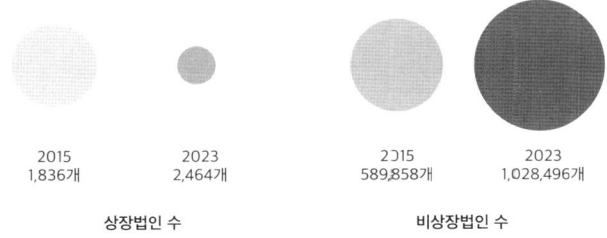

(자료 : 국세청 법인세 신고 데이터)

서』에서는 분석 대상 기업의 총지출 규모가 2020년 2조 9,927억 원에서 2024년 3조 5,191억 원으로 증가한 것으로 나타났다. 그러나 매출대비 비율은 0.2%에서 0.12%로 하락하였고, 세전 이익 대비 비율 역시 같은 기간 4.0%에서 2.2%로 감소하였다. 이는 기업의 총지출은 증가했지만, 수익성과의 상대적 연계 측면에서는 효율 중심의 조정이 이루어졌음을 의미한다.

『사회공헌백서』와 『주요 기업의 사회적 가치 보고서』에서 나타나는

표 2-1_ 사회공헌 지출 추이와 매출·이익 대비 비율

연도	국세통계연보 (103만개 법인)	사회공헌백서 (매출액 100대 기업)		주요 기업의 사회적 가치 보고서 (매출액 500대기업 중 219개)		
	총 기부금 신고금액	총 사회공헌 지출액	매출 대비 사회공헌 비율 (%)	사회공헌 총지출 규모	매출 대비 비율 (%)	세전 이익 대비 비율 (%)
2020	5조 1,546억	1조 7,950억	0.14	2조 9,900억	0.2	4
2021	5조 2,586억	2조 6,916억	0.11	2조 6,100억	0.18	3.7
2022	4조 3,982억	1조 5,684억	0.13	2조 9,200억	0.12	1.4
2023	4조 4,836억	1조 9,100억	0.16	3조 5,300억	0.12	2.2
2024	-	1조 1,577억	0.12	3조 5,100억	0.12	2.2

사회공헌 지출 규모의 차이는 두 보고서의 지출 산정의 구성이 다르기 때문에 발생하는 것이다. 『사회공헌백서』는 기부금과 후원금 중심의 규모인 반면, 『주요 기업의 사회적 가치 보고서』는 ESG를 포함한 사회적 가치 비용 전반, 예를 들어 고용 창출, 환경보호, 협력사 상생, 지역경제 기여 등 간접적인 활동을 포함한다. 백서와 사회가치 보고서의 사회공헌 지출 추이 변화를 볼 때, 대기업들이 전통적 사회공헌 지출은 다소 축소하고 있는 반면, 다른 방식으로 사회공헌을 시도하는 규모는 오히려 증액하고 있음을 보여주고 있다. 기업 사회공헌의 상세 내용과 변화의 방향이 어떠했을지 상세한 내용은 다음 장들에서 구체적으로 포착될 수 있다.

한편 공공기관의 사회공헌 역시 규모를 간단히 살펴보자. 공공기관의 기부금은 공시자료인 Alio(알리오)를 통해 확인할 수 있다. 2023년 기준으로 273개의 공공기관 중 82.4%가 참여한 기부금 총액은 총 3,562억원이었다. 2021년, 2022년 코로나 시기 이후, 기부금 액수가

표 2-2_ 공공기관 기부금 현황

연도	총 기관 수	기부금 보고 기관 수	보고 비율	기부금 총액	평균
2019	322	246	76.3	380,449,443,745	1,546,542,454
2020	328	259	78.9	354,879,767,925	1,370,192,154
2021	330	255	77.2	288,909,169,761	1,132,977,136
2022	330	275	83.3	290,861,316,024	1,057,677,513
2023	331	273	82.4	356,283,948,002	1,305,069,407

자료: 공공기관 경영정보 공개시스템(Alio)

표 2-3_ 공공기관 유형별 기부금 규모

연도	기관 유형	N	기부금	평균
2023	공기업(시장형)	14	124,062,537,592	8,861,609,828
	공기업(준시장형)	18	90,886,169,699	5,049,231,650
	기타공공기관	191	72,247,237,070	378,257,786
	준정부기관(기금관리형)	9	61,955,001,898	6,883,889,100
	준정부기관(위탁집행형)	41	7,133,001,743	173,975,652

자료: 공공기관 경영정보 공개시스템(Alio)

다시 증가하면서 2020년 수준으로 회복되었다.

유형별로 살펴보면 2023년 기준 14개 시장형 공기업의 기부금액은 1240.6억 원으로 전체 공공기관 기부금의 34.8%를, 18개의 준시장형 공기업의 기부금이 908.8억으로 확인되었다. 공공기관의 유형별로 살펴볼 때, 준정부기관의 기부금은 2022년 이후 크게 상승하였다. 이러한 변화는 한국자산관리공사의 기부금 보고에 따른 것으로, 2022년 한국자산관리공사의 기부금은 26억이었으나, 2023년 560.8억으로 크게 상승하였다. 이를 Alio의 한국자산관리공사 기부금 내역에서 확인한 결과, 2023년 한국자산관리공사에서 서민금융진흥원에 530억 규모를 지원한 것임을 알 수 있었다. 이를 감안한다면 2023년 공공기관의 총 기부금액의 상승은 전년 대비 미미하였다고 판단된다.

그렇다면 기업의 자원봉사 활동은 어떨까? 2020년부터 2024년까지의 자원봉사 활동 지표는 팬데믹이라는 외부 변수의 영향을 강하게 받으며, 정량적 축소와 질적 전환이 병존하는 흐름을 보였다. 특히 아래 두 보고서는 서로 다른 항목을 통해 기업 자원봉사 활동의 변화 양상을 다각적으로 보여주었다.

먼저 『사회공헌백서』에 따르면, 자원봉사 총 시간은 2020년 약 250만 시간에서 2024년 약 158만 시간으로 감소하였다. 이처럼 5년간 약 37% 가까이 축소된 것은 코로나19로 인한 대면 봉사활동의 제약과 더불어, 활동 방식의 구조적 전환이 진행되고 있음을 반영한다. 특히 2023년에 일시적으로 190만 시간을 넘기며 회복세를 보였으나, 2024년에는 다시 하락한 점은 기업의 자원봉사가 과거의 집단 중심 대면 활동에서 점차 효율성과 유연성을 중시하는 방식으로 변화하고 있음을 시사한다.

그러나 흥미로운 점은 참여 인원 측면에서의 상반된 흐름이다. 같은 기간 동안 자원봉사에 참여한 임직원 수는 오히려 증가세를 보였으며, 2020년 약 225,000명에서 2024년에는 약 263,000명으로 확대되었다. 이는 총 시간은 줄었지만, 참여 인원은 늘어난 것으로, 기업 내 자원봉사 참여의 저변이 넓어지고 있음을 의미한다. 짧은 시간의 반복 참여, 비대면 및 온라인 봉사, 팀 단위의 유연한 참여 구조 등이 확대된 결과로 해석된다.

『주요 기업의 사회적 가치 보고서』역시 미약하나마 회복세의 흐름을 보여준다. 팬데믹 영향이 본격화된 시기에는 1인당 평균 자원봉사 시간이 4.0시간 수준까지 감소하였지만, 2023~2024년에는 다시 4.2

표 2-4_ 자원봉사 인원 및 시간

연도	사회공헌백서		주요 기업의 사회적 가치 보고서
	자원봉사 총 시간	자원봉사 참여 임직원 수	1인당 평균 봉사 시간
2020	2,507,096	225,180	8.0
2021	1,698,678	162,137	5.3
2022	1,638,975	159,114	4.0
2023	1,916,014	194,291	4.2
2024	1,578,774	263,703	4.2

시간으로 소폭 증가하였다. 사내 봉사조직 구축, 봉사휴가제 도입, 우수자 포상제 운영 등 참여를 독려하는 제도적 장치도 꾸준히 확대되며, 자원봉사가 조직문화로 자리 잡는 기반이 마련되고 있는 것과 함께 하는 흐름이다.

이러한 두 보고서 내 임직원 자원봉사와 관련된 내용을 종합적으로 보면, 팬데믹 이후 자원봉사 활동은 크게 위축되었으나 단순한 물리적 규모나 시간 중심의 평가에서 벗어나, 다양성과 지속성에 초점을 둔 체계적 전환을 시도하고 있는 것으로 보인다. 이러한 변화는 자원봉사가 기업의 조직문화와 연결되고 있으며, 단순한 이벤트성 활동이 아닌 장기적 실행체계의 일부로 내재화되고 있다는 점에서 주목할 만하다. 특히 ESG 경영의 'S(Social)' 영역에서 자원봉사가 수행할 수 있는 역할과 영향력을 재정의하는 시사점을 제공한다.

그림 2-3_ 2020년 사회공헌 트리맵

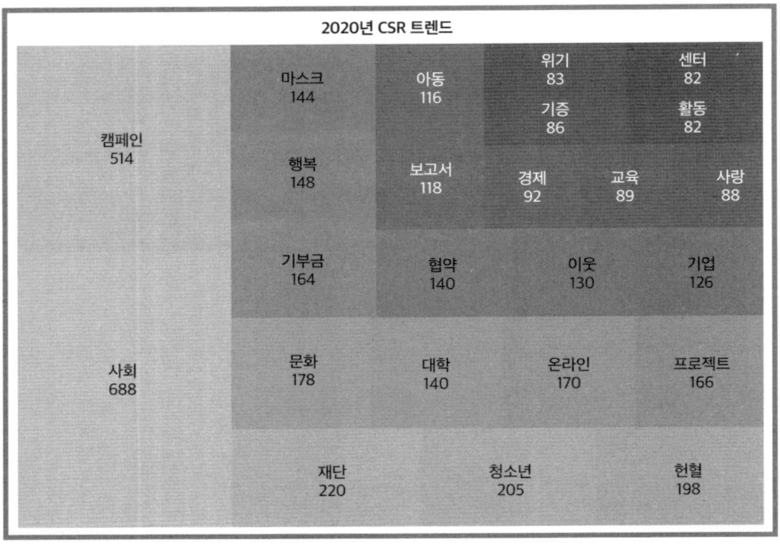

2020년 CSR 트렌드
캠페인 514
사회 688
마스크 144
행복 148
기부금 164
아동 116
보고서 118
위기 83
기증 86
센터 82
활동 82
경제 92
교육 89
사랑 88
협약 140
이웃 130
기업 126
문화 178
대학 140
온라인 170
프로젝트 166
재단 220
청소년 205
헌혈 198

그림 2-4_ 2020년 사회공헌 워드클라우드

2020년 CSR 트렌드
캠페인
사회
온라인
재단
청소년
대학
헌혈
문화
프로젝트
보고서
기부금
행복
경제
센터
사랑
디지털
마스크
이웃
기업
협약
교육
기금
활동
김장
청년
희망
후원
임직원
건강
환경
어린이
병원
크리스마스
자원봉사
식품마을
산업협력사
지속
교통안전

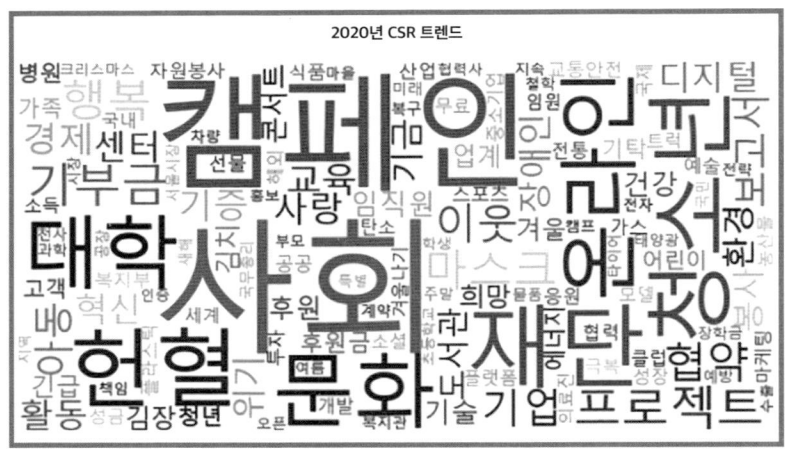

키워드로 살펴본 사회공헌의 변화
- 지난 5년간의 사회공헌의 활동과 내용은 어떻게 변해왔나?

주요 통계자료나 보고서를 통해 우리나라 사회공헌의 규모와 추이를 확인했다면 다음으로 사회공헌의 내용을 파악해 보자. 우선 미디어 언론 기사 분석 접근을 통해 이를 확인해보았다. 이를 위해 2020년에서 2024년까지 빅카인즈[19]에서 '사회공헌' 키워드로 검색하여 보도된 기사들을 크롤링하여 수집하였다. 한 해 약 15,000건에서 30,000건 정도의 기사가 수집되어 최종 90,000건 정도를 추출할 수 있었다. 각 연도의 월별 뉴스 기사를 보면 여러 모금기관의 활동과 그에 따른 기업 사회공헌 수행의 강화로 인해 연말로 갈수록 기사 수가 증폭되는 것을 알 수 있었다. 또한 기사의 수는 2024년으로 올수록 더 증가하고 있어, 사회공헌에 대한 관심이 고조되고 있음을 확인할 수 있었다.

연도별로 각각 어떠한 사회공헌 관련 단어가 등장했는지 살펴보면 사회공헌 관련 흐름을 포착할 수 있다. 각 연도의 상단 그림이 주요 키워드의 트리맵이고, 아랫부분은 그것을 워드클라우드로 표현한 그림이다. 각 연도의 핵심 내용을 간단히 설명해보면 다음과 같다.

2020년은 코로나바이러스로 인해 모두가 비대면으로 전환된 시기였다. 사회공헌과 관련된 사업들 역시 마스크를 전달하는 비중이 다수를 차지했고, 기존의 대면 사업들은 온라인으로 진행된 바 있다. 헌혈, 문화 등의 키워드 외에도 '마스크', '온라인', '위기' 등의 단어가 눈에 띄는 것을 알 수 있다.

2021년 역시 코로나 19의 영향에서 벗어날 수 없는 시기였다. 트리맵에서 새롭게 '환경'이라는 키워드가 비중 있게 등장하였다는 점이 흥

---

19 한국언론진흥재단이 운영하는 뉴스 빅데이터 분석 서비스다.
    https://www.bigkinds.or.kr/

그림 2-5_ 2021년 사회공헌 트리맵

그림 2-6_ 2021년 사회공헌 워드클라우드

그림 2-7_ 2022년 사회공헌 트리맵

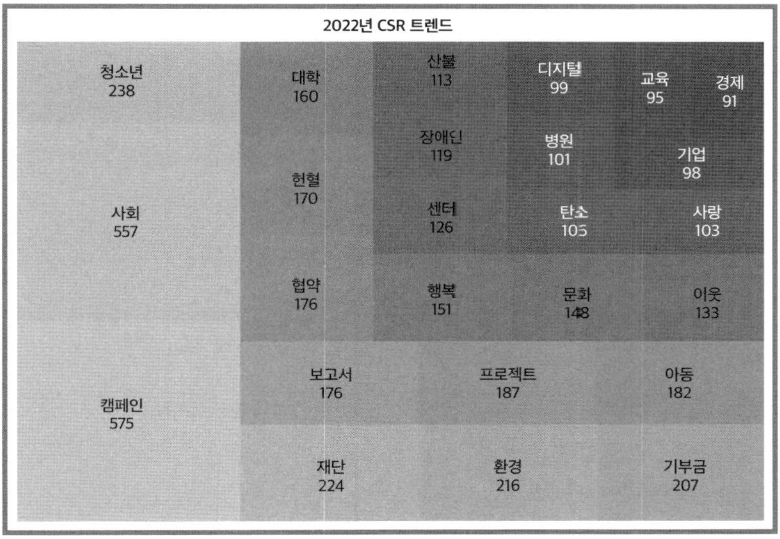

2022년 CSR 트렌드					
청소년 238	대학 160	산불 113	디지털 99	교육 95	경제 91
		장애인 119	병원 101		기업 98
사회 557	헌혈 170	센터 126	탄소 105		사랑 103
	협약 176	행복 151	문화 148		이웃 133
	보고서 176	프로젝트 187		아동 182	
캠페인 575	재단 224	환경 216		기부금 207	

그림 2-8_ 2022년 사회공헌 워드클라우드

그림 2-9_ 2023년 사회공헌 트리맵

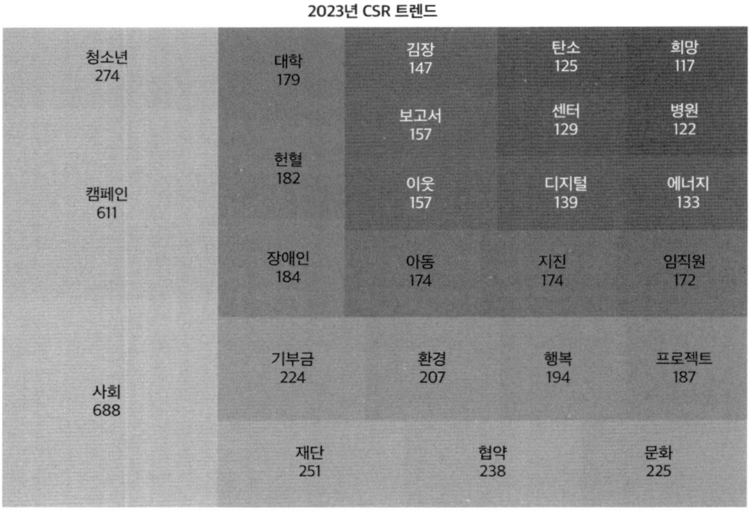

2023년 CSR 트렌드
청소년 274
캠페인 611
사회 688
대학 179
헌혈 182
장애인 184
김장 147
보고서 157
이웃 157
탄소 125
센터 129
디지털 139
희망 117
병원 122
에너지 133
아동 174
지진 174
임직원 172
기부금 224
환경 207
행복 194
프로젝트 187
재단 251
협약 238
문화 225

그림 2-10_ 2023년 사회공헌 워드클라우드

2023년 CSR 트렌드
사회
캠페인
청소년
재단
협약
행복
문화
프로젝트
기부금
환경
장애인
대학
헌혈
아동
디지털
보고서
이웃
김장
임직원
탄소
에너지
교육
센터
가족
병원
어린이
희망
사랑
기금
기업
활동
세계
공원
정원
해외
선물
예술
산불
버스
후원
경제
복지관
중소기업
자원봉사
은행권
청년
이웃

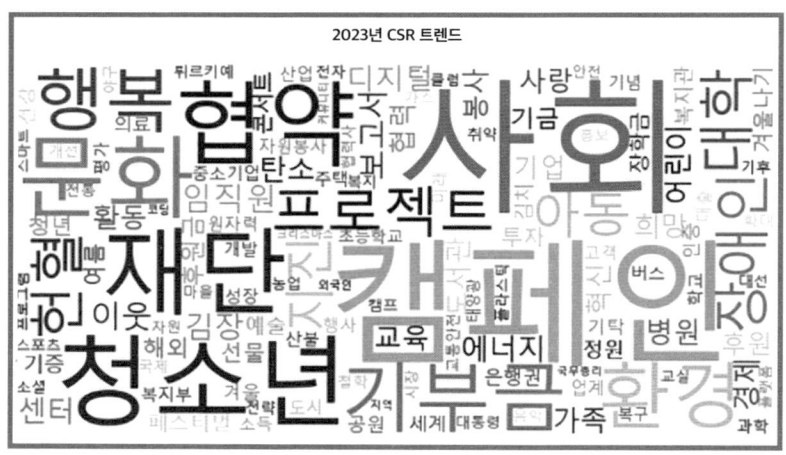

미룹다. 그 외에도 '탄소', '에너지'라는 단어가 새롭게 부각되었다. 2020년도에도 트리맵에서 처음 확인된 '디지털'은 2021년 그 빈도수가 더 커졌다. 또한 '협약'이라는 단어가 등장한 것으로 미루어 보아, 사회공헌을 위해 파트너십이 강조된 시기로 비친다. '협약' 키워드는 이후 지속적으로 중요하게 확인된다.

2022년에는 2021년의 트렌드와 유사한 내용을 보인다. 여전히 환경 이슈가 중요하게 다루어지고 있다. 사회공헌의 대상과 관련하여 이전에 지속적으로 중요하게 언급되던 '아동', '청소년' 이외에 '장애인', 그리고 '산불', '병원' 등의 키워드가 등장하였음을 확인할 수 있다. 해당 연도에 산불 재해가 있었기 때문에 기업들의 사회공헌 활동이 산불 지원에 집중되었음을 확인할 수 있다.

2023년은 '지진'이라는 새로운 키워드가 등장하였다. 튀르키예 지진 이슈로 인해 시의성을 발휘하는 사회공헌 활동이 두드러진 한 해였고, '임직원'이라는 키워드가 확인되어 직원 참여형 사회공헌 사업이 이전 해보다 부각되기도 하였다.

2024년은 2021년 처음 등장했던 '환경'에 대한 언급이 더욱 강화되었다는 면을 다시 살펴볼 수 있다. 또한 '문화' 키워드가 2023년보다 더욱 자주 등장하였다. 사회공헌의 주요 대상으로 청소년, 아동, 미래세대에 포커스를 두었다는 점에서 문화와 관련된 인재 양성, 문화와 관련된 체험 및 경험 등이 확대된 사회공헌 사업들을 생각해볼 수 있다. '장애인' 키워드도 더 많이 다루어졌다. 경계선 지능 장애나 발달장애, 자폐와 같은 사회적 이슈와 연결된 결과로 보인다.

키워드 빈도 분석을 통해 살펴본 바를 정리하면 다음과 같은 내용을 알 수 있다. 우선 사회공헌 사업의 주요 대상은 아동, 청소년, 장애인, 이웃 등이라는 점이다. 활동 주체로 재단, 임직원, 대학, 센터 등이 확인된다. 활동 혹은 활동 방식으로 헌혈, 김장, 교육, 기증, 문화, 캠페인, 협

그림 2-11_ 2024년 사회공헌 트리맵

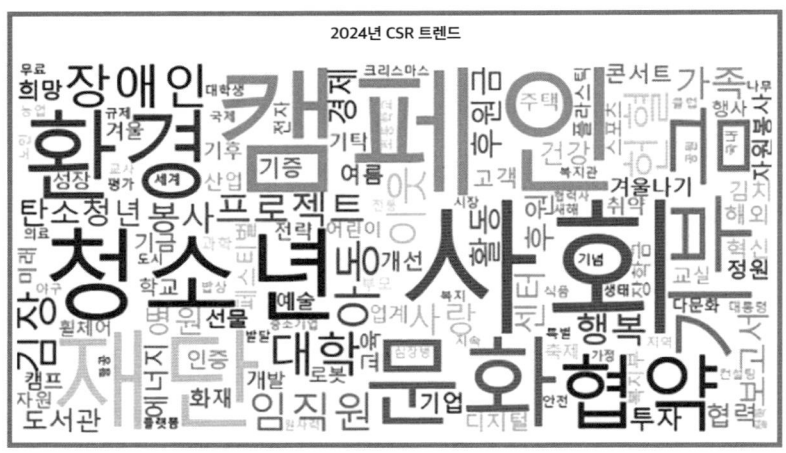

그림 2-12_ 2024년 사회공헌 워드클라우드

약 등을 확인할 수 있었다. 특히, 환경, 탄소, 디지털, 에너지 등의 키워드도 다수 확인되고 있음은 기업들의 주요 관심사를 반영한다고 볼 수 있다.

다만, 주요 키워드에 등장하지 않은 내용들에 대한 고찰도 필요할 것으로 보인다. 가령, 우리나라 사회공헌의 대상 혹은 영역으로 노인, 여성, 혹은 다문화 관련한 대상은 주요 키워드로 등장하지 못하고 있다. 물론 기업 사회공헌의 대상은 이전과 비교해 보았을 때 다양해진 것이 사실이지만, 특정 대상의 지원을 선호하는 경향은 여전하다고 볼 수 있다. 또한 이웃, 사랑, 행복, 봉사 등의 단어가 다수 발견되지만, 불평등, 차별, 인권, 공정, 격차 등 보다 근본적인 사회문제해결에 접근하는 방식은 거의 거론되지 못한 상황이다. 사회공헌 사업의 다양화와 확장에 있어 더 많은 논의가 필요하지 않을까 사료된다.

한편 키워드를 통해 발견할 수 있는 최근 사회공헌 주제를 확인해 보면서 추가 분석을 하였다. 이를 위해 2024년 기사를 대상으로 토픽 모델링(Topic Modeling)을 실시하였다.[20] 분석결과 총 5개의 사회공헌 주제 그룹이 확인되었다.

첫 번째 주제는 '회복과 돌봄의 나눔 실천'이다. 취약계층 대상의 직접적이고 물리적 복지지원 활동에 대한 키워드가 도함된다. 생계, 주거, 계절성 돌봄을 중심(예: 김장, 연탄, 이웃사랑 성금 등), 정서적 공감과 사회적 연대감 회복에 대한 내용이다. 두 번째는 '미래세대 역량과 인권 기반의 보호'이다. 아동·청소년 대상의 인권 보호, 교육, 성장지원을 주제로 하고 있으며, 아동학대 예방, 장학금, 프로그램, 보호 등을 포함한다. 사회적 약자의 권리 기반 보호와 자립 준비를 지원하는 내용이

---

20 토픽 모델링은 문서의 집합에서 토픽을 찾아내어 주제를 알아나 게끔 하며 잠재 디리클레 할당(Latent Dirichlet Allocation, LDA) 알고리즘을 활용하기 때문에 LDA 분석이라고도 불린다.

표 2-5_ 2024년 사회공헌 기사의 주제 및 키워드

주제	키워드
회복과 돌봄의 나눔 실천	나눔, 연말, 따뜻한, 겨울나기, 김장, 연탄, 온정, 기부금, 소외계층, 선물, 쌀, 보호, 식료품, 보육원, 주거환경, 건강, 가정, 이웃사랑성금, 환아, 헌혈
미래세대 역량과 인권 기반 보호	아동, 청소년, 어린이, 장학금, 교육, 아동학대예방, 자립준비청년, 청년, 장학생, 성장, 인재, 자립, 발달장애인, 장애인, 소아암, 농촌, 시상식, 환아, 복지시설, 서비스
책임 있는 환경, 지속경영 실천	ESG, 친환경, 자원순환, 지속가능경영보고서, 사회적, 가치, 성과, 착한, 지역사회, 기업들, 플로깅, 환경, 자원봉사, 달성, 상생, 협력, 식료품, 캠페인, 맞춤형, 공로
참여와 소통의 공감 캠페인	봉사활동, 임직원, 캠페인, 함께하는, 프로젝트, 릴레이, 이벤트, 발대식, 자원봉사, 페스티벌, 봉사단, 동행, 공모, 기여, 시니어, 만들기, 참여자, 홍보, 전시회, MOU
글로벌 연결과 사회혁신 전략	글로벌, ai, 중국, 캄보디아, 국내외, 국제, 신규, 기업, 혁신, 맞손, 창립, 강화, 기념, 발간, 전파, 확산, 구축, 걸음, 숲

이에 해당한다고 볼 수 있다. 셋째, '책임 있는 환경', '지속경영 실천'은 ESG, 친환경, 지역 상생, 자원순환 등을 다루는 주제가 확인된다. 기업 책임 강조, 환경 실천 기반 활동 등을 포함한다. 또한 지속가능경영보고서, 사회적 가치 창출 문맥도 반영되었다.

넷째, '참여와 소통의 공감 캠페인'이다. 임직원, 봉사, 캠페인, 이벤트 등 참여 확산 중심의 구조로, 조직문화와 브랜드 이미지 제고가 이에 해당한다. 챌린지, 릴레이, 전시회, 전달식 등 디지털+오프라인의 혼합 유형을 아우르고 있음을 알 수 있다. 다섯째, '글로벌 연결과 사회혁신 전략'에 대한 주제는 글로벌 협력, 디지털 전략, 혁신 기반 사회공헌을 중심으로 하고 있다. ESG 글로벌 실천사례, 국내 및 해외연계, AI/기술 도입 등 빠르게 변화하고 있는 사회공헌 관련 시프트가 포함된다. 지

그림 2-13_ 2024년 사회공헌 기사의 topic 개수 및 분포

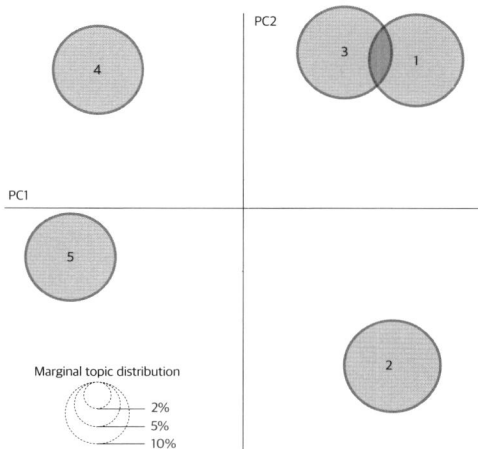

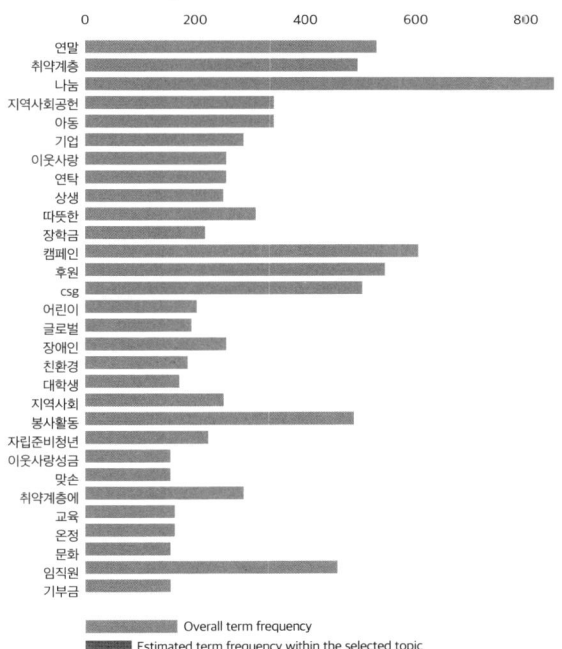

표 2-6_ 연도별 핵심 키워드 흐름

연도	사회공헌백서	주요 기업의 사회적 가치 보고서
2020	Social Gap Report	New 5W1H
2021	사회공헌의 전환 : The Way to ESG	H.O.P.E (Health, On-tact, Problem-solving, Environment)
2022	사회공헌의 전환: S in ESG	[RE:10] (①Reboot, ②Resilience, ③Realization, ④Responsible, ⑤Relationship, ⑥Respect, ⑦Reflection, ⑧Reconnect, ⑨Recognition, ⑩Restart)
2023	TRUE ESG Sustainable Society	G.R.I.T (Global+Reopen+IT)
2024	공헌을 넘어 책임으로: Responsible Business, Moving Beyond ESG	CO-EXIST (Collective + Excellence + Impact + Sustainability + Technology)

역/국가 경계를 넘는 CSR 전략적 확장성을 담고 있다.

신문기사뿐만 아니라 대기업 중심의 사회공헌 관련 설문조사, 지속가능보고서를 기반으로 한 분석 결과를 통해 더 직접적으로 사회공헌 주체인 기업의 의견을 통해 변화를 확인하는 것도 흥미롭다. 앞서 사회공헌 규모를 제시한 두 개의 보고서인 한국사회복지협의회의 『사회공헌백서』와 한경협의 『주요 기업의 사회적 가치 보고서』는 기업들의 사회·경제적 상황에 대한 인식과 대응 방향을 함축한 메시지를 전달하고 있다. 해당 보고서의 제목은 이러한 내용을 잘 담고 있다.

연도별로 주요 보고서에 담긴 핵심적인 키워드의 흐름을 살펴보자. 2020년 『사회공헌백서』에서는 "Social Gap Report"라는 부제를 통해, 코로나19 팬데믹 상황에서 드러난 사회적 격차와 기업의 대응책임을 조명하였다. 이 시기의 사회공헌은 위기대응과 공공성 확보를 위한 보완적 안전망으로서의 기능이 강조되었으며, 사회공헌이 단순한 기부를 넘어 사회적 회복력을 위한 전략적 행위로 인식되기 시작하였다. 같은 해『주요 기업의 사회적 가치 보고서』는 "New 5W1H"라는 키워드를 제시하여, 기업 사회공헌의 본질적 질문인 "누가, 무엇을, 왜, 어떻게"에 대한 성찰을 촉구하였다. 이는 팬데믹이라는 전례 없는 상황에서 사회공헌의 방향성과 정당성을 근본적으로 재검토하려는 시도의 일환으로 해석할 수 있다.

2021년에는 양 보고서 모두 ESG 경영의 부상에 대응하여, 사회공헌의 전략화 필요성을 명확히 제기하였다.『사회공헌백서』는 "The Way to ESG",『주요 기업의 사회적 가치 보고서』는 "H.O.P.E."(Health, On-tact, Problem-solving, Environment)를 각각 핵심 주제로 설정하였다. 이 시기는 사회공헌이 경영전략에 통합되는 '전환기'로서, ESG 프레임 내 'S(Social)'의 실천 수단으로서의 사회공헌이 본격적으로 부각되었다.

2022년에는『사회공헌백서』가 "S in ESG"를,『주요 기업의 사회적 가치 보고서』가 "RE:10"을 제시하였다. 이 시점의 키워드는 사회공헌이 더 이상 주변적 활동이 아니라, ESG 경영의 중심 요소로 구조화되어야 함을 강조한다. 특히 "RE:10"은 회복력(Resilience), 책임(Responsible), 재연결(Reconnect) 등 10개의 핵심 단어를 통해, 사회공헌의 전면적 재설계를 촉구하는 담론적 틀을 제시하였다.

2023년에는 ESG의 형식주의를 넘어 실질적 사회책임 실현의 중요성이 부상한 시기로 볼 수 있다.『사회공헌백서』는 "True ESG, Sustainable Society"를,『주요 기업의 사회적 가치 보고서』는 "G.R.I.T"(Global, Reopen, IT)를 키워드로 설정하였다. 이들은 ESG의 본질적 의미 회복, 디지털 전환과 글로벌 회복의 병행이라는 양축을 중심으로 사회공헌의 미래 방향을 모색하고자 하였다.

2024년에는 양 보고서 모두 ESG 이후 시대를 인식하고자 하는 움직임을 보였다는 점이 특징적이다. 『주요 기업의 사회적 가치 보고서』는 "공헌을 넘어 책임으로: Responsible Business"를, 『사회적 가치 보고서』는 "CO-EXIST"(Collective + Excellence + Impact + Sustainability + Technology)를 주제로 삼았다. 이는 ESG가 체계적으로 정착되면서 그 다음 단계로서의 진정성, 연대, 기술 기반 문제해결형 사회공헌에 대한 새로운 관심이 부상하고 있음을 보여주고 있다. 특히 직면하는 사회문제를 함께 협력을 통해 해결하고자 하는 흐름이 주요하게 포착되었다고 볼 수 있다.

이와 같은 키워드들은 단지 보고서 제목의 의미를 넘어서서 기업과 사회가 사회공헌을 바라보는 인식 구조와 실천 구조가 어떻게 변화하고 있는지를 상징적으로 보여주는 중요한 지표로 기능한다. 연도별 키워드 변화를 통해 확인할 수 있는 점은 본격적으로 기업 ESG 경영이 확산되면서 사회공헌이 기업의 전략적 경영 프레임에 점차 통합되고 있다는 점이다. 초기에는 사회적 위기에 대한 대응 혹은 이미지 개선 수단으로 작동하던 사회공헌이, 2021년 이후부터는 ESG 프레임 내에서 조직의 지속가능성과 책임 이행을 구조화하는 기능으로 재정의되었다고 볼 수 있다. 기업들은 사회공헌을 통해 지역사회 기여, 이해관계자 소통, 임팩트 측정 등의 정량·정성적 결과를 확보하고 이를 ESG 공시 및 평가의 핵심 지표로 사용하고 있다.

이러한 흐름은 기업 사회공헌이 단순한 후원에서 벗어나 기업의 책임감을 강화하면서 실질적인 사회문제해결을 위한 장기 전략, 성과 중심, 파트너십 기반 실행을 목표로 나아가고 있음을 보여주고 있다. 사회공헌이 단지 "무엇을 얼마나 했는가"의 문제가 아니라, "사회에 어떤 변화를 만들었는가"에 대한 본질적 질문에 더 접근하고 있는 것으로 보인다.
구조적 관점에서 본 사회공헌의 변화

지난 5년의 코로나19 팬데믹, 기후위기, 지역 격차와 같은 굵직한 사건들은 기업에게 단순한 기부나 일회성 후원만으로는 충분치 않다는 사실을 일깨워 주었다. 사회공헌은 이제 주변부의 선택이 아니라, 기업이 왜 존재하는지를 증명하고 사회와 함께 호흡하는 방식이 되어야 한다는 목소리가 커진 것이다.

이러한 거대한 흐름 속에서 사회공헌은 앞서 살펴본 내용적인 변화뿐만 아니라 구조적인 변화를 경험한 것으로 판단된다. 과연 어떠한 구조적 변화를 확인할 수 있을까. 특정 기업의 사례를 넘어서서 더 넓게, 지난 5년간 사회공헌이 어떤 얼굴로 변모해 왔는지, 그 과정에서 어떤 공통의 흐름이 형성되었는지를 따라가 보고자 한다. 그 흐름은 다섯 개의 굵직한 궤적-전략화, 내재화, 구조화, 평가화, 그리고 지역화-로 요약할 수 있으며, 사회공헌이 "기부에서 전략으로, 공헌에서 책임으로" 이동해 온 길을 차근차근 확인할 수 있을 것이다. 이를 주요 보고서들(『사회공헌백서』, 『주요 기업의 사회적 가치 보고서』, 『은행사회공헌 활동 보고서』)을 통해 확인해보았다.

변화 (1) 전략화: 기부에서 전략으로

지난 5년간 한국 사회공헌의 가장 뚜렷한 변화는 '전략화'라는 키워드로 요약된다. 과거 사회공헌은 지역사회의 요청이나 일회적 기부, 기업 이미지 제고와 같은 동기에 의해 추진되는 경우가 많았다. 그러나 ESG 경영이 전면화되면서, 사회공헌이 기업의 지속가능성과 직결되는 전략적 실행 수단으로 자리 잡았다. 이러한 변화는 단순히 자원의 투입 규모가 아니라, 사회공헌을 기업 정체성과 경영전략의 일부로 통합하려는 의지에서 비롯된다. 즉, 사회공헌은 이제 부가적 활동이 아니라 기업 경영의 본질적 기능과 연결되는 흐름을 보인다.

전략화는 기업의 동기 변화와도 연결된다. 2020년까지만 해도 '지역사회 요청', '기관 운영 목적 달성'과 같은 동기가 우세했지만, 2021년 이후에는 '기업의 사회적 책임 수행', '조직 가치 실현', '사회문제해결 참여'와 같은 내재적 동기가 좀 더 중요하게 자리했다. 이는 사회공헌을 기업의 미션과 결합시키려는 시도와 맞물려 있다. 특히 2022년부터 다수 기업이 사회공헌의 목적을 ESG 대응으로 인식하기 시작했고, 2024년에는 지역사회 참여와 지속가능성 확보라는 실행 중심의 동기가 강화되었다. 이러한 변화는 단순한 흐름의 전환이 아니라 기업 전략 구조 전반에 영향을 미치는 심층적 전환으로 평가된다.

업종별 특수성 또한 전략화 과정을 풍성하게 보여준다. 특히 은행권은 금융 본연의 기능을 활용하여 사회공헌을 전략적으로 설계한 대표적 사례다.『은행사회공헌 활동 보고서』에 따르면, 포용금융, 민생금융, 디지털 격차 해소와 같은 활동은 단순한 기부가 아니라 금융 제도를 활용한 사회적 안전망 보강으로 기능했다. 예를 들어 '새희망홀씨 대출', '중도상환수수료 면제', '디지털 금융 접근성 강화' 등은 취약계층의 금융 접근권을 제도적으로 확대하면서 사회공헌을 경영전략 일부로 끌어올렸다. 특히 팬데믹 시기 은행권이 집단적으로 시행한 대출 만기 연장, 이자 유예 등은 전통적 사회공헌을 넘어 위기대응형 사회적 인프라로 작동하였다. 더불어 은행권은 지출 항목별 금액, 지역별 분포, ESG 연계 사례 등을 체계적으로 공시하며 사회공헌의 전략성과 제도화를 동시에 선도하고 있다.

변화 (2) 내재화: 기업 정체성으로의 편입

한때 기업의 사회공헌은 외부를 향한 봉사처럼 보였다. 특정 부서가 맡아 단발적 행사를 주도하거나, 필요할 때마다 예산을 집행하는 부가활동으로 여겨지곤 했다. 그러나 지난 5년간의 경험은 사회공헌을 기업 내부의 정체성과 문화로 끌어들이는 과정을 분명히 보여주었다. 위에서 이야기한 전략화의 연장선에서 이제 사회공헌은 '밖으로 나가는 손길'에서 '안으로 스며든 호흡'으로 변하고 있다.

우선 운영 방식에서 내재화의 흐름이 뚜렷하다. 과거 하향식 기획 중심이던 사회공헌은 이제 임직원 전반의 일상적 실천으로 자리 잡았다. 사내 자원봉사단 운영, 유급 봉사휴가제, 가족 참여 프로그램, 내부 포상 제도는 그 예다. 팬데믹을 거치며 비대면 봉사와 온라인 기부 플랫폼, 팀 단위 활동이 확산되었고, 이는 사회공헌을 이벤트가 아닌 조직 문화의 일부로 정착시키는 계기가 되었다. 기업은 사회공헌을 더 이상 외부와의 관계 관리가 아니라, 내부 결속과 정체성 강화를 위한 제도적 장치로 바라보기 시작했다.

담당자 인식에서도 변화가 확인된다. 『사회공헌백서』의 조사 결과에 따르면, 최근 사회공헌의 주요 추진 동기로 "기업의 사회적 책임 이행"과 "지속가능 경영 실현"을 꼽는 비중이 꾸준히 증가했다. 반대로 과거 중심이었던 "이미지 제고"의 비중은 뚜렷하게 낮아졌다. 사회공헌은 이제 단기적 홍보 효과를 넘어서 기업 존재 이유와 연결된 책임 윤리로 자리 잡아가고 있는 셈이다. 다만 성과 측정의 어려움, 예산 확보의 한계, 사내 공감대 부족 등 운영상 애로가 반복적으로 지적되었는데, 이는 사회공헌이 조직 내부로 깊숙이 편입되는 과정에서 불가피하게 마주하는 과제이기도 하다.

업종별 사례는 내재화 과정을 더욱 구체적으로 드러낸다. 은행권은 본연의 금융 기능을 사회공헌에 결합하여 차별화된 전략을 보여주었다. '민생금융', '포용금융', '디지털 금융 교육'과 같은 프로그램은 단순한 기부가 아니라 은행 서비스 자체를 사회공헌 수단으로 재해석한 것이다. 팬데믹 시기 시행된 대출 만기 연장이나 이자 유예 조치는 사회공헌이 금융 안정과 생계 회복이라는 사회적 안전망의 일부로 작동할 수 있음을 잘 보여준다. 이는 곧 사회공헌이 기업의 정체성과 핵심 기능 안으로 깊이 흡수되는 내재화의 단면이다.

지난 5년의 경험을 종합해 보면, 내재화는 사회공헌이 "외부로 향한 공헌"에서 "내부로부터 발현되는 책임"으로 전환되는 과정이었다. 그만큼 사회공헌은 더 이상 부차적 활동이 아니라, 경영전략과 문화, 제도와 운영 체계 속에 내장된 필수 요소가 되었다. 그러나 동시에 내재화는 새로운 과제를 제기한다. 성과를 어떻게 정교하게 측정할 것인가, 예산과 제도적 기반을 어떻게 안정적으로 확보할 것인가, 임직원의 공감과 참여를 어떻게 이끌어낼 것인가 하는 문제들이 그것이다. 이 과제를 풀어내지 못한다면 내재화는 선언적 구호에 머무를 수밖에 없다.

그럼에도 불구하고 지난 5년의 흐름은 분명하다. 사회공헌은 조직 내부에 뿌리를 내리며, 기업의 존재 이유와 책임 윤리를 담아내는 거울로 기능하고 있다. 외부로 보여주기 위한 활동을 넘어, 기업 스스로가 '왜 존재하는가'라는 질문에 답하는 방식으로 사회공헌을 실천하는 것, 바로 그것이 내재화가 지향하는 길이다.

변화 (3) 구조화: 대상·분야·방식의 다층화

사회공헌의 대상과 분야도 다층적 구조로 변화했다. 대상 변화의 흐름은 특히 인상적이다. 2020년과 2021년까지만 해도 아동·청소년이 사회공헌의 주된 수혜 집단이었다. 이는 도덕적 명분과 보편적 지지를 얻기 쉬운 영역이었기 때문이다. 그러나 2022년 이후로는 지역사회 전체, 장애인, 고령층, 청년 창업가 등도 등장했다.『사회공헌백서』에 따르면, 2020~2021년까지는 여전히 '아동·청소년'이 대상자 1순위를 차지했으나, 2023년에는 처음으로 '지역사회'가 가장 높은 비중을 차지했다. 2024년에도 이 흐름은 이어졌다. 팬데믹이 남긴 돌봄 공백, 지방소멸, 도시 회복력의 문제는 기업의 사회공헌을 지역 기반의 회복과 연대라는 더 넓은 틀로 이끌어냈다.

사업 분야 또한 눈에 띄게 확장되었다. 전통적으로 '사회복지'가 최우선 주제였으나, 최근에는 '환경보호', '교육', '디지털 포용', '지역 상생' 등 복합적이고 구조적인 이슈가 주요 영역으로 떠올랐다. 특히 2024『사회공헌백서』에는 '환경보호'가 단독 2순위를 기록하며, ESG 프레임에서 E(Environment) 영역과의 결합이 본격화되었다. 환경은 더 이상 별도의 CSR 프로그램이 아니라 기업 책임의 핵심으로 자리 잡았다. 이는 기후위기와 생태 전환이 단순히 규제 차원이 아니라 기업 전략의 생존 조건임을 말해준다.

신규 사회공헌 프로그램은 이러한 구조화를 더욱 뚜렷하게 드러낸다. 2020~2023년까지『주요 기업의 사회적 가치 보고서』내 분석된 신규 사업들은 여전히 아동·청소년을 주요 타깃으로 등장했지만, 2024년에는 처음으로 '환경'이 신규 프로그램 대상 1순위에 올랐다. 이는 사회공헌이 기후위기, 재난 대응, 생태 전환과 같은 거대 담론에 능동적으로 접근하기 시작했음을 의미한다. 동시에 청년 창업 지원, 디지털 격차 해소, 지역경제 회복 같은 프로그램이 꾸준히 포함되면서 사회공헌은 단순히 취약계층을 돕는 수준을 넘어 사회혁신의 플랫폼으로 작동하기 시작했다.

은행권 사례는 구조화의 상징적인 단면이다. '민생금융', '포용금융', '디지털 금융 교육'은 금융 서비스 그 자체를 사회공헌의 도구로 재해석한 것이다. 단순 기부를 넘어 제도적 개입으로 사회적 안전망을 보강하는 이 접근은, 업종 고유 기능과 사회공헌이 결합할 때 얼마나 구조적인 해법이 가능해지는지를 잘 보여준다.

결국 지난 5년간 사회공헌은 세 가지 차원에서 구조화되었다. 첫째,

대상의 다변화를 통해 아동 중심에서 지역사회·환경·세대 등 복합 단위로 확장되었다. 둘째, 분야의 확장을 통해 사회복지 일변도에서 교육, 환경, 디지털 포용으로 이동했다. 셋째, 방식의 고도화를 통해 단순 집계가 아닌 ESG 성과지표와 연계된 관리 구조로 발전했다. 이러한 변화는 사회공헌이 "누가 가장 취약한가"라는 질문에서 "어떻게 사회 전체를 회복시킬 것인가"라는 질문으로 이행하고 있음을 상징한다.

사회공헌은 이제 더 이상 외부에 선의의 손길을 내미는 수준에 머무르지 않는다. 그것은 사회구조 속 균열을 봉합하고 미래세대의 삶의 조건을 설계하는 도구로 진화하고 있다. 다층화된 구조 속에서 기업은 단순한 지원자가 아니라, 사회적 회복력의 공동 설계자로서 있는 것이다.

변화 (4) 평가화: 임팩트 기반 성과 측정의 과제

사회공헌이 전략화·내재화·구조화를 거쳐 왔다면, 이제 남은 중요한 과제는 그것이 실제로 어떤 변화를 만들어내고 있는지를 평가하는 일이다. 지난 5년간의 경험은 사회공헌이 여전히 "얼마나 집행했는가"라는 투입 중심의 지표에 머물러 있음을 보여준다. 사회적 가치와 변화를 입증하는 임팩트 기반의 성과 측정 체계는 아직 초기 단계에 머무르고 있다.

그럼에도 불구하고 공통적으로 확인되는 점은 사회공헌이 점차 '확대'보다는 '효율과 전략적 배분'으로 이동하고 있다는 것이다. 일례로 자원봉사 지표가 이를 잘 보여준다. 『사회공헌백서』기준 자원봉사 총 시간은 2020년 약 250만 시간에서 2024년 약 158만 시간으로 줄었다. 그러나 같은 기간 참여 인원은 22만여 명에서 26만여 명으로 늘어났다. 총시간은 감소했으나 참여 저변은 확대된 것이다. 이는 사회공헌이 더 이상 단순한 투입의 문제가 아니라, 참여 방식과 효과성, 그리고 사회 전반에 미치는 파급력을 중심으로 바라보아야 한다는 점을 시사한다.

　기업 내부에서도 이러한 문제의식은 공유되고 있다. 조사에 따르면 사회공헌 담당자들이 꼽는 가장 큰 애로사항은 "성과 측정의 어려움"이었다. 단순히 얼마를 지원했는지가 아니라, 그 지원이 실제로 어떤 변화를 가져왔는지를 설명해야 하는 단계에 이른 것이다. 공시기준의 불명확성, 환류 구조의 미흡 등도 반복적으로 지적되며, 평가 체계의 정교화가 사회공헌의 지속 가능성을 좌우하는 과제임을 보여준다.

　일부 기업은 새로운 시도를 통해 이를 구현하고자 한다. 가령 환경 분야에서는 온실가스 절감이나 에너지 절약 효과, 청년 지원에서는 고용 유지율이나 생활 안정성 지표를 활용하는 등, 사회공헌의 성과를 계량화하려는 움직임이 나타나는 것이다.

　그러나 전반적으로 사회공헌의 평가 체계는 아직 갈 길이 멀다. 정량 지표와 정성 지표를 어떻게 통합할 것인지, 이해관계자별로 다른 기대를 어떻게 반영할 것인지, ESG 공시기준과의 정합성을 어떻게 확보할 것인지가 모두 남아 있는 과제다. 지난 5년의 흐름은 사회공헌이 이제 평가와 설명 책임이 요구되는 영역이 되었음을 분명히 보여준다.

　결국 평가화란 사회공헌이 기업 전략 속에서 설득력을 유지하게 하는 열쇠다. 수치와 스토리, 정량과 정성을 아우르는 평가 지표가 마련되지 않는다면, 사회공헌은 여전히 "얼마나 많이 했는가"라는 질문에 머물 수밖에 없다. 반대로 임팩트 기반의 성과 측정 체계를 정착시킨다면, 사회공헌은 기업의 책임과 사회의 지속가능성을 동시에 입증하는 강력한 기제가 될 것이다.

변화 (5) 지역화: 지역 기반 파트너십과 거버넌스의 성장

　지난 5년간의 경험을 돌아보면, 사회공헌이 점점 지역화되는 흐름이 분명하게 드러난다. 과거에는 전국 단위 캠페인이나 특정 계층 중심의 지원이 주류였다면, 이제는 기업들이 활동의 무대를 지역사회로 옮기고 있다. 이는 단순한 장소의 이동이 아니라, 사회공헌이 지역의 회복력과 돌봄 체계, 공동체의 삶의 조건을 개선하는 전략적 수단으로 자리 잡아가고 있음을 보여준다.

대표적인 보고서들의 흐름을 보아도 '지역사회'가 주요 수혜 대상 상위권에 꾸준히 등장해 왔다. 이는 기업이 사회공헌을 특정한 소수 집단의 지원이 아니라 지역 전체의 문제를 해결하는 관점에서 바라보기 시작했음을 의미한다. 팬데믹 이후 돌봄 공백, 지방 소멸, 도시 회복력의 과제가 부각되면서, 사회공헌이 지역 단위에서의 회복과 재생에 기여해야 한다는 인식이 강화된 것이다.

지역화는 또한 파트너십의 다각화를 동반한다. 과거에는 공공기관이나 지자체와의 협력이 중심이었지만, 최근에는 비영리단체, 지역 기반 단체, 소셜벤처, 협동조합 등과의 협업이 늘어났다. 기업 단독으로는 해결하기 어려운 지역 문제를 다양한 주체와 함께 설계하고 실행하는 구조가 자리 잡기 시작한 것이다. 이를 통해 사회공헌은 관 중심의 단선적 구조에서 벗어나, 시민사회와 기업, 지역 주민이 함께 문제를 진단하고 성과를 공유하는 수평적 거버넌스 구조로 전환되고 있다.

지역화의 또 다른 특징은 장기성과 지속성이다. 일회성 프로그램보다는 지역 현안에 장기간 관여하며 신뢰를 쌓고, 공동 문제해결을 설계하는 방식이 늘어나고 있다. 예컨대 청년 일자리, 지역 환경 보존, 디지털 격차 해소 같은 주제들은 단발성 기부로는 효과를 내기 어렵다. 이에 기업들은 장기 프로젝트, 지역 네트워크 구축, 현지 이해관계자와의 상시 협력 구조를 통해 사회공헌의 실질적 성과를 추구하고 있다. 일부 은행권 사례처럼 금융 접근성 강화나 지역 맞춤형 교육을 통해 지역 기반을 튼튼히 하는 방식은, 사회공헌이 단순한 지원이 아니라 지역사회의 지속가능성을 높이는 제도로 발전할 수 있음을 보여준다.

궁극적으로 지역화는 사회공헌이 사회적 책임을 "멀리서 베푸는 손길"이 아니라 "가까이 함께하는 관계"로 바꾸는 과정이다. 기업이 지역과 연결되는 데 필요한 것은 일회성 후원이 아니라, 지역 내 다양한 주체들과 신뢰를 바탕으로 한 장기적 협력이다. 사회공헌이 지역의 삶을 함께 짓는 공동 설계 행위로 자리 잡을 때, 그것은 기업과 사회 모두의 지속가능성을 견인하는 중요한 축이 될 것이다.

3 장

글로벌 기업의 사회공헌 실천
: 미국, 영국, 프랑스의 최신 흐름

    팬데믹을 기점으로 기업의 사회공헌은 다양한 거시적 변화와 과제들을 마주하고 있다. 경제회복 후 물가상승, ESG(Environment, Social, and Governance-환경, 사회, 지배구조) 유행의 성쇠(盛衰), 그리고 2024년 미국 대선 발 정치적 양극화 및 전 세계 극우주의 경향 등은 기업의 자선활동뿐만 아니라 전반적인 지속가능경영에 대한 기업의 투자 판단을 위축시키고 있다.

    그러나 동시에 이들 기업이 사회공헌을 더 강하게 추동하는 모습도 감지된다. 각 국가의 정부는 위기 대응을 위해 더 적극적으로 개입하였고 기업의 지속가능경영 및 기업의 사회적 책임(CSR)에 대한 지지와 아울러 관련 법제화도 추진하고 있다.[21] 또한 2025년까지 전체 노동

---

21   Shin, H., & Gond, J. P. (2025). Governing corporations in national and transnational spaces: Cross-level governmental orchestration of corporate

인력의 75%를 차지하게 되는 밀레니얼 세대와 새롭게 인력시장에 투입되기 시작하는 Z세대가 목적 중심(Purpose-driven) 경영 또는 지속가능경영에 투자하는 고용주를 원하고 있는 상황 등도 기업이 지속가능경영 및 사회공헌에 대한 끈을 놓지 않게 하는 요인으로 작용하고 있다.[22]

한마디로 글로벌 서구 기업의 사회공헌은 기업의 비즈니스 전략과 사회적 책임이 결합된 복합적 현상으로 진화하는 중이다. 이번 장에서는 대표적으로 미국, 영국, 프랑스 기업들의 사회공헌 활동의 현황과 변화, 그리고 주요 사례들을 살펴본다. 이를 통해 글로벌 기업의 사회공헌이 우리와는 어떤 면에서 다른 양상을 보이는지, 혹은 유사한 방향으로 가고 있는지를 확인해보고자 한다.

미국 : 세제 혜택을 통한 자율적 사회공헌 활동 지원

미국은 일찍이 1935년 조세법을 통해 기업이 과세소득의 최대 5%까지 기부금 세금 공제를 받을 수 있도록 허용하였다. 이후 연방세법(Internal Revenue Code)에 따라 이 비율은 10%로 상향되었다. 미국의 조세 시스템은 자발적 기부를 장려하는 국가와 시장 간의 오랜 협약에 기반하고 있고,[23] 이는 미국 기업 사회적 책임(CSR)의 전반적인 특징을

---

social responsibility in South Korea. Journal of Management Studies, 62(4), 1347~1378.
22 Berger, R. (2023, February 7), Millennials and Gen Z reshaping conventional industries, Forbes.
https://www.forbes.com/sites/rodberger/2023/02/07/millennials-and-gen-z-reshaping-conventional-industries/
23 Reich, R. (2018), Just Giving: Why Philanthropy Is Failing Democracy and How It Can Do Better, Princeton University Press.

단적으로 보여준다. 즉, 시장이 주도하는 자유시장 경제를 바탕으로 시장의 참여자, 특히 개인과 기업의 자율성 및 자발적 시장 활동에 최소한의 법적 근거를 두는 방식이다. 기업의 사회적 책임 활동도 그들의 시민성에 기대하는 방식으로 작동하도록 한다. 이러한 틀 아래 기업은 자발적으로 기업 기부에 참여하고, 이를 평판 관리나 마케팅의 한 부분으로 적극 활용한다.

2023년 미국 기업들은 자선단체에 약 365억 5,000만 달러를 기부하였다. 이는 코로나가 다 끝나지 않았던 2022년 대비 3% 상승한 수치다. 인플레이션을 고려하면 1.1% 감소한 셈이지만, 팬데믹 직후였던 2020년의 약 290억 달러에 비하면 5년 동안 약 20% 이상 증가했다.[24][25][26] 미국 기부 규모 전체로 본다면 기업 기부의 비중이 상대적으로 적은 것은 사실이다. 2023년 기업 기부는 전체 기부금의 약 5~7%에 불과했다.[27] 기업 기부의 비중은 작지만, 절대 규모로 볼 때 기업들의 기부는 여전히 중요한 역할을 차지한다. 2024년 기준으로 기업들은 연간 세전 이익의 약 1%를 자선 사업에 기부하고 있고, 이는 10년 전의 약 0.7%에서 상당히 증가한 수치이다.[28] 또한 불확실한 경제 상황

---

[24] Giving USA Foundation. (2024), Giving USA: The Annual Report on Philanthropy for the Year 2023, Indiana University Lilly Family School of Philanthropy.
https://philanthropy.indianapolis.iu.edu/news-events/news/_news/2024/giving-usa-us-charitable-giving-totaled-557.16-billion-in-2023.html

[25] National Philanthropic Trust. (n.d), Charitable Giving Statistics. Retrieved September 9, 2025 from https://www.nptrust.org/philanthropic-resources/charitable-giving-statistics/

[26] NP Source. (2024), Corporate Giving Statistics For Nonprofits.
https://nonprofitssource.com/online-giving-statistics/corporate-giving/#:~:text=%2A%2039,Russell%201000%20companies%20that%20offer

[27] National Philanthropic Trust. (n.d), op. cit.

[28] Philanthropy Roundtable. (2024), Working_Corporate_Taxes_and_Charitable_Giving-_Why_Raising_Corporate_Taxes_Would_Harm_Philanthropy.
https://www.philanthropyroundtable.org/

에도 불구하고 기업 기부는 2024년에 1.9%, 2025년에 2.6% 증가할 것으로 전망된다.[29]

기부 규모뿐 아니라 방식에서도 미국 기업 사회공헌의 특징이 두드러진다. 그중 가장 대표적인 특징은 직원 참여에 기반한 사회공헌이 활발하다는 점이다. 미국은 매년 약 50억 달러씩 직장 내 기부가 늘고 있고, 비공식 추정 기부금을 제외한 공식 기부금만 해도 약 20~30억 달러가 직장 내 매칭 기부 프로그램으로 기부되고 있다. 아울러 기업의 58%는 직장 기부 프로그램이 기업의 인재 유치에 중요한 요소라고 생각한다.[30]

미국 기업 사회공헌 활동에는 대기업 참여가 두드러진다. 이들 기업은 종종 보조금, 현물 기부, 비영리단체와의 파트너십을 포함한 확고한 자선 전략을 갖고 있다.[31] 중소기업의 사회공헌 활동도 꾸준히 늘면서 대기업과의 간극을 좁혀가는 중이다. 중소기업의 75%가 연간 평균 이익의 6%를 자선단체에 기부한다.[32] 점점 더 많은 중소기업들이 자선 사업, 특히 매칭 기부와 같은 직원을 중심으로 한 사회공헌 활동을 늘려가고 있다.[33]

29 CCS Fundraising & Indiana University Lilly Family School of Philanthropy. (2024), The Philanthropy Outlook 2024 & 2025: Projected trends in charitable giving [PDF], CCS Fundraising.
30 NP Source (2024), op. cit.
31 Double the Donation. (2025), 8 Trends in corporate philanthropy in 2025: How to Tap In.
https://doublethedonation.com/trends-in-corporate-philanthropy/
32 Salmon, J. (2024), Corporate taxes and charitable giving: Why raising corporate taxes would harm philanthropy, Philanthropy Roundtable.
https://www.philanthropyroundtable.org/resource/corporate-taxes-and-charitable-giving/
33 Giving USA. (2024), 5 Takeaways and Next Steps From the Giving USA 2024 Report, Giving USA.
https://givingusa.org/5-takeaways-and-next-steps-from-the-giving-usa-2024-report/

직장 내 매칭 프로그램은 특히 대기업에서 활발히 전개되고 있는 것으로 보인다. 〈포춘〉 선정 500대 기업(Fortune 500)의 67%가 직장 내 매칭 기부 프로그램을 운영하고, 지난 3년간 매칭 기부 프로그램을 제공하는 러셀 1000 기업의 비율도 11.8% 증가했다.[34] 일례로, 미국의 대표적인 IT 기업인 구글(Google)도 매칭 기부 프로그램을 운영하며 직원들이 기부하는 금액을 연간 최대 10,000달러까지 지원하며, 매년 1억 달러를 보조금으로, 10억 달러 상당은 제품으로 기부하고 있기도 하다.[35] 앞으로도 미국 기업의 39%는 향후 2년 이내에 직장 기부 프로그램을 확대할 계획이다.[36]

한편, 2025년까지 미국의 거의 모든 주요 산업은 현금 기부, 현물 물품 또는 인적 자본을 통해 자선 활동 참여를 심화했으며, 이러한 노력을 광범위한 ESG 목표 및 이해관계자의 기대와 연계했다. 기술 및 금융 서비스 회사들이 두드러진 기부자였으며, 종종 독특한 방식으로 자원을 활용했다. 마이크로소프트(Microsoft), 세일즈포스(Salesforce), 구글(Google) 등의 기술 기업은 현금 기부 및 제품 기부에서 선두를 달리고 있으며, 제약 및 헬스케어 회사들은 대규모 현물 기부(예: 환자 지원 프로그램을 통한 의약품 기부)를 하고 있다.

특히 제약 회사들의 현물 기부(예: 무료 의약품)는 미국 기업 자선활동의 상당 부분을 차지하며, 일부 보고서에서는 "개인 기부"로 별도로 계산되지만, 이는 엄청난 사회적 영향을 미치는 기업 자금지원 원조를 나타낸다. 한편, 은행과 전문 서비스 회사들은 직원 자원봉사 및 기술 기반 기부를 강조하는 경우가 많다. 이 모든 부문은 2020~2021년에 활

---

34 NP Source. (n.d.), Online giving statistics. Nonprofits Source. Retrieved July 9, 2025, from https://nonprofitssource.com/online-giving-statistics/
35 Salmon, J. (2024), op. cit.
36 NP Source. (2024), op. cit.

성화되었다. 예를 들어, 은행들은 코로나19 구호를 위한 긴급 자금을 마련했고, 제조업체들은 손 소독제 및 보호 장비 기부를 위해 공장을 재정비했다. 에너지 및 제조 기업들은 지역사회 재단 및 지역 이니셔티브를 통해 기부하는 경향이 있었지만, 에너지 부문의 기부는 경제 주기(예: 유가 변동)에 따라 영향을 받을 수 있다.

영국 : 100대 기업 중심의 사회공헌, 소규모 기업의 지역공헌

영국에서의 자선 활동의 법적 뿌리는 주로 개인 및 종교적 기부를 대상으로 한 산업화 이전 자선법에 있다. 1601년 엘리자베스 1세 여왕의 구빈법(Charitable Uses Act 1601, 43 Eliz. I, c. 4)은 빈곤 구제, 교육, 종교 발전과 같은 목적을 정의하며 자선 활동에 대한 법적 틀을 확립했다. 구빈법은 흔히 국가가 빈민들의 구제를 공식적으로 책임지기 시작한 법으로 알려져 있다. 그러나 이 법은 특히 적격 자선활동에 대해 세금 면제를 도입하여 이후 기업의 자선활동에 선례를 남긴 법으로도 의미가 있다.

영국에서 기업 사회공헌 활동에 대한 법적 인식은 20세기에 들어 기업의 규모와 영향력이 커지면서 형성되기 시작했다. 1921년 재정법(Finance Act 1921, 11&12 Geo. 5, c. 32)은 기업이 지역사회에 이익이 되는 목적으로 기부한 금액을 과세소득에서 공제할 수 있도록 허용함으로써 중요한 이정표를 세웠다. 이 법은 기업 기부활동의 세제 혜택을 공식화하여 기업들이 공공복지에 기여하도록 장려했다. 그러나 공제는 제한적이었으며, 기부가 기업의 이익과 연계되어야 한다는 요구사항이 있었고, 이는 오늘날에도 이어지고 있다.

한편 2006년 회사법(Companies Act 2006) 제172조는 영국 현대 기업 기부활동의 초석이라고 볼 수 있다. 이 법은 이사가 주주를 위한 "회사의 성공"을 촉진해야 하며, 지역사회와 환경을 포함한 이해관계자의 이익을 고려해야 함을 강조하고 있다. 평판 향상이나 직원 참여와 같은 장기적 사업 성공과 연계될 수 있다면 기업의 기부활동을 정당화할 수 있도록 한 것이다. 이러한 제172조의 유연성은 상당한 기업 기부로 이어지는 결과를 가져오게 하였다.

역사적으로 영국의 기업 사회공헌은 종교단체, 교육, 건강 보건기관 및 예술 단체(박물관, 미술관, 극장 등)에 대한 전통적인 자선 분야에 집중되었다.[37] 특히 지역사회 지원 및 후원에 집중하는 경향도 포착된다.[38] 이는 영국의 기업 사회공헌의 뿌리가 그 기업이 활동하는 지역사회에 환원(Giving back to local communities)하는 것에 바탕을 두고 있음을 시사한다.

최근에는 영국 기업들의 사회공헌 참여를 촉진하는 여러 변화가 진행되고 있다. 우선 최근 5년간 팬데믹과 ESG 붐을 거치며 투명성에 대한 요구 및 정보 공개에 대한 법적요구가 증가하였다. 따라서 기업들은 핵심 비즈니스 우선순위와 지속가능성 목표에 사회공헌 활동을 전략적으로 연계시키고 있다. 또한 영국 정부도 국가가 우선으로 두는 분야에 대한 기업의 기부 및 자선활동에 대한 인센티브를 고려하기 시작했다.

이러한 흐름에서 전통적인 자선단체에 대한 기부보다는 구조적인

37　Trouwaert, B. (2022), From philanthropy to ESG: The shift | RegASK. https://regask.com/corporate-philanthropy-to-esg/

38　Marcus, S. (2025, February 27), The role of corporate philanthropy amid a shifting corporate responsibility landscape, APCO Worldwide. https://apcoworldwide.com/blog/the-role-of-corporate-philanthropy-amid-a-shifting-corporate-responsibility-landscape/

사회 및 환경 문제를 직접 해결하거나 연관된 사회공헌 활동으로 기업들의 참여가 확대되고 있는 변화가 나타나고 있다.[39] 즉 기존의 전통적인 사회공헌 활동인 종교단체, 교육기관, 병원 및 건강 보건 단체, 미술관이나 극장 등의 활동을 넘어서, 환경 NGO, 평등 및 다양성의 이슈를 지지하거나 건강한 기업 거버넌스를 지원하는 사회 및 경제 정의 단체 지원 등 사회공헌 활동 영역이 점점 넓어지고 있음을 보여주는 것이다.[40]

영국 기업의 사회공헌 참여 규모를 살펴보자. CAF(Charities Aid Foundation)는 2024년에 영국의 런던증권거래소에 상장된 기업 중 시가총액순으로 100위 안에 드는 리스트인 FTSE 100대 기업의 기업사회공헌에 대한 보고서[41]를 발간했는데, 이 보고서를 통해 영국 기업의 사회공헌 현황을 살펴볼 수 있다. FTSE 100대 기업의 기부금은 약 18.2억 파운드, 그 이외 기업의 기부금은 약 22.6억 파운드로 전체 영국 기업의 기부금은 연간 약 40억 파운드 정도로 추정된다. 지난 10년 간 FTSE 100대 기업 총이익이 49% 증가한 것에 비해 기부금은 13% 감소했다. 인플레이션을 감안하면 약 8.3% 기부금 감소로 볼 수 있다.

영국의 기업사회공헌은 FTSE 100대 기업, 즉 대기업에 의존하고 있다. FTSE 100대 기업은 평균 세전 이익의 0.9%를 기부하지만, 중소기업은 평균 0.4%를 기부한다. 또한 거의 모든 FTSE 100대 기업들은 공식적인 기부 프로그램이나 재단도 가지고 있고 이들 중 95개 기업이 자선 기부 내역을 공개하였다. 그러나 약 870,000개의 중소기업 대다

---

39 Monitor Institute by Deloitte. (2024), What's next for corporate philanthropy, Deloitte.
40 Optimy. (2025), https://www.optimy.com/blog-optimy/corporate-philanthropy
41 Charities Aid Foundation, (CAF), (2024), Corporate giving report FTSE 100. https://www.cafonline.org/docs/default-source/inside-giving/corporate-giving/corporate_giving_report_ftse_100_2024

수는 아무것도 기부하지 않거나 매우 적게 기부했다. 이들 중 기부를 한 곳은 약 25%에 불과했다. 공식적인 기업 기부가 소수의 대기업들에게 집중되어 있음을 시사한다.

전체적인 기부금 감소에도 불구하고 이익의 1%를 기부하는 주요 상위 기업의 수는 꾸준히 늘고 있다. FTSE 100대 기업 중 세전 이익의 1%를 기부하는 기업의 숫자는 2022년 24개에서 2023년 28개로 늘어났다. FTSE 100대 기업의 평균 기부금은 2023년 세전 이익의 0.9%로, 2022년 0.8%에서 0.1%p 상승했다. 물론 이러한 기부금 비율의 상승은 이익의 하락에 따른 결과이다. 동일한 기부 예산이라도 축소된 이익 기반에서는 더 높은 비율로 계산되기 때문이다. 그러나 점점 더 많은 선도 기업들이 "세전 이익의 1%를 기부(1% pre-tax profit to charity)"하는 규범을 제도화하고 있다.

훨씬 큰 규모의 기부를 실천하는 기업들도 있다. FTSE 100대 기업 중 글로벌 제약회사인 글락소 스미스클라인(GlaxoSmithKline, GSK)은 세전 이익의 5.47%를 기부하면서 FTSE 100대 기업 중 가장 큰 규모의 기부를 했다. 이는 FTSE 100대 기업 전체 기부금의 약 6분의 1에 해당하는 금액이다. FTSE 100대 기업에 속하지는 않지만, 기술 서비스 그룹(Technology Services Group, TSG)도 세전 이익의 2%를 기부하면서 동시에 사업도 성장하여 추가로 기부 비율을 늘리겠다고 선언한 바 있다.

기부금 규모의 감소와는 달리 최근 5~10년간 직원 자원봉사 시간과 기부 프로그램 참여는 크게 증가하는 추세다. 이는 영국의 기업 사회공헌 활동이 더 분산되고 잠재적으로 덜 중앙 집중화된 형태로 전환되고 있음을 시사한다.[42] 2023년 기준 기업의 자원봉사와 기부 프로그램에

---

42 Benevity. (2024), New exclusive data reveals all-time high corporate social responsibility impact in UK, https://benevity.com/press-releases/all-time-

대한 전반적인 직원 참여율이 14%로, 전년 대비 25% 증가했다.[43] 최상위 기업들의 직접적인 기업 기부가 일부 정체되었다는 평가도 있지만, 자원봉사를 포함한 기업의 사회적 책임에 대한 더 광범위한 참여가 증가하고 있음을 시사한다.

실제로 영국 기업들이 기부한 것으로 추정되는 40억 파운드 이상 중 상당 부분이 현금보다는 직원 자원봉사와 현물 지원 형태로 이루어진다. 예를 들어, FTSE 100대 기업의 임직원들은 2023년 한 해 동안 총 211만 시간의 직장 내 자원봉사 프로그램으로 시간을 기부했고 이는 2022년도 128만 시간보다 64.9% 증가한 시간이다. 이는 많은 기업이 유급 봉사 휴가와 같은 직장 내 다양한 자원봉사 프로그램을 장려한 결과로 보인다.

기부활동에 참여하는 소규모 기업들은 주로 지역사회 관련 활동에 집중하며, 비금전적인 방식(예: 직원의 시간이나 서비스 기부)으로 기부하는 경향이 있다.[44] 상위 100대 기업 외의 기업들은 대규모 현금 보조금보다는 직원 자원봉사의 날, 무료 봉사 업무, 그리고 현물 기부를 통해 더 자주 기여하는 것으로 알려져 있다.

기업들은 규모에 따라 평균 2~6가지의 다른 분야를 지원하는 경향이 있는 것으로 나타났다. FTSE 100대 기업들은 평균적으로 약 6가지 분야(건강, 교육, 환경 등)에 기부했으며, 특히 전체 기부금의 약 22.9%를 헬스케어 및 제약 부문에 기부하였다.[45] 영국에서는 스포츠, 문화, 사회복지가 기업 기부자 수 기준으로 가장 인기 있는 분야 중 하나이다. 그러나 기부 가치 면에서는 대규모 다국적 기업들이 연구, 장학금, 건강

---

high-corporate-social-responsibility-impact-in-uk
43 Ibid.
44 Charities Aid Foundation (CAF). (2023), UK Giving Report 2023, https://www.cafonline.org/docs/default-source/uk-giving-reports/uk_giving_2023
45 Charities Aid Foundation (CAF). (2024), op. cit.

프로그램에 자금을 지원함에 따라 교육 및 건강 분야에 대기업 기부금이 다수 지원되었다. 또한 금융 회사가 금융 문해 교육에 자금을 지원하고, 기술 기업이 STEM(Science, Technology, Engineer-ing, Mathe-matics - 과학, 기술, 공학, 수학) 교육에 자금을 지원하는 등 기부 영역이 기업의 업 특성과 일치되도록 지원하는 현상도 다수 확인된다.

프랑스 : 사회공헌 활동에 사회적 가치를 제도화

유연성을 강조한 영국의 관습법과 달리, 프랑스 법은 역사적으로 교회나 국가가 승인한 단체를 통해 기부를 중앙 집권화했다. 일찍이 1901년 프랑스의 협회법(Loi du 1er juillet 1901)은 비영리단체가 자유롭게 설립되도록 허용하며 현대 기업 기부활동의 토대를 마련하였다. 기업이 협회와 협력하거나 자금을 지원하도록 법적 토대가 마련된 것이다. 하지만 다른 많은 서구 사회에서 나타난 특징과 마찬가지로, 초기 기업 기부는 제한적이었으며, 부유한 산업가의 후원에 의존했다.

프랑스의 현대 기업 자선활동 틀은 세법과 지배구조 개혁으로 형성되었다. 우선 1987년 7월 23일 법률(Loi n° 87-571)은 문화, 교육, 사회적 목적을 지원한다는 조건 아래 공익단체에 대한 기업 기부에 세금 공제를 도입하며 연간 매출의 0.5%까지 공제하도록 허용했다. 그리고 2003년의 후원법(Loi n° 2003-709 du 1er août 2003 relative au mécénat, Loi Aillagon)은 기업이 적격 자선단체에 대한 기부에 최대 60%의 법인세에서 최대 연매출의 0.5%까지 공제할 수 있도록 하여 기업 사회공헌 활동이 제도적으로 확장되는 데 핵심적인 역할을 했다.

프랑스의 후한 세액 공제는 기업 기부를 촉진하지만, 오용에 대한 우려를 낳기도 하였다. 이에 2023년 재정법에서는 복지단체 및 빈곤 완화 단체 기부는 기존 60% 공제율을 유지하되, 기타 단체에 대한 기부는 공제율을 40%로 낮추었다. 또한 지역 기반 단체나 공공기관 기부 시 별도의 인센티브를 제공함으로써 세수를 보호하고 타겟 맞춤형 기부를 유도하였다. 공제율과 인센티브를 통해 정부가 기부의 질과 방향성을 조정하면서 국가 복지 비전과 정책에 우선순위가 되는 주제, 즉 복지, 빈곤 완화를 강화하면서도 기업의 세금 감면 남용을 방지하고자 하였다.

한편 2019년 5월에 제정된 Pacte 법(Loi PACTE, 2019-486)은 프랑스의 기업법(Loi sur les sociétés)의 구조를 개혁하여, 기업의 목적을 경제적 이익을 넘어 사회적, 환경적 가치로 확장할 수 있도록 허용함으로써 기업의 이윤추구와 더불어 공공 이익에 대한 기여를 강조했다. 이 법의 도입 후 기업이 정관에 사회적 목적을 명시하는 "미션 지향 기업(entreprise à mission)" 제도가 확산되었다. 구체적으로 법의 핵심 조항 중 하나인 "존재 이유(raison d'être)" 개념의 도입을 통해, 기업이 기업 정관에 존재 이유를 명시할 수 있으며, 이를 통해 기업이 추구하는 사회적, 환경적 가치를 공식화할 수 있게 했다. 이는 기업들이 단순한 기부활동에 그치지 않고, 자체의 경영 목표 안에 CSR 및 사회적 가치를 제도화하도록 유도하며, CSR 및 지속가능경영을 기업 전반에 전략적으로 통합하도록 장려하고 있다. 이런 법적인 혜택과 유도에 근거하여 EU 전역의 기업기부금 연간 250억 유로 중에 프랑스가 독일과 함께 이를 선도적인 역할을 해오고 있다.

프랑스 기업 사회공헌의 현황을 살펴보자. 프랑스 주요 기업 자선단체 협회인 Admical의 2022년 보고서[46]에 따르면, 프랑스 기업의 사회공헌 활동은 2020년 팬데믹 이후로 꾸준히 지속해서 확대되었다.

---

46 Admical. (2022), Le Baromètre du mécénat d'entreprise en France 2022. https://admical.org/contenu/barometre-du-mecenat-dentreprise-2022

2023년 공식 신고 기부금은 29억 3,000만 유로로, 2020년의 23억 1,000만 유로에 비해 증가하였다. 세무신고 기준으로 전체 기업 기부금을 추산하면 2023년에 약 36억 유로로 보고된다. 기부에 참여하는 기업도 늘어났다. 2023년 기준 기부금 신고 기업은 172,000개였는데, 이는 2020년의 104,000개보다 늘어난 숫자이다.[47]

실제로 프랑스 기업 기부자의 50%가 COVID-19 위기로 인해 자선활동을 재정의하거나 확대하게 되었으며 도움을 줄 새로운 방법을 모색했다고 하였다. 또한 팬데믹 이후 2022년까지 기브활동을 실천하는 기업의 19%가 향후 2년 이내에 기부 예산을 증가시킬 계획이라고 말하기도 하였다

그럼에도 불구하고 전체 기업 중 기부하는 기업의 비율, 즉 기부 참여율은 높지 않다. 여전히 프랑스 전체 기업의 9%만이 공식적으로 기부활동을 하고 있으며, 전체 기부금 규모 역시 법적 허용 최대치(매출의 0.5%)의 14분의 1 수준(0.035%)에 불과하다. 다시 말해, 기업 기부자의 수가 증가했음에도 불구하고, 프랑스 기업의 대다수는 여전히 조직화된 사회공헌 활동에 참여하지 않고 있다.

한편 기부에 참여하는 기업의 90% 이상은 금전적 기부방식을 사용하고 있으며, 현물 기부방식은 28%, 직무기반 자원봉사(mécénat de compétences)는 16%인 것으로 나타난다. 또한 대부분 기업은 별도의 기부 전문 조직(재단 등)을 거치지 않고 직접 기부활동을 수행하고 있으며, 오직 응답 기업의 약 3분의 1만이 전담 기부 조직을 통해서만 기부활동을 하고 있다고 답하기도 했다. 기부금 지원 갱신 방식과 관련하여 29%의 기업은 1~3년 단위로 갱신 가능한 장기적 지원 방식을 추진하고 있고, 1/3 이상은 장기적 약정 없이 유연한 지원 방식을 선택하고

---

47 Admical. (2024), Le Baromètre du mécénat d'entreprise en France 2024. https://admical.org/contenu/barometre-du-mecenat-dentreprise-2024

있다. 한편, 전체 기업의 19%는 기업의 주력 사업과 관련된 사회공헌 분야를 선택한다. 주력 사업과 관련된 분야를 선택하는 가장 큰 이유는 사회공헌 활동을 기업의 사회적 책임(CSR) 전략에 명확히 연계시키기 위한 것이다. 이 응답률은 55%로 이전보다 26%p 증가했다.

프랑스는 영국과 마찬가지로 기업 사회공헌의 전체 규모에서 대기업의 비중이 크다. 사회공헌에 기여하는 기업 중 대기업이 차지하는 비중은 0.2%에 불과하지만, 프랑스 전체 기업 사회공헌 지출의 39.4%, 즉 11억 5,270만 유로를 이들이 담당한다. 대기업의 약 84.2%가 사회공헌 활동에 참여하고 있고, 중견기업은 56.3%, 중소기업 29.7%, 소기업은 5.3%만이 사회공헌 활동에 참여하고 있다.

숫자로 본다면 소기업과 중소기업이 전체 사회공헌 참여기업의 약 97%를 차지하지만, 실제 사회공헌 예산에서는 약 33%의 비중만을 차지하고 있다. 사회공헌 예산의 규모 자체로만 보면 대기업 중심으로 보일 수 있으나 매출 규모별로 볼 때, 프랑스에서 기업 기부활동의 가장 큰 성장을 견인하고 있는 기업군은 매출이 200만 유로에서 1,000만 유로 사이에 속하는 중소기업과 1억 유로에서 5억 유로 사이에 속하는 중견기업들이라고 볼 수 있다. 매출 대비 대기업보다 높은 비중의 사회공헌 예산을 할당하고 있기 때문이다.

2018년부터 6년간 특히 주목할 만한 것은 중소기업과 초소형 기업들의 약진이다. 소기업의 비중은 2018년 전체 기부 기업의 63.9%였으나 2021년 66%를 거쳐 2023년에는 68.5%로 증가했으며, 총 기부액도 전체 기업 기부 예산의 약 7%에서 2023년 3억 1,700만 유로로 11% 증가했다. 실제로 6년 전만 해도 대기업은 신고된 전체 기부금의 53.5%를 차지했으나, 현재는 39.4%로 그 비중이 크게 줄었다. 반면 소기업과 중소기업의 신고된 기부금 비중은 2018년 23%에서 현재 33%까지 증가하며 큰 성장세를 보인다. 이는 지역사회와 밀접하게 연계된 작은 기업들이 사회공헌 활동에서 자신의 역할을 적극적으로 확대하고 있음을 보여준다. 또한 기업 규모별로 사회공헌 분야를 선택하는 기준도 다르다. 대기업의 경우 기업 핵심 가치와 전략에 맞춰 다양한 전문성을 활용해 더욱 많은 공익 분야를 지원하는 경향이 뚜렷하게 나타났다. 반면, 중소기업에서는 경영자의 개인적 관심과 역할이 더 큰 비중(58%)을 차지했다.

최근 몇 년간 프랑스 기업의 주요 기부 분야에 변화가 있었다. 2024년 파리 올림픽 및 패럴림픽 이후 스포츠 분야의 기부가 전 규모 기업의 참여율 및 예산 규모 면에서 눈에 띄게 증가한 것이다. 이 분야 참여 기업 수는 12%p 증가하였고, 예산도 35%p 증가하였다. 또한 환경 분야 참여의 변화도 눈에 띈다. 기부 기업의 19~20%가 환경 분야에 참여한다. 한편 사회공헌 분야의 예산 재편성으로 인해 기존에 전통적으로 활발히 지원되던 문화나 사회 분야의 기부활동이 일정 부분 영향을 받은 것으로 보인다는 점도 특징이다. 역사적으로 주요 분야였던 문화 및 사회적 지원 분야의 기업 참여와 예산 규모가 각각 약 5~9% 감소했다고 보고하고 있다.

이제까지 미국, 영국, 프랑스의 기업 사회공헌 특징과 현황을 개괄적으로 살펴보았다. 기업들이 사회공헌, 즉 나눔에 적극적으로 나서는 이유는 단순한 이미지 향상을 넘어, 경제적·윤리적 책임 이행과 지속가능한 경영을 실천하는 것에 있다. 기업 사회공헌은 과거 개인 및 자선단체 중심의 기부 행위에서 시작했으나, 산업화와 자본주의 확산, 그리고 현대 경영 제도 발전에 따라 체계적이고 전략적인 활동으로 진화했음도 알 수 있었다. 미국은 1917년의 전쟁으로 인한 세금 공제부터 2010년대의 정치적 완화에 이르기까지 사회공헌의 양적 규모(2025년

400억 달러 예상)[48]를 우선하는 반면, 유럽의 더 오래된 기업 사회공헌의 근간(1601년 영국, 1987년 프랑스)은 현재의 전략적 프레임 워크로 진화했다. 세금 혜택은 미국에서 우세하여 영국과 프랑스의 세금 감면액을 훨씬 능가하지만, 유럽의 보고 의무(유럽연합의 지침)는 투명성을 훨씬 강조함을 알 수 있다. 즉 유럽은 좀 더 규제화되고 표준화된 기업의 사회공헌 및 기부 문화가 형성되어 미국에 비해 투명성, 이해관계자에 대한 책임(Stakeholder Accountability), 그리고 전반적인 지속가능성과의 통합을 강조하는 방향으로 진화해 오고 있다.

글로벌 기업 사회공헌의 최근 동향: 7가지 키워드

최근 글로벌 사회공헌 트렌드는 기존 자선 중심의 기부를 넘어선 ESG 경영의 전략적 통합과 팬데믹 이후의 변화, 그리고 AI·디지털 기술의 혁신적 활용을 중심으로 급속히 확장되고 있다. 미국, 영국, 프랑스 등 서구 기업들은 조직의 경제적·윤리적 책임을 강화하면서, 임직원의 참여 확대, 환경 문제해결, 다양성 존중이라는 새로운 가치 기준을 기업의 사회공헌 활동에 적극 반영하고 있다. 이러한 변화는 기업과 사회의 지속가능한 발전을 뒷받침하는 핵심 동력이 되며, 사회적 임팩트와 투명성, 혁신을 동시에 추구하는 현대 사회공헌의 방향성을 명확하게 보여준다. 이제 최근 5년간 글로벌 사회가 집중하는 7가지 기업 사회공헌의 트렌드에 주목하고자 한다.

---

48 CCS Fundraising & Indiana University Lilly Family School of Philanthropy. (2024), op. cit.

(1) 코로나19와 협업 : 민관 협력의 강화

2020년 COVID-19 팬데믹은 전 세계적으로 기업 사회공헌의 전환점을 만들었다. 미국에서는 2020년 기업 기부가 17% 증가해 282억 달러를 기록했으며, 팬데믹 기간에 소비자의 76%가 기업이 직원과 지역사회를 지원하기를 기대했다.49 프랑스에서는 2022년 기업 기부가 세제 혜택과 공공의 압력으로 인해 35억 유로에 달했다.50 PwC의 2021년 조사51에 따르면 소비자의 76%는 기업이 위기 시 직원과 지역사회를 지원해야 한다고 기대했으며, 이로 인해 기업들은 연간 캠페인에서 상시 운영되는 직원 매칭 프로그램으로 확장해 나갔다. 특히 〈포춘〉 선정 500대 기업 중 94%가 사회공헌 노력을 유지하거나 확대할 계획을 밝혔다.52 팬데믹 이후 인플레이션으로 전 세계 기부금 총액은 2022년에 3.4% 감소했지만 지속가능·구조적 문제 중심 사회공헌이 더욱 활성화됐다.53

팬데믹 동안 기업들은 일시적 단기 구호 중심에서 벗어나 구조적인 사회문제해결을 위한 장기 프로젝트로 방향을 바꾸었다.54 유니레버는 2022년 지속가능한 삶 계획(Sustainable Living Plan)에 따라 5,000만 파운드를 지역사회 회복 프로젝트에 투자했다.55

---

49 Giving USA Foundation. (2022), Giving USA 2022: The annual report on philanthropy for the year 2021 [Infographic].
50 France Générosités. (2024), Baromètre de la générosité 2023. https://www.francegenerosites.org/ressources/barometre-de-la-generosite-2023-france-generosites-mai-2024/
51 PwC UK. (2021), ESG in executive pay-The evolving landscape.
52 Double the Donation. (2025), op. cit.
53 Giving USA Foundation. (2023), Giving USA 2023: The annual report on philanthropy for the year 2022 [Infographic]. https://store.givingusa.org/collections/free-downloads/products/2023-infographic?variant=44055760109792
54 Monitor Institute by Deloitte (2024), op. cit.
55 Unilever. (2022), Unilever Annual Report and Accounts 2022.

최근 몇 년간 사회적 문제를 해결하기 위해 정부와 기업 간의 협력이 눈에 띄게 증가하는 추세가 나타났는데 이는 공공 자금, 민간 전문성, 자선 활동의 노하우를 효과적으로 결합하는 방식이다. 이러한 공공-민간 파트너십(public-private partnerships, PPPs)은 자선 재단을 포함할 경우 때때로 "공공-민간-자선 파트너십"이라고 불리기도 한다.[56] 이런 PPP에 근본을 둔 민관 협력형 사회공헌은 팬데믹을 겪으면서 정부 또는 기업의 힘만으로는 당면한 문제를 해결할 수 없다는 사실에 대한 자각에서 더욱 중요성이 강조됐다. 일례로 코로나19 대응 기간에 정부 기관은 백신을 배포하고, 기업은 COVAX[57]에 기부하며 물류를 지원하는 등이 대표적이다. 이뿐만 아니라 정부가 기업 기부와 매칭 기금을 조성하는 긴급 기금을 마련하는 경제적 구호를 펼치기도 하였다. 이러한 다양한 민관협력형 프로그램들은 팬데믹 이후에도 경제회복과 사회적 형평성을 위한 파트너십으로 발전하기도 하였다. 또한 지속해서 강조되는 기후문제에 관련해서도 정부는 이니셔티브를 시작하고 기업은 기부 약속을 통해 문제해결에 기여하고 있다. 민관 파트너십의 대표적인 예로, 미국의 주요 사회문제인 중남미 지역으로부터의 불법이민의 문제를 해결하기 위해 미국 정부는 마이크로소프트(Microsoft), 마스터카드(Master Card), 펩시코(PepsiCo) 등 민간기업과 협력해 중미 지역의 금융 포용, 직업훈련, 농업 현대화를 추진한 바 있다.[58]

---

56 Samandari, H., Pacthod, D., Venugopal, S., Krishnan, M., Nowski, T., Kendall, A., Goodman, J., & Rosholt, P. (2023), The role of public–private–philanthropic partnerships in driving climate and nature transitions, McKinsey & Company. https://www.mckinsey.com/capabilities/sustainability/our-insights/the-role-of-public-private-philanthropic-partnerships-in-driving-climate-and-nature-transitions
57 코로나 19 백신에 대한 전지구적 접근(Covid-19 Vaccines Global Access, COVAX)을 뜻하는 세계적 협력네트워크다.
58 Samandari, H., Pacthod, D., Venugopal, S., Krishnan, M., Nowski, T., Kendall, A., Goodman, J., & Rosholt, P. (2023), op. cit.

(2) ESG와 전략적 사회공헌: 사회공헌의 필수 요건

ESG는 2010년대부터 꾸준히 성장해 2021년 팬데믹을 거치며 글로벌 금융시장의 중심 테마로 부상했다. 2019년부터 2022년까지 미국의 지속가능 투자자산은 8.4조 달러에 달했다.[59] 2021년 투자자 75%가 ESG를 지지했고, 다수 글로벌 CEO는 기후변화 대응 투자가 경영 마진 향상에 긍정적이라고 응답했다.[60] 물론 정치적 반발과 펀드 유출 등 ESG 이슈의 변동성은 큰 측면이 있지만, 대다수 기업은 ESG 기반 사회공헌 예산을 2023년에도 팬데믹 정점 수준 이상으로 유지 또는 확대했다.[61] MZ세대 노동자가 전 세계 노동인구의 75% 이상을 차지하고 있다. 이는 젊은 노동자들의 요구가 기업으로 하여금 ESG를 받아들이도록 추동하는 작용을 하기도 하였다. 결국 ESG는 보편적 기업 활동으로 자리 잡았다고 볼 수 있다.

ESG 이전에는 기업 사회공헌이 지역사회 지원, 교육, 종교, 문화 진흥 등 전통적 공동체 책임에 중점을 두었고 주로 회사 설립자 또는 리더 그룹의 개인적 가치관과 신념에 근거해 있었다.[62] 기업의 사회공헌은 종종 회사의 핵심 사업 운영과는 별개로 인식되었으며, 특히 환경 관리와 기업 지배구조 영역에서 전반적인 사업 목표와의 직접적인 전략적 연계보다는 외부 지역사회의 요구와 기업 시민 의식에 의해 더 많이 주도되었다.[63] 하지만 ESG 시대는 투명성, 측정 가능성, 사업 연

---

59 US SIF Foundation. (2022), US SIF "Trends Report" Documents Sustainable Investment Assets of $8.4 trillion. https://www.ussif.org/blog_home.asp?Display=194
60 PwC. (2024), 27th Annual Global CEO Survey.
61 The Conference Board. (2023), From Crisis to Opportunity: Corporate Citizenship and Philanthropy in 2023.
62 BPM. (2023), Doing well by doing good: An ESG overview. https://www.bpm.com/insights/doing-well-by-doing-good-an-esg-overview/
63 Marcus, S. (2025, February 27), op. cit.

계성을 강조하며 사회공헌 전략을 재정립하게 했다. 예컨대 미국 오토데스크(Autodesk) 재단은 디자인 혁신 솔루션 지원을 통해 사회문제해결에 기여하며, 세일즈포스(Salesforce)는 Pledge 1% 운동을 통해 직원의 자발적 기부와 자원봉사를 권장하는 기업 문화 구축에 힘쓰고 있다. 프랑스의 로레알(L'Oréal)은 2023년 ESG 관련 사회공헌에 1,000만 유로를 투입하고, 지속가능한 뷰티 산업 선도 전략을 공개하기도 하였다.[64]

기업들은 ESG 신뢰를 확보하기 위해 사회공헌 영향력 측정, 공정한 성과평가, 다양한 리더 지원, 협업 기부 모델을 활용한다. 예컨대, 메리어트(Marriott)는 다양성 측면에서 호텔 소유주를 지원하는 "Bridging the Gap" 프로그램[65]을 통해 금융지원과 인센티브를 제공하며, "흑인, 히스패닉, 라티노, 원주민, 여성 소유주" 등 다양성을 확대하는 데 앞장서고 있다. 2022년 5,000만 달러 초기 투자를 시작으로, 알로프트 호텔(Aloft Hotels), 오토그래프 컬렉션(Autograph Collection) 등 19개의 프로젝트에 자금을 지원해 자본 접근성 장벽을 낮추고, 경험 많은 개발자, 운영자, 대출업체와의 네트워크를 활용해 사업 성공을 지원한다. 이 프로그램을 통해 3년 이내에 10억 달러의 자산 가치를 목표로 다각적 지원을 확대 중이다.

한편 에이티앤티(AT&T)는 디지털 격차 해소에 주력하며, 커뮤니티와 협력해 온라인 접근성 및 교육 기회를 확대하는 "Bridging the

---

64　L'Oréal. (2024a), Annual report 2023. https://www.loreal-finance.com/en/annual-report-2023/
65　Marriott International. (2022, June 6), Marriott International Launches Marriott's Bridging the Gap Hotel Development Program, Marriott International News Center. https://news.marriott.com/news/2022/06/06/marriott-international-launches-marriotts-bridging-the-gap-hotel-development-program

Digital Divide" 이니셔티브[66]를 펼치고 있다.[67] 이 프로그램은 전국의 저소득 가정 및 취약계층에 인터넷 접속, 디지털 도구, 교육 프로그램을 제공하여 디지털 불평등 완화에 기여한다. 에이티앤티(AT&T)는 기업의 사회적 책임을 다하는 동시에 디지털 포용을 강화해 사회 전반의 지속가능한 발전에 이바지하고 있다.

프랑스의 럭셔리 기업 루이비통 모에 헤네시(Louis Vuitton Moët Hennessy, LVMH)의 전략적 사회공헌 활동은 기업의 브랜드 가치와 사회적 책임을 연결하는 대표적 사례로 손꼽힌다. 루이비통 모에 헤네시는 기업의 미션과 이미지에 맞춰 예술 및 문화유산과 관련된 다양하고 장기적인 사회공헌 프로그램을 운영하고 있다. 우선 이들은 베르사유 궁전 복원, 루브르 박물관 전시회 후원 등 프랑스 국가적 문화유산 보호에 직접 참여하며, 이를 통해 문화적 가치를 보존하는 데 기여한다. 또한 루이비통 재단(Foundation Louis Vuitton) 미술관을 설립해 현대 미술의 창작과 확산을 지원하는 한편, 수많은 유명 미술가들의 작품 전시와 창작 활동을 돕고 있다. 이 재단은 단순한 후원 시설이 아니라, 새로운 예술가 발굴과 창의적 문화 생산의 허브로 자리매김했다. 그리고 청년층의 예술 교육과 참여 확대를 위한 "1,000석 청년 프로그램" 등 다양한 문화 예술 교육 프로그램도 활발히 진행하고 있다. 아울러 환경 문제를 다루는 사회공헌 기금도 문화유산 보호 측면에서 접근하고자 유네스코와 협력하며 2021년 1천만 유로 규모의 생물 다양성 기금을 출범하고 아마존의 생물 다양성 보호에 힘쓰고 있다.

이런 전략은 기업의 각각 핵심 전략 목표에 맞춰, ESG 관련된 신뢰를 높이기 위한 실질적으로 전략적인 사회공헌 모델을 운영하는 데 초

---

66 AT&T. (n.d.), Bridging the Digital Divide. AT&T Sustainability. https://sustainability.att.com/cr/bridging-digital-divide
67 Monitor Institute by Deloitte (2024), op. cit.

점을 맞추고 있다. 이처럼 전략적 사회공헌은 장기적 혁신과 리스크 완화 수단으로 자리매김하는 데 핵심 역할을 수행한다.

(3) 임팩트와 투명성: 사회공헌은 결과로 말한다

기업의 사회공헌은 단순한 기부금 총액보다, 실제로 어떤 사회적·환경적 변화를 만들어냈는지를 평가하는 방향으로 진화하고 있다. 과거에는 "얼마나 많은 돈을 썼는가"에 초점을 두었다면, 이제는 "얼마나 효과적인 변화를 가져왔는가"가 평가의 핵심 기준이 되었다. 특히 최근 ESG 트렌드가 확산되면서, 임팩트 평가와 투명성이 기업 사회공헌의 필수 요소로 자리 잡고 있다.

유럽연합의 보고에 따르면 2023년까지 대기업의 약 68%가 GRI(Global Reporting Initiative) 기준에 맞춰 ESG 보고서를 발간하고 있다.[68] 미국에서도 PwC 조사 결과, 투자자의 70% 이상이 ESG 보고의 투명성을 강하게 요구하며, 기업들의 "위장 환경주의(그린워싱, Greenwashing)" 문제에 대한 우려가 커지고 있다.[69] 이에 따라 기업들은 자사 사회공헌 활동에 "변화이론(theory of change)"과 "모니터링·평가·학습(MEL)" 방식을 채택하여 임팩트를 체계적으로 측정하고, 이를 외부에 상세히 공개하는 방식으로 책임성을 높이고 있다.[70]

실제 사례는 다양하다. 미국 금융사 시티재단(Citi Foundation)은 매사추세츠를 포함한 미국 내 소외지역에서 교육과 일자리 창출 사업을 지원하는 과정에서, 단순히 성과 도출 여부가 아니라 기업의 "기여도"

---

68 Thomson Reuters. (2023), Social impact and ESG report 2023 (Report No. TR4122239).
69 PwC. (2022), PwC Global Investor Survey 2022: The ESG execution gap (Report No. 2022-ESG-001).
70 Sachs, D. (2022), Four ways corporate philanthropy can accelerate a company's ESG journey, Forbes.

와 "변화 촉진 여부"를 중시하며 다차원적 임팩트 평가를 시행하고 있다. 2014년 시작한 진보를 위한 길(Pathways to Progress) 프로그램은 청년 실업 문제를 해결하기 위한 직업 역량 강화 사업으로, 2023년까지 전 세계에 3억 달러 이상을 투자했고, 미국 내 10개 도시에서 100,000명 이상의 청년을 지원했다. 이 프로그램은 그동안 단순한 활동 수치 집계에서 벗어나, 실제로 청년들의 취업률, 경제적 자립도, 사회적 회복 탄력성 등을 다차원적으로 평가하는 결과 중심 접근법을 채택했다. 시티재단은 파트너 기관과 긴밀히 협력해 정량적 지표뿐 아니라 수혜자의 삶에 미친 장기적 영향까지 추적 및 분석한다. 예를 들어, 금융 교육과 직장 경험을 결합한 여름 직업 연결 프로그램(Summer Jobs Connect program)에서는 300,000명이 넘는 청년들이 은행 계좌를 개설했고 16,500명 이상이 실제로 일자리를 얻어 경제적 자립에 기여했다. 이는 단순 자금지원을 넘어 사회적 변화를 촉진하는 "기여도" 중심 평가의 모범 사례이다.[71][72] 이러한 접근은 지원 단체의 사명에 충실하게 기여하면서 사회문제해결에 실질적 변화를 가져온다는 점에서 높은 평가를 받고 있다.

프랑스 기업 로레알(L'Oréal)은 ESG 보고서에서 여성 경제적 자립 지원 프로그램과 환경 지속 가능성 두 축의 임팩트를 구체적 수치로 공개했다. 여성 지원 부문에서는 2023년 한 해 동안 320개 이상의 협력 단체를 통한 약 132만 명의 여성에게 직접 도움을 제공했고, 이는 난민, 빈곤 여성, 가정 폭력 피해 여성 등 취약계층을 우선 지원하는 프로그램으로서 사회적 포용과 경제적 자립을 동시에 추구한다. 로레알

---

71 Points of Light. (2013, March 6), The Citi Foundation Finds New Ways to Measure Impact of CSR Efforts. Points of Light Blog. https://www.pointsoflight.org/blog/citi-foundation-finds-new-ways-measure-impact-csr-efforts/

72 Citi Foundation. (2023), Pathways to Progress: Impact Report.

여성 기금은 2020년에 설립되면서 초기 5,500만 유로의 예산으로 조성되었으며, 2023년에는 3,000만 유로의 예산으로 2026년까지 갱신되었다. 환경 측면에서는 2019년 대비 2023년 온실가스 배출량을 74% 감축했고, 바이오 기반 원료(biobased raw materials)에 대한 지속가능한 소싱 접근 방식을 채택함으로써, 환경을 존중하는 동시에 취약계층의 사회적-경제적 포용에 기여하고 있다. 2023년 기준으로, 로레알 원료의 93%가 지속 가능하고 추적 가능하며 바이오 기반의 출처에서 확보되었다.[73][74]

사회공헌 성과의 투명성 강화에는 디지털 플랫폼의 역할이 크다. 대표적으로 미국의 본테라(Bonterra) 플랫폼은 기부활동을 기업 전략과 직원 관심사에 맞추어 분석하고, 실시간 임팩트 리포트를 제공해 직원 참여를 촉진한다.[75] 이러한 투명성은 기금 제공자와 수혜자 간 권력 불균형 완화에도 기여한다(Monitor Institute by Deloitte, 2024). 이를 통해 디지털 플랫폼을 통해 임팩트 측정과 투명한 공개는 사회공헌 시장의 신뢰를 구축하고 증가하는 이해관계자 요구에 부응하는 중요한 수단으로 자리 잡았다.

(4) AI(인공지능)·디지털 기술로 깨끗하고 효율적인 사회공헌

전 세계에서 쏟아지는 AI 및 디지털 기술 활용에 관한 관심과 더불어 서구 기업들은 적극적으로 AI, 클라우드, 디지털 플랫폼을 도입해서 사회공헌의 효율과 투명성, 참여도를 획기적으로 향상시키고 있다. 챗

---

73 L'Oréal. (n.d.), L'Oréal Fund for Women 2023.
74 L'Oréal. (2024b), 2023 universal registration document: 4. Corporate Social Responsibility. L'Oréal-Finance. Retrieved from https://www.loreal-finance.com/eng/2023-universal-registration-document/en/article/209/
75 Bonterra. (2025), Top corporate philanthropy trends for 2025. Bonterra. https://www.bonterratech.com/blog/corporate-philanthropy-technology-trends

IPCC(Chat IPCC)[76]는 최신이자 가장 신뢰할 수 있는 과학 논문을 데이터로 활용하여 기후 과학에 관해 대화를 나눈다. 클레리티 AI(Clarity AI)[77]는 기업의 지속가능성 데이터를 분석하여 이해하기 쉬운 그래픽과 보고서 형태로 제공하기도 한다. 또한 그린워치 AI(Greenwatch AI)[78]는 기업의 친환경 주장과 실제 탄소 배출량을 비교하여 검증하고, 클라이밋 버트(Climate BERT)[79]는 기후 관련 주장의 사실 여부를 확인하여 위장 환경주의(그린워싱, Greenwashing)를 적발하고 ESG 공시의 정확성을 높이는 데 활용된다.[80] 2022년 영국 금융기업 바클레이즈(Barclays)는 AI 기반 기부금 배분 시스템을 도입해 3,470만 파운드의 자금을 가장 시급한 사회문제에 최적 배분했다(Barclays, 2023). 구글의 자선 담당 기관 구글닷오알지(Google.org)는 800만 달러를 지원하여 기업의 배출량을 실시간으로 감지하고 추적하는 세계 최초의 글로벌 배출량 목록을 포함한 클라이밋 트레이스(Climate TRACE)[81] 플랫폼을 구축하여 AI와 위성 데이터 분석 기술을 지원, 글로벌 온실가스 배출 감시에 혁신을 일으켰다.[82]

크라우드펀딩 플랫폼도 디지털 전환의 한 축이다. 2020년 기준 크라우드펀딩을 통한 모금액은 11억 달러에 달하며, 팬데믹과 재난 시 신속한 대응을 가능케 했다(Lily Family School of Philanthropy, 2023). 미국 세일즈포스(Salesforce)는 모바일 결제와 디지털 지갑 기능을 도입해

---

76   https://ipcc.chat/
77   https://clarity.ai/
78   https://greenwatch.ai/
79   https://www.chatclimate.ai/climatebert
80   Townsend, S. (2023), Are you ready for AI-driven radical ESG transparency? Forbes. https://www.forbes.com/sites/solitairetownsend/2023/04/30/are-you-ready-for-ai-driven-radical-esg-transparency/
81   https://climatetrace.org/
82   World Economic Forum. (2024), The role of corporate philanthropy in accelerating climate and nature transitions.

직원 기부의 접근성을 개선하고, 자동 매칭 기부 신청과 보고 기능으로 참여율을 높였다.[83] 클레리티 AI(Clarity AI)는 기업의 ESG 지속가능성 데이터를 그래픽과 리포트로 분석 제공하며, 클라이밋 버트(Climate BERT)는 기후 관련 공시의 사실 여부를 AI로 검증한다.[84]

AI는 단순 금융관리 경계를 넘어 위장 환경주의 감시, ESG 데이터 시각화, 공시자료 정확성 검증에도 활용되고 있다. 그러나 인공지능(AI)은 기존 시스템보다 더 많은 에너지를 소비해 환경 발자국(environmental footprint)을 남기며, 지속가능성에 대한 우려를 불러일으키고 있어 책임 있는 활용이 요구된다.[85] 이러한 기술 발전은 현대 자선활동의 핵심적인 촉진 요소로 자리매김하고 있지만, 윤리적 고려 사항은 여전히 남아있다.

(5) 기후·생물 다양성·순환경제: 기업 사회공헌의 중심축

기후변화와 생물 다양성, 순환경제 이슈는 글로벌 기업 사회공헌의 핵심 주제로 떠올랐다. 이는 ESG의 부상과 함께 대중과 규제 기관의 압력에 의해 추진되고 있다. 최근 몇 년 동안 기후 변화 완화에 대한 재단 기부가 매우 증가하여 2019년 17억 달러에서 2023년에는 48억 달러 이상으로 늘어났으며, 이 기간에 기후변화 완화 자금을 받는 수혜자 수도 2015년에서 2021년 사이에 두 배로 증가했다. 2020년부터 2021년까지 재단과 개인의 기후변화 완화 기부는 광범위한 자선 활동보다 세 배 빠른 속도로 증가하여 기후위기의 긴급성에 대한 전 세계적인 각성을 보였다.[86] 그중 기업이 기후 및 자연 관련 주제에 대한 자금지

---

83 Double the Donation. (2025), op. cit.
84 Townsend, S. (2023), op. cit.
85 Crawford, K. (2024, February 20), Generative AI's environmental costs are soaring — and mostly secret. Nature, 626(693).
86 Climate Works. (2024), Funding trends 2024. https://content.climateworks.

원은 2018년 2억 6,800만 달러에서 2022년 6억 700만 달러로 두 배 이상 증가하며 127% 상승했으며, 2023년에는 전 세계적으로 7억 5,000만 달러에 도달하여 기업의 기부금 영역 중에 가장 빠르게 성장하는 분야가 되었다.[87]

기업의 환경 관련 사회공헌은 "순환경제(Circular Economy)"와 "생물다양성(Biodiversity)"이라는 두 가지 키워드에 특히 집중하는 경향을 보인다. "순환경제"는 새로운 컨셉은 아니지만, 기업 사회공헌의 관점에서 이 테마를 다루기 시작한 것은 비교적 최근 일로, 전통적인 기업의 환경 관련 사회공헌 활동이었던 환경보존이나 오염 방지 관련 활동에서 기업의 전체 생산 생태계를 고려한, 쓰레기 줄이기, 자원효율 늘리기, 지속가능한 생산 지원과 같은 주제들과 맞물린 사회공헌 활동으로 변모하는 경향을 보인다. 2020~2023년 사이 기업기부금 중 순환경제 관련 금액은 45% 성장해 기타 환경기부를 앞질렀다는 보고도 있다.[88] 예를 들면, 유니레버(Unilver)의 경우, 플라스틱 쓰레기 감소와 지속가능한 조달(sustainable sourcing) 관련 프로젝트에 집중된 기후와 자연 펀드(Climate and Nature Fund)에 2022년 10억 달러를 기부했고, 이케아(IKEA) 역시 INGKA 재단을 통해 지속가능한 재료와 쓰레기 감소에 집중한 순환경제 스타트업 회사에 5천만 달러를 2023년에 기부했다.

생물 다양성은 지속가능경영 관련된 주제 중 최근 몇 년간 가장 주목받는 주제로 법적인 기반의 확장으로 더 강화되고 있다. 2024년 6

---

org/funding-trends-2024
87 World Economic Forum. (2024). The role of corporate philanthropy in accelerating climate and nature transitions.
88 Lily Family School of Philanthropy. (2023). Global Philanthropy Tracker 2023. https://scholarworks.indianapolis.iu.edu/items/427139fd-e626-4436-aff6-ef91638a915e

월, 유럽연합은 세계 최초 "자연복구법"을 통과시켜 2030년까지 유럽 생태계 20% 복원, 2050년 전체 복원을 법제로 규정했다. 자연 자본 관련 재무정보공개 전담협의체(Taskforce on Nature-related Financial Disclosures, TNFD)는 2021년에 기후 관련 재무정보 공개 태스크 포스(Task Force on Climate-related Financial Disclosures, TCFD)의 성공을 바탕으로, 조직들이 자연 관련 위험을 보고하고 이에 대처하도록 지원하기 위해 출범한 이래, 지속해서 생물 다양성을 비롯한 자연의 이슈가 기업환경에 리스크로 작용할 수 있음을 시사해왔다. 2023년 9월에 TNFD는 자연 관련 위험 관리 및 공개에 대한 최종 권고안을 발표했으며, 이는 기업과 자본 제공자가 자연 및 생물 다양성 관련 위험, 기회, 의존성 및 영향에 대해 더 나은 의사결정을 내리도록 돕는 것을 목표로 하는 14가지 권고 공개 사항을 제시하면서 520개 이상의 기업 및 금융 기관이 TNFD 권고안에 따라 자연 관련 기업 보고를 시작하기로 약속했다고 보고함에 따라, 생물 다양성에 대한 주제는 기업의 중심적인 주제로 들어오게 된다.

  대표적인 사례로, BNP 파리바 재단에서 운영하는 대표적인 환경 자선 프로그램인 기후와 생물 다양성 이니셔티브(Climate & Biodiversity Initiative)가 있다. 2010년에 기후 이니셔티브(Climate Initiative)로 시작해 2019년에 생물 다양성을 포함한 현재의 명칭으로 확장되면서 전 세계 기업 중에서, 그리고 특히 프랑스 기업 중에서 선도적으로 생물 다양성 이슈를 기후변화의 주요한 문제로 함께 다루기 시작했다.[89] 2010년부터 2025년까지 총 2,400만 유로를 투입하며 35개의 국제 연구팀과 500명 이상의 과학자를 지원했고 지원할 예정이다. 2025년부

---

[89] BNP Paribas Foundation. (2025a), Climate & biodiversity initiative. BNP Paribas Foundation. https://fondation.bnpparibas/en/environment/programme/climate-biodiversity-initiative/

터 2028년 회기 동안 700만 유로가 투입되어 7~15개의 연구 프로젝트가 진행될 예정이다.90

이런 사회공헌 활동뿐 아니라 본 그룹인 BNP 파리바 그룹의 실질적인 기업운영 역시 통합적인 생물 다양성 전략을 갖고 있다. 이를테면 2018년 act4nature라는 국제 이니셔티브에 가입하며 2025년까지 모든 기업고객을 생물 다양성 기준으로 평가하고, 육상 생물 다양성 보호와 생태 전환 스타트업에 금융지원과 투자를 하기로 했으며, 또한 산림 벌채 방지를 위한 고객과의 적극적인 대화와 모니터링도 약속했다.91 더불어 TNFD 창립 멤버로 참여하여 자연 관련 위험 관리 및 공시 프레임워크 개발을 주도하고 있다.92 이런 BNP 파리바의 사례는 기업 자선활동이 단순한 기부를 넘어 과학적 엄격성과 협력을 기반한 장기적인 투자 및 통합적 접근을 통해 글로벌 환경 문제해결에 실질적으로 기여할 수 있는 모델을 제시한다.

(6) 직원 참여 확대: 나눔은 모두의 일

기업 사회공헌은 단순한 CEO 의지에서 직원 참여형 문화로 진화하고 있다. 많은 서구 기업들이 최근 5년간 직원 참여를 이용한 기업 사회공헌 활동을 확장해왔다. 이를테면, 〈포춘〉 선정 500대 기업(Fortune 500)의 67%는 직장 내 매칭 기부 프로그램이 있으며, 지난 3년간 매칭

---

90 BNP Paribas Foundation. (2025b), Climate & biodiversity initiative: Call for projects 2025 [Web page]. BNP Paribas Portugal. Retrieved July 9, 2025, from https://www.bnpparibas.pt/en/climate-biodiversity-initiative-call-for-projects-2025/
91 BNP Paribas. (2021), BNP Paribas's individual commitments to act4nature international [PDF].
92 Taskforce on Nature related Financial Disclosures (TNFD). (2022). TNFD beta framework v0.1: Nature related risk and opportunity management and disclosure [PDF].

기부 프로그램을 제공하는 러셀(Russell) 1000 기업의 비율이 11.8% 증가했다.[93] 예를 들어, 구글은 매칭 기부 프로그램을 운영하며, 직원들이 기부하는 금액을 연간 최대 1만 달러까지 지원한다(Salmon, 2024). 미국 클라우드 소프트웨어 기업인 세일즈포스(Salesforce)는 지난 25년간 1-1-1 모델—Pledge 1%(자산 1%, 제품 1%, 직원 시간 1% 기부)[94]을 통해 기술 업계의 기업 자선 활동을 선도해 왔다. 이들이 시작한 Pledge 1% 모델을 기반하여 2014년부터 시작된 기빙튜즈데이(Giving Tuesday) 이니셔티브를 통해 많은 글로벌 기업들이 기부해왔고, 2025년 현재까지 전 세계적으로 1,900개 이상의 기업이 이 참여를 서약했으며, 지분 기반 자선 기부만으로 30억 달러 이상을 모금했다.

세일즈포스는 직원들의 사회공헌 참여를 적극적으로 지원하는 "매칭 기프트(Matching Gifts)" 프로그램을 운영하며, 연간 2억 5,000만 달러 이상의 금액을 사회공헌 활동에 집행하고 있다. 이 프로그램은 직원들이 기부하면 회사가 동일한 금액을 추가로 기부하는 방식으로, 직원들의 기부 참여를 촉진하고 기업의 사회적 책임을 강화하는 핵심 수단이다. 매칭 기프트 제도는 전 세계 세일즈포스 직원들에게 열려 있으며, 직원들은 자선단체, 비영리기관, 교육기관 등 본인이 선호하는 곳에 기부할 수 있다. 세일즈포스는 기부 대상 단체의 사회적 가치와 투명성을 중시하며, 해당 단체들이 공익성을 갖추고 있음을 확인하는 절차를 운영하고 있다. 이 외에도 세일즈포스는 직원들의 자원봉사 시간을 금전적으로 환산하여 추가 지원금을 제공하는 유급 자원봉사 휴가 제도(Volunteer Time Off, VTO) 정책을 시행 중이며, 이를 통해 사회공

---

93 NP Source. (n.d.), op. cit.
94 1% for the Planet과 종종 비교되는데 주요한 차별점은 Pledge 1%는 시간, 제품, 지분/이윤 중 자유롭게 선택 가능하며, 연회비나 가입비가 없는 반면, 1% for the Planet은 2002년 이본 슈이나드(파타고니아)와 크레이그 매튜스가 설립한 환경 전용 기구로, 연 매출의 1%를 승인된 환경 단체에 기부해야 하며, 연회비(약 300달러 이상)가 있다.

헌의 범위를 기부에서 자원봉사 활동까지 폭넓게 확장하고 있는데, 직원들이 이 제도를 사용해 봉사활동에 참여하면 일정 시간당 금액에 상응하는 기금이 직원이 선택한 비영리기관에 기부된다.[95]

영국의 경우 지난 5년간 기업의 기부금액으로만 보면 부정적인 상황이지만, 최근 5-10년간 꾸준히 직원 자원봉사 시간과 기부 프로그램 참여가 특히 증가하는 추세다.[96] 영국 기업의 사회적 영향은 2023년에 기록적인 수준에 도달했으며, 자원봉사와 기부 프로그램에 대한 전반적인 직원 참여율이 14%로 상승해 전년 대비 25% 증가했다.[97] 실제로 영국 기업들이 기부한 것으로 추정되는 40억 파운드 이상 중 상당 부분이 현금보다는 직원 자원봉사와 현물 지원 형태로 이루어진다. 영국 FTSE 100대 기업 직원 자원봉사 시간은 2023년 211만 시간으로, 2022년 128만 시간 대비 65% 급증했다.[98] 대표적인 영국 금융기업 스탠다드차타드는 최근 한 해 동안 회사가 후원하는 자원봉사를 통해 2,260만 파운드 가치의 직원 시간을 기부했다고 보고했는데, 이는 전체 자선 지출의 44%를 차지했다. 2024년 전사 직원의 53%가 다양한 자선활동에 자원 봉사했고, 114,276시간이 지역학교에 금융교육 제공을 비롯한 기술을 바탕으로 한 자원봉사 활동에 할어되었다[99]. 이처럼 영국 기업들, 특히 상위 100대 기업 외의 기업들이 대규모 현금 보조금보다는 직원 자원봉사 날, 무료 봉사 업무, 그리고 현물 기부를 통해 더 자주 기여하고 있다.

프랑스의 경우 현물 기부방식이 28%로 16%를 점하는 직무기반 자

95　Salesforce. (2023), FY23 Stakeholder Impact Report Summary.
96　Charities Aid Foundation (CAF). (2023), op. cit.
97　Benevity. (2024), op. cit.
98　Charities Aid Foundation (CAF). (2023), op. cit.
99　Standard Chartered. (n.d.), Employee volunteering. Standard Chartered. Retrieved July 9, 2025, from https://www.sc.com/en/about/investing-in-communities/employee-volunteering/

표 3-1_ 최근 글로벌(서구) 기업 사회공헌 7가지 주요 동향(2020~2025)

핵심 동향	주요 특징 및 변화	대표사례
팬데믹과 포스트 팬데믹	• 위기 대응에서 장기 구조적 문제해결로 전환 • 민관협력형 사회공헌(PPP) 활성화	• 유니레버(Unilever) - 2022년 지역사회 회복에 5,000만 파운드 투자 • 중미 파트너십에 마이크로소프트(Microsoft), 펩시코(pepsico) 등 참여
ESG 부침과 전략적 사회공헌	• ESG와 연계된 전략적 사회공헌 확대 • ESG 투명성 강화로 신뢰 구축 중시	• 로레알(L'Oréal) - 2023년 ESG 관련 사회공헌(1,000만 유로) • 오토데스크(Autodesk) 재단 - 디자인 혁신 솔루션 지원
영향력 측정 및 투명성	• 사회공헌의 정량적, 정성적 평가 강조 • ESG 보고서에 임팩트 지표 포함 증가	• 시티 재단(Citi Foundation) - 성과 귀속 아닌 기여도 중시 • 본테라(Bonterra) - 고급 분석 플랫폼
AI 및 디지털 기술 활용 증가	• AI·디지털 기술로 사회공헌 효율화 • 예측분석 및 매칭 기부 시스템 간소화	• 바클레이즈(Barclays) - AI를 통한 기부금 배분 최적화 • Google.org - Climate TRACE 지원
기후변화 및 생물 다양성 대응	• 기후·자연 이슈 기부금 급증 (2018→2022, 127% 증가) • 생물 다양성·순환경제 중점 투자 확대	• 시스코(Cisco) 재단 - 기후 이니셔티브에 1억 달러 약속 • 이케아(IKEA) - 순환경제 스타트업 5,000만 달러 투자
직원 참여형 사회 공헌 증가	• MZ세대 중심 직원 참여 기부 활발	• 세일즈포스(Salesforce) - 직원 매칭 기부 2억 5,000만 달러
노령화 대응 사회공헌 증가	• 노령화 사회 관련 사회공헌 확대	• 유럽 혁신 파트너십 액티브 앤 헬시 에이징(European Innovation Partnership on Active and Healthy Ageing) 프로그램 EU 내 기업들 참여

원봉사(mécénat de compétences)보다 여전히 우위에 있지만, 역시 점진적으로 직원참여형 기업의 사회공헌 활동이 증가하는 추세이다.[100]

MZ세대 인력 비중이 전 세계 노동시장의 75%를 넘으며, "의미 있는 일"을 요구함에 따라 직원 주도의 사회공헌 트렌드는 지속 강화될 전망이다. 기업들은 직원 참여형 사회공헌이 우수 인재 확보와 유지, 기업 브랜드 이미지 강화에도 필수라는 점을 인식하고, 매칭 기부, 자원봉사, 사회혁신 프로젝트 참여를 적극적으로 독려하고 있다.

(7) 고령화·불평등·취약계층 지원까지 영역 확장

고령화되는 인구변화와 건강 보건 분야 전문가 부족이 점차 사회문제의 중심이 될 것으로 예상되고 있지만, 동시에 고령화되는 인구와 건강 관련 기업의 사회공헌이 증가하고 있다. 인구의 고령화는 세계 선진국에서 특징적으로 빠르게 나타나는 사회 현상으로 많은 사회-경제적 문제를 야기하며, 가까운 미래에 더 큰 문제가 될 것이라고 예상된다. 이런 사회적 흐름에 맞춰 기업 사회공헌은 고령화, 불평등, 취약계층 지원에도 적극적으로 나서고 있다. 미국의 경우 지난 10년(2012~2022년) 동안 노인을 지원하는 비영리단체에 자금을 지원하는 기부 기관의 수는 225% 증가했다.[101] 유럽연합의 "액티브 앤 헬시 에이징" 유럽 혁신 파트너십(European Innovation Partnership on Active and Healthy Ageing)은 회원국 기업들의 노인 친화적 제품·서비스 개발과 지역사회 지원을 이끈다.

고령화 사회 관련 기업의 사회공헌은 기업의 전략적 방향과도 깊이

---

100 Admical. (2024), op. cit.
101 Abalo, T. (2025), America's population is rapidly aging. Can philanthropy keep up? Dorothy A. Johnson Center for Philanthropy. https://johnsoncenter.org/blog/americas-population-is-rapidly-aging-can-philanthropy-keep-up/

연관되어 있다. 고령화 사회와 영향을 주고받는 기업들이 자기 기술로 노년층을 겨냥해서 직접 사회공헌 활동을 하는 경우가 많다. 영국의 글로벌 제약 회사인 글락소 스미스클라인(GlaxoSmithKline, GSK)은 건강한 노화와 예방의학에 중점을 둔 포괄적 의료지원을 통해 노년층의 삶의 질 향상에 기여하고 있다. 글락소는 성인면역 프로그램을 운영하면서 2023년 매직 존슨과 호흡기 세포융합 바이러스(RSV) 인식 캠페인을 통해 가장 큰 시장 중 하나인 미국 내 4개 도시에서 60세 이상 노년층 대상 지역사회 대화프로그램을 운영했고,[102] 2015년 약 3,840만 달러를 영국 정부 주도 치매 발견 기금에 투자했다.[103] 이를 통해 글락소 스미스클라인은 총 1억 달러 규모의 영국 정부 주도 치매 발견 기금의 최대 후원자가 되면서 치매 조기진단 도구 개발 지원, 전임상 단계부터 임상시험까지 전 단계 연구 지원, 대학, 학술기관, 제약업계 간 협력 플랫폼을 구축하는 데 기여하고 있다.[104] 2023년 글락소 스미스클라인의 기부금은 3억 400만 파운드였으며, 이 중 상당 부분이 건강과 노인층에 할당되어 FTSE 100대 기업 기부자 중 최고 순위를 기록했다.[105]

영국 통신기업인 BT 그룹(BT Group)은 디지털 접근성 확대와 노인

---

[102] GSK plc. (2023, September 5), GSK and Earvin "Magic" Johnson to host community awareness events about older adult risk for RSV at YMCA locations [Press release]. Business Wire. https://www.businesswire.com/news/home/20230901805289/en/GSK-and-Earvin-Magic-Johnson-to-Host-Community-Awareness-Events-about-Older-Adult-Risk-for-RSV-at-YMCA-Locations

[103] Patel, N. (2015, October 22), GSK and J&J back new UK Dementia Discovery Fund. PMLiVE. https://pmlive.com/pharma_news/gsk_and_j_and_j_back_new_uk_dementia_discovery_fund_847962/

[104] Ibid.

[105] Fei, W. S. (2024), FTSE 100 firms' charitable donations fall by 34% in a decade, research finds. Civil Society. https://www.civilsociety.co.uk/news/ftse-100-firms-charitable-donations-fall-by-34-in-a-decade-research-finds.html

대상 사회적 연결망 사업을 추진한다. 예를 들어, BT 그룹은 2023년 영국의 디지털관련 자선단체인 어빌리티넷(AbilityNet)과의 파트너십을 통해 영국 전역 노년층의 디지털 기술 향상을 위한 대규모 프로젝트를 운영 중이다. 이 프로그램의 25%는 기초 디지털 기술이 부족한 65세 이상의 영국인을 대상으로 무료 디지털 기술 교육을 제공하여 노년층이 온라인에 접속하고 고립감을 줄이는 것을 목표했다.[106]

스위스에 본사를 둔 글로벌 1위 식품업체 네슬레(Nestlé)의 프랑스 지사에서는 네슬레 건강 과학 프랑스(Nestlé Health Science France)로 2023년 사명 기반 기업(Mission Driven Company, MDC)으로 지정되어, 법적 지위에 사회적·환경적 목표를 명확히 반영했다.[107] 주요 사회공헌 활동은 건강한 노화를 위한 영양 교육과 예방적 건강관리 증진에 초점이 맞춰져 있다. 프랑스 내 의료기관 및 여러 파트너와 협력해 영양 섭취 개선, 신체 활동 촉진, 조기 영양 관리 등을 통해 노인들의 건강 증진에 기여한다.

1984년에 설립된 프랑스의 대표적인 사회적기업, 그룹 SOS(Groupe SOS)는 사회문제해결을 위해 경제적 가치를 창출하겠다는 기업의 목표에 따라 고령화 사회문제에 대응하기 위한 그룹 SOS 시니어(Groupe SOS Seniors)[108]라는 프로그램을 지난 10여 년간 운영해오고 있다. 이 프로그램은 프랑스 내 고령층의 독립적인 생활과 사회적 고립 해소를

---

[106] BT Group. (2023). Older people seeking to build digital confidence. BT Group. https://newsroom.bt.com/older-people-seeking-to-build-digital-confidence/

[107] Nestlé Health Science. (2023, April 24). Nestlé Health Science France becomes a mission-driven company. Nestlé Health Science. https://www.nestlehealthscience.com/our-impact/nhs-france-becomes-amission-driven-company

[108] Groupe SOS. (n.d.). Groupe SOS Seniors. Groupe SOS. Retrieved September 10, 2025, from https://www.groupe-sos.org/en/groupe-sos-seniors/

위한 종합 복지 및 돌봄 서비스를 제공하는 것을 목적으로 한다. 고령자 주거 지원 프로그램, 고령자의 문화, 교육, 사회활동을 지원하여 고령자들의 지역사회 통합을 강화하는 프로그램, 의료 서비스 연계와 일상생활 지원을 통해 고령자의 건강 유지와 삶의 질 향상을 추진하는 프로그램으로 구성되어 있다.

한국에 주는 시사점

미국, 영국, 프랑스를 중심으로 살펴본 서구의 기업 사회공헌은 각국의 역사적, 법률적, 문화적 배경에 따라 다르게 발전해 왔으나, 최근에는 ESG 경영, 디지털 혁신, 환경 및 생태계 복원, 직원 참여 강화, 취약계층 지원 등 폭넓은 영역으로 그 활동 범위를 확장하고 있다. 특히 팬데믹 이후에는 단기적 구호를 넘어서 구조적 사회문제해결을 위한 장기적 프로젝트로 방향을 전환하는 모습이 두드러진다.

서구 사회공헌은 법적 인센티브를 통한 세금 감면과 엄격한 투명성·임팩트 평가 체계를 중심으로 전략적 경영의 필수 요소로 자리 잡았다. AI와 디지털 기술을 활용하여 효율성과 공정성을 높이고, 기후변화 대응, 순환경제, 생물 다양성 등 환경 이슈에도 적극적으로 대응하며, 직원 참여와 다양성 증진, 고령화 및 불평등 해소 등 사회적 가치를 포괄적으로 확대하고 있다.

이러한 변화를 통해 기업 사회공헌은 단순한 기부나 자선 활동을 넘어, ESG와 디지털 혁신, 환경 및 사회적 가치 창출의 핵심축으로 급부상했음을 알 수 있다. 서구의 다양한 사례들이 보여주듯, 투명성, 임팩트 중심의 성과 측정, 기술 활용, 그리고 직원 참여가 기업과 사회의 지속가능성을 높이는 효과적인 방법이다. 앞으로는 기업들이 다양성과 포용, 기후·생태계 복원, 사회적 약자 지원 등 더욱 폭넓은 영역을 전략적으로 아우르며 그 성과를 투명하게 공개하는 노력이 중요해질 것이다.

우리나라의 많은 기업은 여전히 기부금, 지원 금액 참여자 수, 이벤트 횟수 등 단순 정량 지표 중심의 투입(Input) 및 산출(Output)을 중심으로 사회공헌 평가를 하는 경우가 많다. 이런 정량 지표 중심의 사회공헌 평가 방식은 기업의 사회공헌팀으로 하여금 프로젝트를 계획하고 실행할때 단기간 내의 완료 여부와 즉각적인 결과, 즉 단기적 성과에만 초점을 맞추도록 한다. 이러한 접근으로는 실질적인 임팩트인 수혜자의 장기적 변화나 시스템적 변화를 측정하는 데 한계가 있으며, 단기적, 단발적 기업 사회공헌 이벤트로 인해 데이터 수집과 분석이 일관되지 않고, 외부 검증이나 표준화된 평가가 부족하여 체계적인 데이터 관리에 문제도 발생한다. 이러한 전통적인 사회공헌 방식과 성과 측정의 관성은 본 장에서 살펴본 임팩트와 데이터 중심의 최근 글로벌 사회공헌 트렌드와 거리가 있는 관행이다.

그럼에도 불구하고 다음 장에서 살펴볼 한국의 사회공헌 현상은 이러한 글로벌 기업의 사회공헌 동향과 큰 의미에서 궤를 같이하는 것으로 파악된다. 특히 우리나라의 주요 대기업들 역시 세계의 선두에 선 글로벌 기업이므로 이들이 경험하고 있는 변화와 사회공헌 전략 역시 사회적 요구와 기업의 생존에 맞게 변모하고 있다고 판단된다. 다만 기업 사회공헌의 대중화와 저변확대는 어느 나라에서든 더 많이 확대될 여지가 있는 것으로 보인다. 대기업이 아닌 기업들의 사회공헌 참여 확대가 반갑다. 이들도 ESG와 디지털 혁신, 환경 및 사회적 가치 창출은 기업 경영의 새로운 패러다임일 뿐 아니라 미래 비즈니스와 사회공헌의 진정한 가치인 사회 발전 모두를 위한 필수 조건임을 열린 마음으로 받아들일 필요가 있을 것이다.

4 장

ESG와 사회공헌

또 하나의 변곡점을 맞은 사회공헌

우리나라 기업의 사회공헌은 2010년대 들어 '사회적 가치' 담론 확산과 함께 사회문제 해결에 더욱더 구조적으로 접근하는 단계로 진화했다. 기업들은 사회적기업 지원을 통해 지속가능한 가치 창출을 추구했고, SK, 현대자동차, LG 등의 기업은 사회적기업 관련 대규모 투자를 단행하기도 했다. 또한 2015년 UN SDGs와 파리기후협정 이후 사회공헌은 글로벌 프레임워크와 연계되며 환경과 기후 대응을 포함한 다양한 영역으로 확장되었고, 성과를 정량화해 이해관계자와의 신뢰를 높이는 전략적 수단으로 자리매김했다.

2010년대 사회적 가치를 강화해오던 사회공헌 활동은 2020년대 초반 ESG(Environmental, Social, Governance)의 본격적인 도입과 함께 전환점을 맞이했다. ESG는 기업의 경영 전반에 걸쳐 환경, 사회, 거버넌스를 종합적으로 고려하는 새로운 경영 프레임워크로 자리 잡았다. 우리나라에서는 2020년 사사분기(四四分期)를 기점으로 ESG가 본격적으로 확산되었다. ESG 평가 및 ESG 공시에 대응하는 상장 대기업들을 시작으로 2021년부터는 조직을 ESG 중심으로 재편하면서 빠르게 대응해 나갔다.

이 과정에서 온실가스 감축 등 환경경영 강화, ESG 평가 대응, 지속가능성 보고서 발간 확대, ESG 공시 준비가 활발해지면서, 사회공헌 활동은 ESG의 하위 전략으로 통합되는 경향을 보였다. 특히 2023년 이후 글로벌 ESG 공시기준이 확정 단계에 들어서면서, 더욱 큰 영향을 받기 시작했다. 기업들은 ESG 평가에서 우수한 성과를 얻기 위해 ESG 관점에서 사회공헌 활동을 바라보고, 더욱 정량화된 방식으로 운영했다. 이로 인해 기존 사회공헌 프로그램이 자율적이고 창의적인 접근보다는 공시나 평가를 염두에 둔 접근을 지향하게 만든 측면이 있다. 즉, 기업의 사회공헌이 ESG의 틀 안에서 전략적으로 재구성된 것이다.

그러나 2022년 이후 글로벌 경기 침체와 미국을 중심으로 나타난 ESG에 대한 보수 진영의 반발 움직임은 우리나라 기업에도 영향을 미쳤다. 2024년 하반기에는 일부 글로벌 기업들이 ESG 목표를 하향 조정했으며, 2025년에는 국내에서도 ESG 조직을 축소하거나 기존 부서에 통합하는 사례가 나타나고 있다. 이는 사회공헌 활동에도 부정적 영향을 미칠 수 있다. 이미 ESG 경영이 기업의 리스크와 기회 관리의 핵심 틀로 자리 잡은 상황에서, ESG 위축이 곧바로 사회공헌 강화로 이어지기는 어렵기 때문이다.

최근 흐름은 전반적으로 기업 사회공헌에 또 다른 변곡점이 등장하고 있다는 것을 보여준다. ESG가 사회공헌에 미치는 영향을 면밀히 검토하고, 이를 토대로 향후 사회공헌의 정체성과 지속가능성을 어떻게 확보할지 고민해야 한다. 궁극적으로 ESG 시대에도 사회공헌이 고유의 가치와 사회적 역할을 잃지 않고, 기업과 사회의 신뢰를 강화하는 전략적 활동으로 발전 가능한 방향을 모색할 필요가 있다.

ESG로 사회적 가치 방향의 전환

우리나라에 ESG 열풍이 불기 시작한 시점은 2020년 사사분기다. 전국 및 지역 104개 언론사에서 보도한 기사 중 ESG 키워드를 보면, 〈그림 4-1〉에서 볼 수 있듯, 2020년 8월 455건이던 것이 당해연도 12월에는 4.5배 수준으로 증가하고(2,033건), 2021년 3월에는 13배 이상 수준으로 폭발적으로 증가한다(6,012건).[109] 기업의 사회적 책임 관련 역사에서 유례가 없는 현상이다.

같은 기간 사회공헌 키워드를 보면 〈그림 4-2〉에서 보듯 월 2,000건 내외에서 큰 변화가 없다. 사회공헌 활동이 활발히 전개되는 매년 연말

그림 4-1_ ESG 키워드 변화 (단위 : 개)

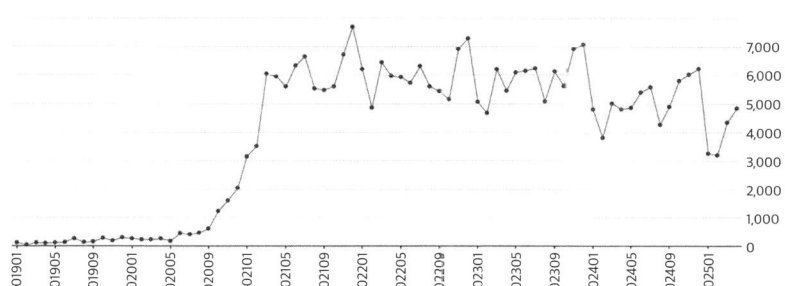

---

109 https://www.bigkinds.or.kr/

그림 4-2_ 사회공헌 키워드 변화 (단위 : 개)

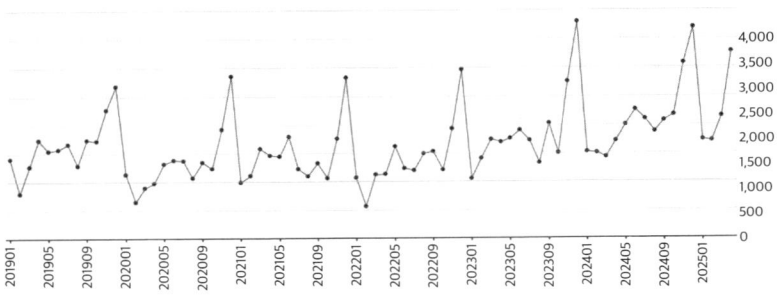

그림 4-3_ ESG와 사회공헌 키워드 변화 (단위 : 개)

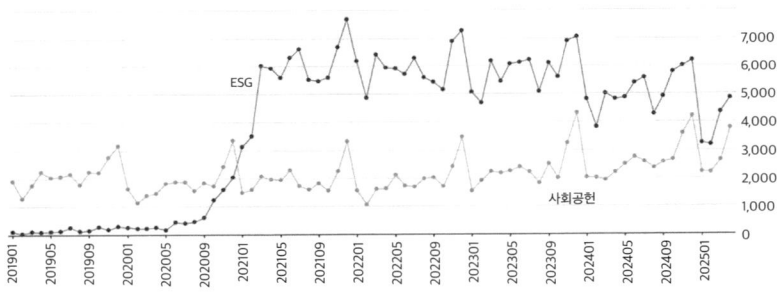

에 보도가 급증하는 것 외에는 유의미한 변화가 없다.

　ESG와 사회공헌 키워드를 겹쳐놓은 〈그림 4-3〉에 따르면, 2020년 하반기부터 ESG 열풍이 강하게 불었고 2021년 이후 ESG가 사회공헌을 뛰어넘어 기업의 사회적 책임의 대표 개념으로 자리 잡았다.

　유럽의 경우는 2015년 파리협정, 기업의 비재무 정보 공개 지침(Non-Financial Reporting Directive) 시행(2017년), 각 국가 및 기업의 탄소 중립 선언, 유럽 그린딜(2019년) 등 여러 주체의 참여 속에 ESG가 확산되었지만, 우리나라의 경우는 초기 투자 섹터의 영향이 강했다.

2020년 1월, 당시 약 7.8조 달러 자산을 운용하는 세계 최대 자산운용사 블랙록(BlackRock)의 CEO인 래리 핑크(Larry Fink)는 연례 서한을 통해 "기후 리스크는 투자 리스크"라며 "수익의 25% 이상이 발전용 석탄에서 발생하는 기업에 대한 직접투자를 중단하겠다"라고 선언했다.

이에 우리나라에서 가장 먼저 움직인 곳이 금융권이었다. 2020년 들어 은행들은 ESG 채권을 잇달아 발행하고 연기금들도 ESG 투자 확대 방침을 밝혔다. 국민연금도 2020년 11월에 2022년까지 전체 자산의 50%를 ESG 기업에 투자하겠다고 밝혔고, 금융사 역시 석탄산업에 대한 투자를 중단하겠다고 선언했다.

이에 기업들의 ESG 경영 선언이 잇달아 나오기 시작했다. SK 최태원 회장은 2020년 9월 그룹 전 임직원들에게 메일을 보내 ESG 중심의 파이낸셜 스토리 경영을 주문했으며, SK 8개사는 11월에 국내에서는 처음으로 RE100에 가입하기도 했다.

기업들이 ESG를 강조하기 시작했다는 것을 가장 공식적으로 확인할 수 있는 것은 각 기업이 발간하는 지속가능성 보고서다. 산업별 편차를 고려하여 전자·IT, 자동차·모빌리티, 에너지·화학, 금융, 통신 등 5대 산업을 선정하고, 대표성(시가 총액 50위 이내, 인지도, ESG 우수 평가 등)을 고려하여 산업별로 2개 기업을 선정하여, ESG 열풍이 불기 전인 2020년부터 2025년까지 지속가능성 보고서 변화 추이를 살펴봤다.[110] 기업별 지속가능성 보고서 기준 ESG 키워드의 추이를 나타낸 것이 〈표 4-1〉이다.

---

110 지속가능성 보고서 연도는 발간연도로 통일했다. 예를 들어 2020년 지속가능성 보고서는 재무 데이터는 2019년을 다룬 것이고, 발간 시점은 2020년 6월~7월이다. 따라서 2020년 지속가능성 보고서에 ESG 용어를 사용했다면 이는 2020년 상반기에 사용한 것으로 판단해야 한다.

표 4-1_ 지속가능성 보고서의 ESG 키워드 추이 (발간연도 기준, 단위 : 개)

기업	2020년	2021년	2022년	2023년	2024년	2025년
삼성전자	3	2	18	50	39	27
LG전자	1	176	140	154	352	281
현대자동차	25	63	150	332	230	191
기아	21	60	51	168	208	209
SK이노베이션	11	258	315	556	430	455
LG화학	26	8	103	169	105	187
SK텔레콤	27	34	262	306	381	446
KT	4	101	204	228	205	175
신한금융그룹	72	338	604	546	376	262
KB금융그룹	264	240	432	552	293	341

지속가능성 보고서에 ESG 용어를 가장 먼저 쓰기 시작한 곳은 금융산업이란 것을 알 수 있다. KB금융그룹의 경우 국내에 ESG 열풍이 본격적으로 불기 전인 2020년 지속가능성 보고서에서 ESG 용어를 다수 사용했다. 2020년 지속가능성 보고서 발간 시점이 2020년 7월 전후라는 점을 감안하면, 이미 2020년 상반기에 투자·융자 활동 등에 ESG가 매우 중요해졌다는 것을 알 수 있다.

금융산업 외에도 대부분 기업이 2021년 지속가능성 보고서부터 ESG 용어 사용이 급증했다. 〈그림 4-4〉는 조사 대상 10개 기업의 지속가능성 보고서에서 사용한 ESG 용어 평균 개수를 나타낸 것이다. 2021년은 평균 128개로 전년(평균 45개) 대비 2.8배 수준으로 사용했으며, 2022년은 228개, 2023년은 306개로 더욱 크게 늘었다. 2023년의 306개는 보고서 한 페이지당 평균적으로 ESG 용어를 2.14개 사용

그림 4-4_ 10개 기업 지속가능성 보고서 중 ESG 용어 사용 추이 (단위 : 개)

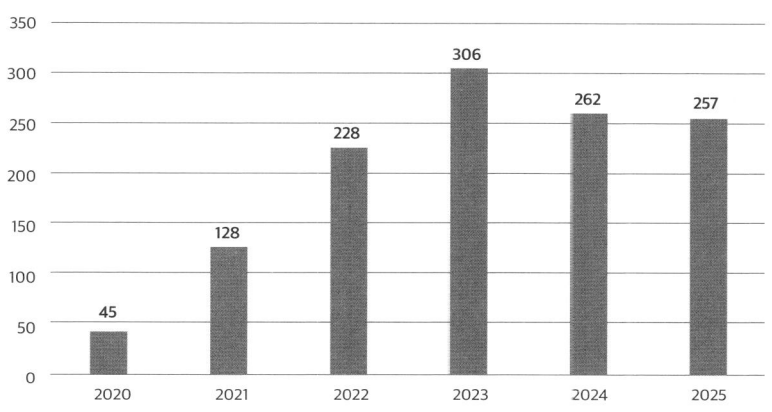

한 수준이다.

아울러 일부 기업들이 2021년 지속가능성 보고서 발간 시 명칭을 ESG 보고서로 바꾸기도 했다. SK이노베이션은 Sustainability Report를 ESG Report로, KT는 Integrated Report를 ESG Report로, 신한금융그룹은 사회책임보고서를 ESG 보고서로 2021년 상반기에 명칭을 바꾸었다.

'지속가능경영' 개념은 글로벌에서 1990년대부터 보편적으로 사용해 왔던 용어인데, 이를 ESG로 바꾸기 시작했다는 것은 시사하는 바가 크다. 이는 CSV(Creating Shared Value, 공유가치 창출) 등 지속가능경영 관련 다른 개념 대비 ESG가 끼치는 영향이 지대하다는 것을 의미한다.

표 4-2_ 각 기업의 지속가능성 보고서 명칭

기업	2020년	2021년	2022년	2023년	2024년	2025년
삼성전자	지속가능 경영	지속가능 경영	지속가능 경영	지속가능 경영	지속가능 경영	지속가능 경영
LG전자	지속가능 경영	지속가능 경영	지속가능 경영	지속가능 경영	지속가능 경영	지속가능 경영
현대자동차	지속 가능성	지속 가능성	지속 가능성	지속 가능성	지속 가능성	지속 가능성
기아	Sustain-ability	Sustain-ability	Sustain-ability	Sustain-ability	Sustain-ability	Sustain-ability
SK이노베이션	Sustain-ability	ESG	ESG	ESG	지속가능 경영	통합 보고서
LG화학	Sustain-ability	Sustain-ability	Sustain-ability	지속가능 경영	지속가능 경영	Sustain-ability
SK텔레콤	Annual	Annual	Annual	Annual	Annual	Annual
KT	Integrated	ESG	ESG	ESG	ESG	ESG
신한금융그룹	사회책임	ESG	ESG	ESG	ESG	지속가능 경영
KB금융그룹	지속가능 경영	지속가능 경영	지속가능 경영	지속가능 경영	지속가능 경영	지속가능 경영

ESG 조직 및 역할 강화

투자 섹터를 비롯하여 ESG에 대한 사회적 요구가 강해지자 가장 먼저 가시적인 변화가 일어난 것은 ESG 관련 조직의 신설 또는 강화였다.

글로벌 기관투자자들이 ESG 요소를 투자 판단 기준으로 삼겠다고 공식화하면서 기업들에게 ESG 거버넌스 체계 구축을 요구하기 시작했다. 또한 ESG 평가에서 이사회 의사결정체계의 건강성과 ESG 감독 역할 여부를 중시하는 관계로, 이사회 산하에 ESG 이슈를 직접 논의·감독하는 'ESG위원회'를 신설하기 시작했다.

대부분의 기업이 2021년 3월 주주총회 시기를 전후하여 'ESG위원회'를 신설하거나 기존 조직을 'ESG위원회'로 확대 개편했다. ESG위원회는 이사회 산하에 설치되는 위원회로, 일반적으로 사외이사를 포함한 이사회 구성원으로 이루어지며, ESG 전략, ESG 리스크, 지속가능성 보고서를 통한 공시 등을 검토하고 심의한다.

삼성전자와 현대자동차는 각각 기존의 거버넌스위원회와 투명경영위원회를 지속가능경영위원회로 변경했다. 거버넌스위원회와 투명경영위원회가 주로 주주 권익 보호 차원에서 이슈를 다루었다면, 지속가능경영위원회는 주주 권익을 넘어 ESG 전반 이슈를 다룬다. SK(주), LG전자, LG화학, 포스코 등은 이사회 산하에 ESG위원회를 신설했으며, SK텔레콤은 기존의 기업시민위원회 명칭을 ESG위원회로 재정립했다.

이러한 변화는 최소한 이사회 산하 소위원회 명칭에서는 단순히 주주 보호를 넘어 환경보호, 사회적 책임, 건전한 거버넌스 등 다양한 이해관계자의 이익을 포괄적으로 고려하겠다는 선언으로 볼 수 있다. 특히 이사회가 기업의 최고 의사결정기구라는 점에 비추어본다면, 이사회 산하에 ESG위원회를 둔다는 것은 기업 경영에서 ESG를 주요하게 고려하겠다는 것을 상징적으로 의미한다. 그동안 기업이 사회적 책임을 강화한다고 할 때 CSR(Corporate Social Responsibility) 관련 부서를 신설 또는 강화하는 정도로 조직체계를 정비했다. 이에 비추어 이사회 아래 ESG위원회를 만들었다는 것은 이전과 비교해서 시사하는 바가 크다.

표 4-3_ 주요 기업의 ESG위원회 신설·강화 현황

기업	변경 시기	기존 조직	변경 조직	변경 내용
삼성전자	2021년 7월	거버넌스 위원회	지속가능경영 위원회	주주가치 제고 중심에서 ESG 전반 논의하는 기구로 강화
삼성물산	2021년 3월	거버넌스 위원회	ESG위원회	주주가치 제고 중심에서 ESG 전반 논의하는 기구로 강화
현대자동차	2021년 2월	투명경영 위원회	지속가능경영 위원회	주주 권익 보호를 넘어 ESG 전반 논의하는 기구로 권한 확대
기아	2021년 3월	투명경영 위원회	지속가능경영 위원회	투명경영 외에 ESG, 안전보건 포괄하는 기구로 권한 확대
SK(주)	2021년 3월	-	ESG위원회	이사회 산하에 신설
SK텔레콤	2021년 3월	기업시민 위원회	ESG위원회	ESG 활동 강화를 위해 확대 개편
LG전자	2021년 4월	-	ESG위원회	이사회 산하에 신설
LG화학	2021년 4월	-	ESG위원회	이사회 산하에 신설
롯데지주	2021년 9월	-	ESG위원회	이사회 산하에 신설
포스코	2021년 2월	-	ESG위원회	이사회 산하에 신설

ESG위원회 신설에 앞서 주요 기업들은 2020년 말 또는 2021년 초에 ESG 실행 조직을 신설하거나 기존 사회적 책임 관련 조직을 ESG 조직으로 변경했다. 여기에는 몇 가지 흐름이 포착된다. 첫째는 ESG 조직의 위상 강화다. 삼성전자는 경영지원실 산하의 지속가능경영 사무국을 CEO 직속의 지속가능경영 추진센터로 변경하고 전사 지속가능경영 컨트롤 타워 역할을 강화했다.

둘째는 CSR, CSV, 사회적 가치(Social Value) 조직을 ESG 조직으로 확대 개편했다. SK이노베이션은 ESG 실행력 강화를 위해 사회적 가

표 4-4_주요 기업의 ESG 실행 조직 신설·강화 현황

기업	변경 시기	기존 조직	변경 조직	변경 내용
삼성전자	2020년 12월	지속가능경영사무국 (경영지원실 산하)	지속가능경영추진센터 (CEO 직속)	전사 지속가능경영 컨트롤 타워 역할 강화, 사업부 단위에도 지속가능경영사무국 설립
SK이노베이션	2020년 12월	사회적가치(SV) 담당	ESG 전략실	ESG 실행력 강화를 위해 확대 개편
SK텔레콤	2020년 12월	SV Innovation센터	ESG 혁신그룹	ESG 실행력 강화를 위해 조직 확대
롯데지주	2021년 6월	-	ESG팀	경영혁신실 산하에 신설 (경영혁신실→ESG경영혁신실, 8월)
포스코	2020년 1월	-	ESG그룹	기업시민실 산하에 신설
네이버	2020년 12월, 2021년 2월	-	Green Impact팀, Environment팀	CFO 산하에 ESG전담 조직(Green Impact팀) 및 환경전담조직(Environment팀) 신설
KT	2020년 12월	지속가능경영단 및 기업문화담당	ESG 경영추진실	사회공헌 중심 활동을 ESG 활동으로 확대 강화
신한카드	2020년	-	ESG팀	전사 ESG 전략과제 실행을 위해 신설
하나은행	2020년 12월	-	ESG 기획섹션	ESG 경영 강화를 위해 경영전략본부 산하에 신설

치 담당 조직을 ESG전략실로 확대 개편했으며, 현대자동차는 CSV경영팀을 ESG 조직으로 변경했다. KT는 지속가능경영단 및 기업문화담당 조직의 기능을 ESG경영추진실로 통합하고, 사회공헌 중심 활동을 ESG 활동으로 확대 강화했다.

셋째는 ESG 조직 신설이다. 롯데지주, 네이버, 신한카드, 하나은행 등 다수 기업이 ESG 조직을 신설했다.

넷째는 환경 조직의 강화다. ESG 조직을 신설하거나 확대 개편하는 경우 가장 두드러지게 강화한 기능은 지속가능성 보고서 발간을 포함한 ESG 평가 대응과 더불어 환경 조직의 강화였다. 네이버는 CFO 산하에 ESG 전담 조직으로 Green Impact팀과 환경 전담 조직으로 Environment팀을 신설했다. 다른 대부분의 기업 역시 ESG 추진 조직 산하에 환경 대응 기능을 강화했다.

대부분의 기업이 ESG 조직을 전반적으로 강화했으나, 사회공헌 조직에 미치는 영향은 기업마다 편차가 있었다. 사회공헌 조직을 ESG 조직 산하로 재편하는 경우도 있고, 사회공헌 조직과 별도로 ESG 조직을 구축한 경우도 있는 등 다양하다. 예를 들어 LG전자, LG화학, S-OIL 등은 사회공헌 조직을 그대로 유지했다.

그러나 사회공헌이 ESG 전략체계에 편입되었든, 아니면 별도로 독자성을 유지했든, 이는 ESG의 영향도의 차이이지 ESG의 영향을 받았다는 점에서는 공통점이 있다.

ESG 영향 편차 요인

이렇듯 ESG는 기업 사회공헌에 커다란 영향을 끼치고 있다는 것을 알 수 있다. 그러나 이는 전반적인 경향을 나타내는 것일 뿐, 개별 기업 차원에서는 다양한 편차가 존재한다. ESG가 기업 사회공헌 활동에 미치는 영향은 다양하게 나타나고 있지만, 기업 ESG 또는 사회공헌 담당자 13명을 인터뷰한 결과, 공통적으로 업의 특성. 이해관계자 요구, 경영 철학, 기업의 규모, 사업장 위치 등에 따라 편차가 작용하고 있다는 것을 알 수 있었다.

첫째, 업의 특성과 비즈니스 모델이 중요한 변수로 작용하고 있다. 예를 들어, 에너지나 중공업처럼 환경에 미치는 영향이 큰 업종에서는 환경(E) 요소가 사회공헌 전략에 상대적으로 큰 영향을 미치고 있다. 반면, IT나 플랫폼 기업의 경우에는 사회(S) 영역에서 디지털 접근성, 교육, 윤리적 기술 사용과 같은 이슈를 중심으로 사회공헌을 재편하는 경향이 나타나고 있다.

둘째, 기업, 산업, 또는 B2C, B2B에 따라 주요 이해관계자는 다르며, 해당 이해관계자의 ESG 및 사회공헌 요구 편차도 중요한 요인으로 나타났다. ESG 경영을 본격화한 기업들은 주요 이해관계자를 지역사회뿐 아니라 소상공인, 스타트업, 고객 등으로 확장하고 있으며, 이에 맞춰 사회공헌 전략도 조정하고 있다. 일반적으로 투자자, 고객, 지역사회 등 다양한 이해관계자들이 ESG 기준을 기업에 요구하는 관계로 대부분의 기업이 ESG를 전반적으로 받아들이고 있지만, 이해관계자와의 관계에서 사회공헌의 중요성이 높은 기업들은 사회공헌 역시 지속해서 유지하는 경향이 존재하고 있다.

셋째, 경영진의 의지, 기업 철학도 중요한 변수다. 기업 사회공헌을 단지 외부 리스크 대응이나 평판 관리 차원에서 접근하는 것이 아니라, 기업 문화나 철학으로 오랜 기간 축적해 온 기업은 ESG를 추진하면서도 기존에 추진해왔던 사회공헌을 지속해서 추진하고 있다. 한 종합화학·소재 기업 ESG부서 팀장은 ESG가 커다란 영향을 끼치고 있는 가운데 사회공헌 철학을 중시해온 기업은 사회공헌의 가치를 유지해나가며 경쟁력을 확보한다는 것을 아래와 같이 지적하고 있다.

"유럽을 포함하여 전세계적으로 평가와 기준이 바뀌고 있기 때문에 전략적 CSR도 ESG에 발맞추게 되며, 형태, 대상, 자원 등 엄청나게 큰 변화가 있다 […] 다만 사회공헌 나름의 밸류와 임팩트가 있기 때문에, 그것을 중요하게 생각하는 기업이 있다면 그런 변화 속에서 핵심 가치가 잘 유지될 수 있도록 하는 것이 기업의 경쟁력이 될 것이다."

넷째, ESG 규제 및 ESG 평가 기준의 영향도 매우 크다. 기업지배구조 보고서나 지속가능성 보고서의 공시 의무화, ESG 등급 평가 등 외부 제도적 압력이 사회공헌을 ESG 관점에서 재편하도록 하는 요인으로 작용하고 있다. 반면 ESG 공시 및 ESG 평가 대상이 아닌 기업의 경우는 상대적으로 기존의 사회공헌을 유지하면서 ESG를 단계적으로 준비하는 경향을 보이고 있다. 한 비상장사인 중소기업 금융업 ESG 담당자는 다음과 같이 말한다.

"아직 상장사가 아니라서 ESG를 하고 있지 않지만 이제 ESG를 준비하고 있는 과도기적인 단계[이며…] 우리 회사는 ESG라는 큰 틀을 먼저 만든 것이 아니고 사회공헌을 먼저 시작하고, 그에 이어 이제 우리도 상장 준비도 해야 되니 ESG를 선제적으로 준비해보자고 접근하고 있다."

이에 해당 기업은 ESG를 IR 팀에서 담당하고 있다. 이처럼 중소기업이면서 비상장사인 경우, 현재를 과도기로 진단한다. 반면 상호출자제한기업집단인 플랫폼 서비스 기업 ESG 부서 팀장은 ESG의 영향을 가장 크게 받는 기업이 대기업, 상장 기업이라고 보았다.

"대기업, 상장 기업은 ESG의 영향을 상당히 많이 받지만, 중소기업 같은 경우는 상대적으로 영향이 약해 보인다. 대기업의 공급망 관점에서 중소기업들이 요구받는 것들이 일부 있을 수 있긴 하지만, 어쨌든 특정한 산업을 빼면 ESG의 영향도가 크지 않을 것'이라고 생각한다."

이렇듯 ESG의 사회공헌에 대한 영향에서 기업 규모가 주요 요인으로 작용하고 있는데, 보다 구체적으로는 ESG 공시 영향도가 크게 작용하고 있다. 이를 크게 세 가지 그룹으로 나눌 수 있다. 첫 번째 그룹은 ESG의 '직접적 영향군'이다. ESG 공시를 당장 해야 하거나, 유럽에 자회사가 있거나, 미국 나스닥 상장 기업이거나, 수출 대기업의 경우가 여기에 해당한다. 두 번째 그룹은 ESG '간접적 영향군'이다. ESG 직접적 영향군의 1차 공급업체로서 거래하고 있는 기업이나, 일정 기간 후 ESG 공시 의무가 발생하는 기업이나, 대기업 연결 공시를 해야 하는 자회사 등이 여기에 해당된다. 세 번째 그룹은 '주변적 영향권'이다. ESG 직·간접적 영향권에 들지 않으나 사회적으로 영향을 받는 기업들을 여기에 분류할 수 있다. 이러한 세 그룹별로 ESG 영향도는 다르게 나타나는 경향이 있으며, 이에 따라 ESG로 인한 사회공헌 영향 역시 편차가 나타나고 있다.

마지막으로 다섯째, 사업장 위치다. 본사 또는 주요 사업장이 지방에 있는 경우 사회공헌을 상대적으로 중요하게 생각하고 있으며, 이에 ESG 영향을 상대적으로 덜 느끼고 있다. 고용 창출, 사업장의 환경 영향 등 지역사회와의 관계 및 상호 영향이 보다 직접적으로 나타나고 있기에 지역사회 기반 활동을 꾸준히 펼치고 있는 경우가 많다.

이렇게 다섯 가지 요인에 따라 ESG의 영향 편차가 나타나고 있다. 그러나 이는 다소간의 편차일 뿐, 전반적으로 ESG는 사회공헌에 큰 영향을 끼치고 있으며, 사회공헌의 대상, 방식, 목적 자체를 근본적으로 재정의하는 계기가 되고 있다. 물론 이를 일괄적으로 판단하기는 어렵다. 업의 특성, 이해관계자 요구, 경영 철학, 기업의 규모, 사업장 위치에 따라 다양한 양상이 나타나기 때문에 이를 고려하면서 접근할 필요가 있다.

지속가능경영 추진 체계의 변화

ESG 강화는 사회공헌에 큰 영향을 끼쳤는데, 대표적인 현상이자 결과가 지속가능경영 추진 체계의 변화다. 이에 대한 상세한 설명을 좀 더 해보자.

다수의 기업이 ESG 경영이 확산되면서 ESG 전략체계 아래 사회공헌을 통합하였다. 이는 조직 변화와 함께 시작되었다. 2020년 말에서 2021년 초 사이, ESG 전담 조직을 신설하거나 기존의 지속가능경영 또는 사회공헌 조직을 ESG 조직으로 확대 개편한 기업들이 다수 등장하였다. 이는 단지 사회공헌 전담 조직 외에 ESG 전담 조직이 추가되었다는 의미가 아니라, 사회공헌 기능 자체가 ESG 전략체계 안으로 편입되고 재편되었다는 것을 뜻한다.

사회공헌이 ESG 추진 체계 아래 통합되었다는 것은 2020년 이후 ESG 또는 사회공헌 담당자를 대상으로 한 다수의 인터뷰에서도 그대로 드러났다. ESG로의 전환기 초기에 사회공헌이 ESG에 상대적으로 밀렸다고 인식하는 담당자가 많았다. 다수의 기업에서 ESG 전담 부서 내에서 사회공헌과 ESG 공시, 평가 대응 등을 함께 담당하는 구조가 일반화되었고, 이 과정에서 사회공헌보다 지속가능성 보고서 작성이나 ESG 평가 대응이 우선순위로 다뤄지면서 사회공헌이 상대적으로 소외되었다는 인식이 나타나기도 했다.

그러나 시간이 지나며 기업들은 ESG 전략체계를 정립하고, 그 안에서 사회공헌의 위치를 재조정하는 움직임을 보였다. 특히 '지역사회 기여'라는 관점에서, 사회공헌을 ESG의 사회(S) 영역 하위 구성 요소로 자리매김하는 사례가 늘었다. 그동안 기업이 사회공헌 프로그램들을 지속적으로 다양하게 추진해왔기에 이를 ESG 전략체계 안에 정합성을 갖추며 구조화하기에는 어려움이 있었다. 하지만 ESG 관점에서의 정렬을 끊임없이 시도하며 점진적으로 사회공헌을 재편하려는 흐름이 나타났다. 한 화장품 제조업 기업 ESG부서 팀장은 다음과 같이 밝히고 있다.

"ESG 팀이 생기기 전에는 인사팀에서 사회공헌 활동을 임직원 봉사 활동 수준에서 진행했는데, ESG 경영을 본격적으로 체계화해야겠다고 해서 임직원 사회공헌 업무를 ESG팀으로 가져와 ESG와 연계했다. 그 전에는 물품 기부, 봉사활동이 파편화되어 있었는데 선택과 집중을 통해 체계화 작업을 했으며, 그러면서 사회공헌이 비즈니스와 장기적인 관점에서 잘 정렬되는지, 핵심 역량 강화 등 비즈니스 측면에서 긍정적인 요소가 있는지 등 경영 관점에서 많이 바라보고 있다."

이러한 변화의 과정에서 사회공헌을 ESG 이슈 대응을 해나가는 하나의 중요한 방법으로 자리매김하기도 한다. 한 중공업 기업 ESG 담당자는 아래와 같이 사회공헌을 ESG 전략 관점에서 추진하고 있다고 말했다.

"예전에는 임직원의 참여도나 봉사 시간 같은 지표를 가지고 기업이 사회공헌 활동을 열심히 하고 있는지, 진정성이 있는지 판단했다고 생각하는데, 이제는 기업과 관련된 ESG 여러 이슈들에 대해서 사회공헌 활동을 통해 얼마나 잘 해결할 것인가 하는 차원에서 전략을 짜고, 활동을 하고 있다."

한편 일부 기업에서는 사회공헌의 전략적 기획 기능이 ESG 전담 조직으로 이관되면서, 사회공헌 조직이 실행 기능 중심으로 재편되기도 한다. ESG 경영이 들어오면서 사회공헌의 위상 및 실천 방향에 변화가 생긴 지점에 대해 중공업·에너지 기업 ESG 담당자는 다음과 같이 말했다.

"예전에는 사회공헌 측면에서 전략 방향 및 목표 설정, 추진 체계 수립을 우리 부서가 그냥 다 하면 됐으나, 이제는 ESG 전담 부서가 생기면서 우리는 S(사회)의 영역만 담당하고, 나머지 부분은 다른 부서와 협의해야 하는 구조가 됐다. […] ESG 전담 부서에서 방향 정립, 보고서 발간을 하고 우리는 실행 부서로 바뀌었다."

ESG 또는 사회공헌 담당자 인터뷰 외에도 실제 기업의 지속가능성 보고서를 보면 지속가능경영 추진 체계가 변화하고 있다는 것을 알 수 있다. 특히 상장 대기업의 경우 2021년 초부터 지속가능경영 추진 체계를 ESG 관점에서 재편하기 시작했다.

한 예로 삼성전자의 경우 ESG 열풍이 불기 전인 2020년 초만 해도 크게 여섯 가지의 방향에서 지속가능경영을 추진했다. 〈그림 4-5〉에서 보듯, △환경친화적 사업장, △제품 책임주의, △사회적 기여, △착한 기술, △임직원을 위한 투자, △지속가능한 공급망 등이다. 반면, 이 전체를 아우르는 지속가능경영 체계는 잡혀 있지 않으며, 이를 총괄하는 거버넌스 또한 미흡했다. 이 당시만 해도 사회공헌은 여섯 가지 방향

그림 4-5_ 삼성전자의 2020년 초 지속가능경영 추진 체계

COMMITMENT TO THE ENVIRONMENT IN OUR OPERATIONS 환경친화적 사업장	PRODUCT STEWARDSHIP 제품 책임주의	CORPORATE CITIZENSHIP 사회적 기여
TECHNOLOGY FOR GOOD 착한 기술	INVESTING IN OUR EMPLOYEES 임직원을 위한 투자	SUSTAINABLE SUPPLY CHAIN 지속가능한 공급망

중 하나인 '사회적 기여' 분야 영역을 포괄하고 있었으며, 여섯 가지 방향 중 주요한 한 축을 이루었다.

2021년 초, 삼성전자의 지속가능경영 체계의 가장 큰 변화는 전사 총괄 기능을 강화한 것이었다. 2020년 12월, 지속가능경영 추진센터를 CEO 직속 조직으로 격상시키고, 주요 사업부에 지속가능경영 사무국을 신설하여 환경, 노동인권, 사회적 기여, 공급망 이슈 등을 총괄하게 했다. 지속가능경영은 △환경, △커뮤니티 역량 강화, △디지털 책임, △임직원, △지속가능한 공급망으로 나눠 추진했으며, 사회공헌은 중소기업·스타트업 지원 내용과 함께 '커뮤니티 역량 강화' 차원에서 추진했다. 전반적으로 온실가스 감축, 순환경제 등 환경 분야에 대한 집중적인 강화가 두드러졌다.

2023년 초, 삼성전자의 지속가능경영 접근 전략의 핵심은 '비즈니스

그림 4-6_ 삼성전자의 2023년 초 지속가능경영 주요 내용

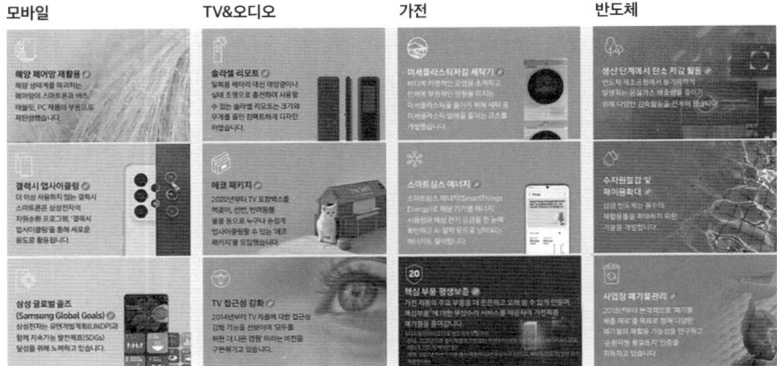

지속가능성'으로 자리 잡았다. 가장 핵심이 되는 전략은 '디자인·개발부터 생산, 소비, 회수, 재활용에 이르기까지 제품의 전 생애주기에서 지속가능성을 추구'하는 것이다. 〈그림 4-6〉에서 보듯, 접근성 강화, 재활용 소재 사용, 에너지 효율 제고, 탄소 발자국 감축, 저전력 메모리 및 저전력 프로세스 적용 등이 주요한 방향이다.

구체적인 실행 내용을 보면, 환경(Planet)과 사회(People)로 나눠 지속가능경영을 추진하는데, 이 중 사회는 △인권, △인재경영, △다양성·형평성·포용성, △모두를 위한 기술, △공급망, △지역사회로 나눠 접근하고 있다. 사회공헌은 중소기업·스타트업 지원 내용과 함께 '지역사회' 영역에서 추진하고 있다.

ESG 경영이 도입되고 정착되는 시기인 2020년~2023년 사이, 사회공헌 관점에서 삼성전자의 지속가능경영 흐름은 몇 가지 특징이 있다. 첫째, ESG 영향이 강해지면서 전사 차원의 지속가능경영 체계를 강화했고, 사회공헌은 이러한 체계 안에 위치 지워졌다. 둘째, 사회공헌은 2010년대까지만 해도 독자적인 체계로 지속가능경영에서 주요한 위

치를 차지했으나, ESG 경영이 강화되면서 사회(People) 영역 중 하나의 영역으로 위상이 다소 축소되었다. 셋째, 지속가능경영이 비즈니스와의 연계성을 강화하면서 '비즈니스 지속가능성' 차원에서 지속가능경영을 바라보게 되었다.

이러한 흐름은 현대자동차, SK텔레콤 등에서도 유사하게 나타나고 있다. 현대자동차의 경우 2020년 초에는 전사의 다섯 가지의 방향 중 하나로 CSV를 추진했으나, 2023년 초에는 ESG 체계로 3대 중장기 방향과 15개 중점관리 분야를 제시하면서 '사회공헌 임팩트 확산'은 15개 중점관리 분야 중 하나로 자리매김했다.

SK텔레콤 역시 2020년 초에는 지속가능경영을 더블바텀라인(Double Bottom Line) 방향에서 "경제적 가치와 사회적 가치를 동시에 추구하는 더블 바텀 라인으로 미래 가치 창출을 극대화하고자 노력"하고 있다고 밝혔으나, 2021년 초에는 친환경 ICT(환경), ICT의 사회적 가치 창출(사회), 책임경영·투명경영 강화(거버넌스)를 축으로 하는 ESG 추진 방향을 내놓았다.

이렇듯, ESG 전략체계로의 전환은 사회공헌 활동의 위상과 방식에 실질적인 변화를 가져오고 있다. 사회공헌은 독립적인 부서의 자율적 활동에서 벗어나, 다수의 기업이 ESG 전략 아래 편입되거나 연계되는 형태로 전환되고 있으며, 이에 따라 비즈니스 연관성, 정합성, 실행성과 등의 기준에 따라 사회공헌의 목적과 수단이 재정의되고 있다. 이러한 흐름은 앞으로 기업의 지속가능경영 구조 안에서 사회공헌이 어떻게 자리매김할 것인가를 결정짓는 중요한 기준이 될 것이다.

사회적 기여에서 지속가능 생존을 위한 전략적 자산으로

ESG의 영향은 외형적으로는 지속가능경영 전략체계의 변화로 나타났지만, 가장 근본적인 변화는 '목적'의 변화다.

기업 사회공헌은 시대와 경영 환경의 변화에 따라 추진 목적과 기능이 지속적으로 변화해왔다. 과거, 특히 ESG가 본격화되기 이전까지 기업 사회공헌은 사회에 긍정적 가치를 제공하는 동시에 기업의 평판 제고나 브랜드 이미지 향상과 같은 간접적인 경영 효과를 기대하는 활동으로 인식되었다. 이 시기의 사회공헌은 대체로 자발적이며, 사회적 책임을 다한다는 도덕적 정당성과 공익성에 초점을 맞추는 경향이 강했다. 'Value to Society'가 사회공헌의 중심 개념이었다.

그러나 2020년대 들어 ESG가 강화되면서 사회공헌은 새로운 전략적 전환점을 맞이하게 되었다. 지속가능경영 체계가 ESG 중심으로 재편되면서, 사회공헌은 이제 전사적 ESG 전략의 하위 체계로 편입되고 있다. 특히 ESG 공시와 평가가 강화됨에 따라, 사회공헌은 더 이상 기업의 이미지 개선 수단에 머무르지 않고, 장기적인 관점에서 기업 가치 제고 수단으로 자리매김하고 있다. 사회공헌이 'Value to Business' 관점에서 재정의되는 흐름이 나타나는 것이다. 이러한 변화는 사회공헌의 기획 방향과 실행 방식에도 영향을 미치고 있으며, 프로그램이 ESG 평가 지표에 부합하도록 새롭게 설계되거나, 기업의 리스크와 기회를 관리하는 수단으로 전환되고 있다.

기업은 이제 사회공헌을 통해 ESG에서 강조하는 중대성 이슈에 대응하고자 한다. 한 플랫폼 기업 ESG 부서 팀장은 다음과 같이 말하고 있다.

"ESG 평가에서는 임직원 참여와 관련한 항목이 전혀 없으며, 몇몇 해외 평가에서는 지역사회에 우리가 얼마나 투자하는지에 대한 것을 보던 때가 있었는데 지금은 그마저도 없어졌다. [⋯] 요즘 얘기되고 있는 TCFD, TNFD, ISSB, KSSB[111]를 보면 모두 다 재무 영향도를 중요하게 보고 있다."

ESG 공시와 평가 기준이 사회공헌의 기획과 설계에 직간접적 영향을 미치고 있다고 보는 것이다. 중대성 분석이 개인정보 보호, 기후위기 대응, 정보 보안 등과 같은 이슈를 중심으로 이루어지고 있다는 점은, 사회공헌도 이에 발맞춰 대응 전략을 구축해야 한다는 압박을 낳고 있다.

이러한 변화는 사회공헌의 비즈니스 정렬성을 더욱 강조하는 흐름으로 이어지고 있다. 2010년대에도 기업이 보유한 자산과 역량을 활용하여 사회적 가치를 증진시키려는 움직임은 존재했으나, 현재는 해당 자산과 역량을 활용하되 그것이 기업의 재무적 성과나 지속가능성에 어떻게 기여하는지까지 고려하는 경향이 강해졌다. 한 기업 팀장은 사회공헌의 목적을 "비즈니스가 만들어내는 사회적 리스크에 대한 유발자가 아니라 문제해결자로 포지셔닝하고자 할 때", "이해관계자와 변화를 만들고자 할 때", "자사가 잘할 수 있는 분야에서 기여하고자 할 때"로 정리하며, 사회공헌의 목적이 점차 전략적 선택의 일부가 되어가고 있음을 시사했다.

---

111 TCFD(Task Force on Climate-related Financial Disclosures)는 기후변화 관련 재무정보 공개를 위한 권고안을 마련한 국제 협의체이며, TNFD(Task Force on Nature-related Financial Disclosures)는 자연 자본–생물 다양성과 관련된 리스크·기회 공시를 위한 글로벌 프레임워크다. 또한 ISSB(International Sustainability Standards Board)는 국제회계기준재단(IFRS Foundation) 산하의 지속가능성 공시 기준 제정 기구고, KSSB(Korea Sustainability Standards Board)는 한국에서 지속가능성 공시기준을 제정·운영하는 기관이다.

이러한 맥락에서 사회공헌 프로그램은 기존보다 훨씬 더 명확한 비즈니스 연계성을 요구받고 있으며, 그 결과 일부 사회공헌은 동반 성장, 오픈 이노베이션(open innovation),112 스타트업 육성 등과 같은 영역과의 경계가 약화되는 경향도 나타나고 있다. 즉, 사회공헌은 이제 더 이상 기업 외부를 위한 '별도'의 활동이 아니라, 기업 내 ESG 전략과 이해관계자 관리, 리스크 완화와 기회 창출을 위한 전략적 활동으로 재편되고 있다.

결국 기업 사회공헌의 추진 목적은 '사회적 기여'에서 '전략적 자산'으로 변화하고 있다. 이는 ESG 전략의 흐름에 정렬되면서도, 동시에 기업이 해결할 수 있는 사회문제와 비즈니스 기회를 통합적으로 바라보려는 관점으로의 전환을 의미한다.

ESG 강화에 따른 사회공헌에의 영향

ESG 강화에 따라 지속가능경영 추진 체계와 목적이 변화함에 따라, 이는 사회공헌 실행 과정에서의 변화를 또한 만들어냈다. 이를 크게 다음 네 가지로 정리할 수 있다.

(1) 사회공헌을 ESG에 연결하기

ESG 영향은 사회공헌 조직의 위상 변화만 가져온 것은 아니었다. 기존 사회공헌 프로그램 역시 ESG의 영향을 받았다. 사회적으로, 그리고 기업 역시 ESG를 강조하니 사회공헌을 ESG와 연결하려는 시도가 일반적으로 나타났다. 다만 편차가 존재했다. ESG는 비즈니스의 리스

---

112 기업이 내부 자원뿐 아니라 외부의 지식·기술·아이디어를 개방적으로 활용해 혁신을 촉진하는 전략이다.

크와 기회를 관리하는 반면, 사회공헌은 일반적으로 비즈니스와 별도로 추진되는 경향이 있어 연결 시도가 순조롭지 않은 기업도 있었고, 사회공헌과 별도로 ESG 방향을 반영한 신규 프로그램을 준비하는 기업도 있었으며, ESG 영향으로부터 비교적 자유롭게 기존 사회공헌을 지속하는 기업도 있었다.

ESG를 강화하는 초기인 2021년에서 2022년 무렵에는 많은 기업이 혼선을 겪었다. ESG에 대한 이해가 충분하지 않은 상태에서 사회공헌과 ESG를 연결하려고 시도했지만, 곧 그 한계를 인식하게 되었다. 2022년 사회복지공동모금회 연구 관련 인터뷰에서 한 ESG 부서 팀장은 이렇게 말했다.

> "처음에 ESG를 잘 모를 때는 우리 회사도 사회공헌과 ESG를 연결하려는 시도를 당연히 했는데, ESG에 대해 조금 알고 보니까 이것이 사회공헌으로 할 수 있는 일이 아니라 비즈니스 가치사슬 전체를 변화시켜야 하는 일이 본질이라는 것을 알게 됐다. 결국, 비즈니스 가치사슬의 부정적 데이터를 최소화하는 방향으로 가야 하는데, 이게 사회공헌 조금 한다고 해서 ESG 데이터가 변하는 것이 아니니까, 오히려 섣불리 했다가 '그린워싱'이라는 소리를 들을 수도 있고 해서, 지금은 기존에 하던 것을 재포장하는 정도로 하고 있다. 앞으로 무엇인가 회사 전체의 중장기 ESG 목표와 전략이 확실히 제시되면, 그것과 연결하는 방식으로 해야겠다는 생각을 하고 있다."[113]

그러나 시간이 흐르면서 기업들은 ESG 전략체계 하에서 사회공헌이 차지하는 위치를 점차 명확히 하기 시작하였다. ESG의 영향을 강

---

113 유승권(2023), 기업 기부 트렌드: 트렌드를 넘어 성숙으로, 『2023 기부 트렌드』, 사회복지공동모금회, 79.

하게 받는 기업을 중심으로 사회공헌이 ESG 전략 내 사회(S) 영역의 실천 수단으로 재편되기도 했지만, 반면 일부 기업에서는 기존의 사회공헌 방향을 유지하며 자율성과 독자성을 유지하는 경우도 있었다. 한 엔터테인먼트 ESG 부서 팀장은 다음과 같이 밝혔다.

"사실 ESG 전체 체계에서 보면 '지역사회 기여' 비중이 상당히 작아, ESG 보고서를 쓰다 보면 사회공헌의 모든 것이 ESG 체계 안에 연결된다는 느낌이 들지는 않는다. […] 현재 지속가능경영 체계도에 맞춰 사회공헌 전략 체계도를 만들고 그 아래 네 분야로 나눠 사회공헌 프로젝트들을 하고 있다."

해당 기업은 ESG와의 연계를 강화하되, ESG 체계 안에 사회공헌을 모두 담을 수 없어 사회공헌은 원래 하던 방향대로 조금 다양하게 접근하고 있었다.

이처럼 기업마다 사회공헌과 ESG 간의 관계 설정에는 뚜렷한 편차가 존재한다. 일부 기업에서는 ESG의 영향이 비교적 미미하며, 오히려 기존의 사회공헌 철학과 방향을 유지하면서 ESG를 필요에 따라 선택적으로 수용하는 양상도 보인다. 한 종합화학·소재 기업의 ESG부서 팀장은 이렇게 말했다.

"ESG 영향은 분명히 있지만 미미하다고 본다. 법인도 하나의 인격체이고, 추구하는 가치가 쉽게 갖춰지는 것이 아니다. 그 중 핵심적인 것이 사회공헌이다. ESG가 있든 없든, 굉장히 중요한 뿌리라고 생각하고 사업을 추진하고 있다. 그래서 SDGs도 중요하게 생각한다. ESG는 투자 용어이기도 하고 사람들에게 익숙하니까 프로그램명을 바꾸거나, 프로그램을 기획하거나 전달할 때 좋은 도구인데, 도구 이상의 역할은

안 한다고 생각한다. 사회공헌이 줄 수 있는 가치는 훨씬 넓다."

하지만 사회공헌이 어느 정도 독자성을 유지하는 기업이라 하더라도, ESG 전략체계 아래 사회공헌을 정렬하려는 시도가 일정 부분 나타난다. 예를 들어 위의 엔터테인먼트 기업에선 이렇게 언급했다.

"ESG로 인한 변화 중 하나가 체계를 만들게 되었다는 것이다. 이전에도 미션, 비전, 주요 사업이 있었지만, 이제는 외부 평가를 위해서는 사회공헌 관련해서도 지역사회 기여 차원에서 무슨 목표와 어떤 전략을 가지고 있느냐는 것도 공개해야 하기 때문에 이전보다 틀을 더 갖추고 향후 몇 년까지의 중장기 목표 등을 정립하고 있다. 새로운 사업을 발굴할 때 이제는 'ESG 쪽으로 어떻게 연결이 될까?' 하는 부분을 아무래도 조금 더 생각을 하게 된다."

ESG 관점이 사회공헌 전략의 구조화에 영향을 미치고 사회공헌 프로그램 기획에 반영되고 있음을 시사하는 것이다. 이렇듯 전반적으로, ESG는 사회공헌의 방향과 전략에 적지 않은 영향을 미치고 있으며, 기업은 기존의 사회공헌 철학과 실행력을 유지하는 한편, ESG 전략과의 정합성을 고려하며 점진적인 연계를 시도하고 있다. 사회공헌이 ESG 하위 전략으로 수렴되느냐, 독립된 사회적 가치 활동으로 병존하느냐는 기업의 산업, 철학, 조직 구조에 따라 달라질 수 있지만, ESG의 강화는 기업 사회공헌의 재정의라는 흐름을 형성하고 있음은 분명하다.

(2) 커져가는 ESG 공시 지표의 영향력

사회공헌이 ESG 전략체계와의 연계를 통해 점차 구조화되는 과정에서 ESG 공시 지표의 영향력은 갈수록 커지고 있다. ESG 공시를 포함한 규제와 ESG 평가에 영향을 직접 받고 있거나, 곧 영향권에 들어가는 기업의 경우, 사회공헌 역시 ESG 공시 지표에 따라 그 내용과 방식이 크게 달라지고 있다.

ESG 공시기준이 바뀌거나 새로운 지표가 제시될 때, 기업은 사회공헌 활동이 그 기준에 어떻게 조응할 수 있을지를 민감하게 검토한다. 한 플랫폼 서비스 기업 ESG부서 팀장은 다음과 같이 말한다.

> "확실히 ESG가 내재화되는 과정에서 기존에 자선적인 관점에서 진행하던 것들을 조금 더 ESG 전략과 맞물려서 진행하고자 하는 내부적인 동기들이 매우 자연스럽게 나타난다. 한국ESG기준원 등 ESG 평가 대응을 위해서 필요한 특정한 과제들이 있어, 이런 것에 영향을 많이 받고 있는 듯 하다."

즉 사회공헌 역시 공시기준의 방향성과 연동되어 조정되고 있음을 뜻한다. 예를 들어 예전에는 몇몇 해외 평가에서 지역사회에 기업이 얼마나 투자하는지, 임직원 참여가 어떠한지를 평가했는데, 현재는 ESG 평가에서 관련 항목이 없으니 기업 내부에서 이에 대한 활동이 축소되는 결과로 나타나는 것이다. 과거 이해관계자 중심에서 최근에는 재무영향 중심으로 평가의 무게중심이 전환되면서, 사회공헌의 위상 변화에 영향을 주고 있음이 나타났다.

이러한 ESG 공시 및 평가의 변화는 사회공헌 성과 관리에도 직결된다. 그동안 사회공헌에서는 사회적 가치 측정, 영향 평가 등의 방법을 자발적으로 모색해왔지만, 이제는 ESG 공시와 평가를 위한 객관적인 데이터를 요구받는 상황이 일반화되고 있다. 한 화장품 기업 ESG부서 책임자는 아래와 같이 사회공헌 담당자들이 느끼는 압박을 구체적으로 밝혔다.

> "사회공헌 담당자들 역시 ESG 평가를 받으려면 지표에 대한 성과가 데이터로 나오는 것이 중요하겠구나 하는 인식을 많이 하게 되었다. [⋯] 지금은 부족한 경우도 있지만, 앞으로는 성과를 수치로 만들어야겠다는 강박과 의무감이 많이 생겼다."

이렇듯 ESG 공시 지표는 사회공헌 전략과 실행에 직접적인 영향을 미치고 있으며, 정량적 성과 관리와의 연계는 앞으로 사회공헌의 기획과 운영 방식에 있어 점점 더 핵심적인 요소가 될 것이다.

(3) 비즈니스와의 연계 강화

ESG 전략체계 아래에서 사회공헌의 위상이 바뀌는 가운데, ESG 공시와 평가 기준의 영향이 확대됨에 따라 사회공헌 역시 점차 비즈니스와의 연계를 강화하는 방향으로 나아가고 있다. 사회공헌이 기존에는 비즈니스와 별도로 독립적으로 수행되던 영역이었다면, 이제는 ESG 전반에서 요구하는 전략적 정합성과 성과 기반의 접근 방식에 따라 비즈니스와 정렬되는 것이 중요한 과제가 되고 있다.

2010년대까지도 기업의 사회공헌은 업의 특성을 반영하여 기업의 역량을 활용해 사회적 가치를 제공하는 데 초점이 맞춰져 있었다. 그러나 최근 ESG 요구가 강화되면서, 사회공헌이 기업의 비즈니스와 어떻게 연결되어 기업 가치 제고에 기여할 수 있을지에 대한 관점이 더욱 뚜렷하게 등장하고 있다. 가치사슬과의 연계, 경영전략과의 조화, 외부 ESG 요구에 대한 대응 수단으로서 사회공헌을 재정의하려는 움직임이 관찰된다.

　예를 들어 다수의 기업이 스타트업 지원 프로그램을 추진하면서 오픈 이노베이션 방식으로 협력하고 있다. 종합화학·소재 기업의 경우 폐어망 원료 재활용, 재활용 플라스틱 분석 관련해서 지원 스타트업과 협업하는 등 ESG 프로그램 추진 시에 기업 경영전략과의 연계를 고려하고 있다. 한 화장품 기업은 TNFD 보고를 준비하는 과정에서 화장품 산업의 경우 자연에서 얻는 원재료들이 많기에 생물 다양성 이슈를 좀 더 관심 있게 보면서 ESG 프로젝트를 추진했다. 가장 쉽게 시작하는 방법으로 생태 교란종 제거 자원봉사 활동부터 시작했는데, 회사의 업과 잘 맞물리도록 하기 위해 제거하는 생태 교란종을 원재료로 해서 제품화하는 가능성까지 분석하기 시작했다. ESG 추진 시 가치사슬과의 연계가 중요하다고 판단했기 때문이다.

　비즈니스와의 연계를 강화하려는 흐름 속에서 특히 강조되는 변화는 기업의 핵심 역량을 사회공헌에 활용하려는 시도이다. 과거에는 기부나 자원봉사 중심의 활동이 일반적이었다면, 현재는 지속가능한 사회적 기여를 위해 무엇을 할 수 있는지를 기업 내부적으로 깊이 고민하는 흐름으로 전환되고 있다. 다수의 기업이 핵심 역량을 활용해서 지속가능한 방식으로 가치를 창출할 방안을 고민하다 보니 목표나 전략을 명확하게 제시하고, 창출하는 가치에 대한 측정을 분명히 하기 위해 노력하고 있다. 이러한 활동 결과들을 ESG 공시 및 평가 대응과 연계하여 외부에 공개하기 때문이다.

　이러한 변화는 사회공헌의 대상 정의에도 영향을 미치고 있다. 과거에는 사회공헌의 주요 대상이 취약계층 중심이었다면, ESG 경영의 확산과 함께 고객, 공급망, 지역사회, 투자자 등 다양한 이해관계자가 공식적으로 정의되며, 사회공헌 또한 이들과의 관계 설정에 더 많은 무게를 두게 되었다. 한 운수 기업의 경우는 "ESG 경영이 도입되면서부터는 이해관계자가 더 명확하게 정의되는 경향이 있다"라고 하면서, 지역사회, 투자자 등 기업이 책임져야 할 이해관계자의 범위가 분명해졌다고 설명한다.

이처럼 사회공헌과 비즈니스의 연결성이 높아짐에 따라 양자의 경계가 점차 흐려지는 현상도 나타나고 있다. 한 금융업 담당자는 아래와 같이 사회공헌과 비즈니스 활동 간의 경계가 모호해지고 있음을 지적한다.

> "애플은 접근성 개선을 자사의 기술력을 활용한 서비스 강화의 일환으로 보지, 사회공헌 활동이라고 말하지 않는다. […] 궁극적으로 기업이 추구하는 방향은 그런 방향으로 발전할 것이라는 생각이 들어서, 기업의 사회공헌 활동과 아닌 것들을 구분 짓기가 좀 모호해지지 않을까 싶다."

최근 흐름을 보면, ESG 아래에서 사회공헌은 단순한 외부 기여 활동이 아닌, 기업 전략 및 비즈니스 운영과 긴밀히 연결된 실행 수단으로 좀 더 변화하고 있다. 핵심 역량과 가치사슬의 연계, 이해관계자 요구 대응, ESG 공시 체계 반영 등 다양한 측면에서 사회공헌의 전략화가 진행되고 있으며, 향후 그 과정에서 사회공헌과 비즈니스 간의 경계는 점차 모호하게 변화하는 경향이 짙어질 것으로 예상되고 있다.

(4) 사회공헌 사업 비중의 축소

ESG 전략체계가 기업 전반에 도입되면서 사회공헌 예산의 구성과 운영 방식에도 변화가 나타나고 있다. 특히 예산 총액에는 큰 변화가 없더라도, 내부 배분 구조나 사업의 우선순위 조정 등을 통해 사회공헌의 방향성과 비중이 달라지는 사례가 늘고 있다. 한 중공업·에너지 기업 측에서는 아래와 같이 설명한다.

> "기부금으로 할당된 연간 예산은 현재까지는 변동이 전혀 없이 계속 운영해오고 있다. 대신에 축소되지도 않았지만, 사업이 좋다고 해서 늘어나지도 않고 있는 상황이다. 그래서 어떤 새로운 사업을 한다고 하면 정해져 있는 예산 범위 안에서 해야 하기 때문에 과거의 사업 하나를 접고 새로운 사업을 추진해야 한다."

실제로 이 기업은 ESG 기조에 맞춰 생물 다양성 이슈를 반영하기 위해 기존의 대표 사회공헌 프로그램인 아동·청소년 지원 사업을 종료하고, 해당 예산을 생물 다양성 프로그램으로 전환하였다. 이러한 형태로 사회공헌 예산이 정체된 상황에서도 ESG 흐름에 따라 프로그램 조정이 이뤄지고 있음을 보여준다.

다른 기업 사례에서도 유사한 변화가 감지된다. 한 플랫폼 서비스 기업 팀장은 "사회공헌 예산이 줄지는 않았으나, 큰돈을 쓰는 기부 유형의 활동도 줄었고, 전체 ESG 프레임 안에서의 사회공헌의 비중 역시 약해진 것은 맞다"라고 말했다. 사회공헌 예산 데이터상으로는 사회공헌 비중이 줄어든 것으로 나타나지는 않지만, 실질적으로는 ESG 체계 내에서의 사회공헌 비중이 줄어드는 경향이 포착된다.

이러한 흐름은 ESG의 영향력이 확대되면서 사회공헌 예산도 독립적으로 책정되기보다 ESG 전략 내 일부로 통합되어 배분되고 있음을 시사한다. 그 결과 사회공헌의 고유 목적과 성격이 변화하거나, 기존 활동이 구조적으로 재편되는 현상이 발생하고 있다. 예산 총액의 증감 여부만으로는 판단할 수 없는 사회공헌의 전략적 전환이 진행되는 것이다.

ESG 시대의 사회공헌 과제

결론적으로, ESG 전략의 강화는 기업의 사회공헌에 구조적 변화를 불러오고 있다. 과거에는 자율적이고 독립적으로 운영되던 사회공헌이 이제는 ESG 전략체계 안에서 정렬되고 통합되는 흐름이 보편화되고 있다. 이로 인해 사회공헌의 대상, 내용, 운영 방식뿐만 아니라 예산의 구조까지 달라지고 있으며, ESG 평가와 공시, 비즈니스 전략과의 정합성이 중요한 기준으로 작용하고 있다. 특히 ESG 하에서 사회공헌은 점차 기업 핵심 활동과의 경계를 허물며, 브랜드 가치 제고와 전략적 실행 수단으로의 전환이 가속화되고 있다.

다만 이러한 변화는 기업마다 강도와 방식에 있어 편차를 보이며, 사회공헌의 독자성을 유지하려는 시도 역시 병존하고 있다. ESG 공시지표의 정량화 압력, 이해관계자 정의의 재구성, 비즈니스 가치사슬과의 연계 등은 사회공헌을 보다 체계적이고 전략적인 방식으로 재편하도록 유도하고 있지만, 동시에 기존 사회공헌이 지니던 고유한 가치와 철학, 자율성의 영역은 그 틀 안에서 새로운 방식으로 유지·조정되고 있다. 이는 ESG 시대의 사회공헌이 단순한 이미지 제고 차원을 넘어서, 기업 경영과 사회적 책임이 교차하는 지점에서 새롭게 진화하고 있음을 보여준다.

이에 ESG 시대에 사회공헌이 직면한 과제도 근본적으로 변하고 있다. 과거에는 사회적 가치 창출 중심이었다면, 이제는 ESG 전략 내에서 중대성 이슈에 대응하고, 기업의 리스크와 기회를 관리하는 하나의 경영활동으로 기능하라는 요구를 받고 있다. 이러한 상황에서 사회공헌이 본래의 사회적 가치 창출 역할을 유지하면서도 ESG와의 정합성을 확보하기 위해서는 아래의 핵심 과제를 주목해야 한다.

첫째, 사회공헌은 ESG 전략체계 안에서 자율성과 독립성을 동시에 확보해야 한다. ESG 하에서 사회공헌은 지역사회 항목의 하위 활동으로 편입되는 경향이 강하지만, 실제 사회공헌의 활동 영역은 ESG 공시 지표에 담기 어려운 감수성, 관계성, 지역성의 성격이 있다. 따라서 기업은 ESG 전략의 정렬성을 유지하되, 사회공헌 고유의 목적과 공공적 기능을 훼손하지 않는 균형점을 찾아야 한다.

둘째, 사회공헌은 비즈니스 가치사슬과의 연계를 강화해나가되, '리스크 관리'를 넘어 '기회 창출' 영역으로 확장할 수 있어야 한다. 현재 ESG는 대부분 '리스크 관리' 중심으로 작동하고 있으나, 사회공헌은 스타트업 협력, 지역사회 기반의 사회문제해결, 고령화 대응 등의 영역에서 전략적 기회를 창출하는 플랫폼이 될 수 있다. 기업은 사회공헌이 단지 규제 대응이 아닌 비즈니스 혁신과 연결될 수 있도록 기획 역량을 강화할 필요가 있다.

셋째, ESG가 제시하는 '최소 기준'의 규범을 넘어서는 사회공헌의 확장성이 필요하다. ESG는 기업의 책임을 규정하는 틀이지, 사회적 영향력을 극대화하는 틀은 아니다. 기업은 사회공헌을 통해 이중 중대성의 사회적 축을 보완하고, ESG 프레임워크가 다루지 못하는 사회문제에 대한 선제적 대응을 통해 지속가능경영의 외연을 넓힐 수 있어야 한다.

이제 사회공헌은 과거의 독립적 위상에서 ESG 전략의 하위 체계로 이동하는 과도기에 놓여있다. 이러한 전환기를 사회공헌 고유의 가치를 지키면서도 전략적 기능을 강화하는 계기로 삼기 위해서는, 명확한 포지셔닝과 새로운 실행 프레임워크 정비가 필요하다. 기업은 사회공헌을 '사회적 감수성과 전략적 판단'이 동시에 작동하는 실천 영역으로 정립해가야 할 것이다.

5장

환경·사회 문제에 대한 접근 변화

두 가지 흐름의 공존 속 변화 방향

2020년대 들어 ESG가 기업 경영의 중심 화두로 떠오르면서, 기업의 사회공헌 프로그램 역시 그 영향권 안에서 새로운 변화를 맞이하게 되었다. 특히 지속가능경영 체계가 본격적으로 정비되고 전략 수준에서 ESG 목표와 과제가 정리되면서, 사회공헌의 실행 구조와 방향성에도 일정한 조정이 일어나고 있다. 이러한 변화 속에서 기업의 사회공헌 프로그램은 뚜렷하게 두 가지 흐름을 중심으로 전개되고 있다.

첫 번째 흐름은 기존 사회공헌이 지닌 역량과 경험, 자산을 바탕으로 이를 더욱 심화·발전시키는 움직임이다. ESG가 본격화되기 이전부터도 기업들은 사회문제 해결을 위해 다양한 프로그램을 수행하며, 그 속에서 이해관계자와의 협력 기반 확대, 문제 접근 방식 개선, 사업 운영

역량 축적 등을 이루어왔다. ESG가 오늘날의 영향력을 갖게 된 배경에는 이러한 사회공헌의 축적된 자산이 일정 부분 기여했을 가능성도 존재한다.

사회공헌은 수십 년에 걸쳐 발전해 온 영역으로, 그 속에서 형성된 전문성은 단기간에 ESG의 프레임으로 일괄 대체되기 어렵다. 실제로 대부분의 기업이 10년 이상 사회공헌 활동을 전개해오면서 내부 역량을 축적하고, 프로그램 전문성과 실행력을 강화해왔으며, 의미 있는 성과 또한 창출하고 있다. 이러한 흐름에서 기존 사회공헌의 많은 부분은 더 근본적이고 구체적인 문제해결을 위해 진화하고 있으며, 사회문제의 유형을 세분화하고 접근 방식을 정교화하는 방향으로 나아가고 있다. 예를 들어 과거에는 아동이나 장애인 등 취약계층을 대상으로 자선 활동 중심으로 사회공헌을 펼쳐왔다면, 현재는 이동 약자의 접근성 문제나 디지털 격차 해소 등 보다 구체적인 이슈 중심의 실질적인 변화를 만들어가고 있다.

두 번째 흐름은 ESG의 부상과 외부 환경의 변화에 능동적으로 대응하며 사회공헌 방식과 프로그램 내용 자체를 새롭게 설계하려는 시도이다. 이 흐름에서는 ESG 프레임워크에 기반한 사회공헌 신규 프로그램을 추진하거나, 기존 프로그램을 ESG 기준에 맞게 수정·확장하는 방향이 나타난다. 다수의 기업은 ESG경영 전략하에 사회공헌을 자리매김하고 있다. 과거에는 기업이 브랜드 이미지 제고 또는 사회적 가치 창출 차원에서 사회공헌을 추진했던 것이 주류였다면, 최근에는 지속가능경영 전략, 특히 ESG경영 전략 안에서 사회공헌을 통합적으로 운영하는 흐름이 뚜렷하다. 특히 ESG 공시 및 ESG 평가가 사회공헌 프로그램에 영향을 주기 시작했다. 예컨대 많은 기업이 ESG 공시와 연계하여 지속가능성 보고서를 발간하며, 이 안에 사회공헌 성과와 향후 계획을 담아 ESG 스토리의 한 축으로 자리매김하고 있다. 또한 ESG 평가기관의 지표 중에 사회공헌 차원에서 기여할 수 있는 항목이 있는 경우 그러한 지표 중심으로 사회공헌을 힘쓰는 경향이 있다. 요컨대 ESG 시대에 사회공헌은 더 이상 별개 활동이 아니라 ESG의 S(Social)를 구현하는 수단 중 하나가 되어가고 있다.

ESG 경영 강화는 사회공헌 활동의 주제 선정에 변화를 주었다. 먼저, 기업들은 자사의 ESG 중대성 이슈(material issues)에 부합하는 사회공헌을 추구하는 경향을 보인다. 이는 ESG 관점에서 핵심 이해관계자에 가장 영향을 주는 이슈를 사회공헌 프로그램으로 연결하는 것이다. 예를 들어 금융 회사라면 금융 접근성 향상을 위한 금융교육 프로그램, 식품기업이라면 지속가능한 농업 지원이나 영양개선 프로그램 등 사업 특성과 연계된 사회공헌을 전개한다. 또 공통적으로 ESG의 핵심 이슈인 넷제로(Net Zero) 트렌드에 따라 일부 기업은 자사 탄소 발자국을 줄이는 것에 더해 지역사회 탄소 중립 프로그램 지원 또는 탄소 감축 프로젝트에 투자하고 있으며, 포용적 성장(inclusive growth)의 일환으로 기업의 이해관계자 대상으로 경제 역량 강화, 여성·장애인 기업가 지원, IT 교육 지원 등 포용적 사회공헌을 펼치는 사례도 존재한다.

이러한 변화는 단일한 방식으로 나타나지 않으며 기업별로 큰 편차를 보인다. 일부 기업은 ESG 공시와 평가 대응을 직접 고려하며 기존의 사회공헌 전략과 실행 방식을 재정비하고 있고, 또 어떤 기업은 기존 방식을 유지하되 ESG 전략과 방향을 보완적으로 적용하는 수준에서 대응하고 있다. 또한 환경 분야와 사회 분야 간에도 반응과 적용 방식에는 차이가 있으며, 이는 기업의 업종, 이해관계자 구조, 공시 의무 여부 등에 따라 영향을 받고 있다. 앞 장에서 살펴본 바와 같이 사회공헌이 ESG 전략체계 안에서 구조화되는 과정에서, 환경 프로그램은 기후변화, 자원순환 등과 연결되는 방식으로, 사회 프로그램은 이해관계자 확장과 연계된 방식으로 전환되는 양상이 나타나고 있다.

ESG 영향이 강화되는 가운데, 사회공헌은 위와 같이 두 가지 흐름이 공존하고 있다. 다만 점차 두 번째 흐름이 강화되고 있는 관계로 우리는 두 번째 흐름에 좀 더 주목해야 한다. 이는 현재 모든 사회공헌이 이 방향으로 수렴되고 있다는 의미가 아니라, ESG 강화와 더불어 기업들이 사회공헌을 새롭게 해석하고 조정하고 있는 경향이 강화되고 있기에, 그 변화의 방향을 살펴보려는 목적에서다.

특히 이 변화가 환경 분야와 사회 분야에서 어떻게 다르게 전개되고 있는지를 구분하여 살펴보고자 한다. 이러한 구분은 향후 사회공헌이 ESG 전략 안에서 어떻게 구성되고 운영될 수 있는지를 이해하는 데 실질적인 단서를 제공할 것이다. 이를 위해서 먼저 환경과 사회 분야에서의 가장 중요한 동인으로 작용하고 있는 정책 환경의 변화를 살펴보고, 이러한 요인 등으로 실제 사회공헌에 어떤 영향 변화가 나타나는지 이어 살펴보고자 한다.

환경 관련 정책 흐름의 변화

최근 세계경제포럼(WEF)은 '2025 세계위험보고서'(The Global Risks Report 2025)[114]를 발간했다. 세계위험보고서는 전 세계에서 900명 이상의 전문가가 참여해 세계가 마주하게 될 위험을 분석한 보고서로 2006년부터 매해 발간되고 있다. 보고서는 여러 위험을 다양한 관점에서 분석하고 있는데, 2025년 보고서에서는 환경에 대한 위기가 특히 강조되었다. 극단적 기상 현상(Extreme weather events)은 33개의 위험

114　https://www.weforum.org/publications/global-risks-report-2025/

중 두 번째 순위를 차지하고 있다. 환경 관련 이슈는 2년 이내 마주할 위험 상위 5개 중에 1개(극단적 기상 현상)가 올랐지만, 10년 이내 마주할 상위 위험 5개 중에서는 4개가 올랐다. 1위는 극단적 기상 현상이었고, 2위는 생물 다양성 손실과 생태계 붕괴(Biodiversity loss and ecosystem collapse), 3위는 지구시스템의 중대한 변화(Critical change to Earth systems), 4위는 천연자원 부족(Natural resources shortages)이다.

환경 위기는 이제 실체적으로 다가오고 있다. 2024년 지구의 평균 온도는 산업화 전보다 약 1.55도 상승했다. 2023년의 대기 중 이산화탄소 농도는 산업화 이전보다 151% 증가했다. 보험중개회사 갤리거에 따르면 2024년 전 세계적으로 자연재해로 인한 경제적 손실은 4,170억 달러에 달한다. 세계은행의 2024년 보고서는 최빈국들이 기후재난에 가장 크게 노출되어 있다고 보고하고 있다.[115]

이러한 환경 문제에 대한 국제적 합의와 대응 노력도 빠르게 전개되고 있다. 2015년 파리협정 채택 이후 각국은 2050 탄소 중립 선언과 국가별 감축 목표 수립 등 기후변화 대응에 나서고, 기업들도 과학기반 감축 목표(SBTi) 설정 등에 동참하며 변화해왔다. 또한 2030년까지 지구 육상과 해양의 30%를 보호하기로 한 쿤밍-몬트리올 생물 다양성 프레임워크 합의가 시도되고 있다. 얼마 전까지는 2024년까지 법적 구속력 있는 국제 플라스틱 오염 방지 협약을 체결하기 위한 노력이 있었다. 국내에서도 다양한 노력이 진행 중이다. 특히 환경 분야의 주요 정책 이슈는 다음의 세 가지로 요약된다.

---

115 채예빈, [데이터로 읽는 환경] 역대 가장 더웠던 2024년.. 자연재해 손실만 4170억 달러, 더나은미래, 2025.06.05.
https://futurechosun.com/archives/124490

(1) 기업의 기후 리스크 대응 지원 정책[116]

국내 기후위기 대응 정책의 시작은 2010년의 「저탄소 녹색성장 기본법」이다. 이후 2022년 「탄소중립기본법」(기후위기 대응을 위한 탄소 중립·녹색성장 기본법)이 발표되었다. 이는 5년 단위 법정 계획인 국가 기후위기 대응 계획의 근거가 되고 있으며, 현재는 제3차 국가 기후변화 적응 대책이 시행되고 있다. 2023년에 추가로 발표된 제3차 국가 기후위기 적응 강화대책에는 기후위기 정보 종합 플랫폼 구축과 산업계 지원 정책도 포함되어 있다. 환경부의 적응정보 종합플랫폼 구축으로 적응정보 제공 일원화, 전국 기후위험 지도 구축, 중요·노후 산업단지 홍수 등 기후위기 취약 지역 위험도 평가, 산업계 기후위험 분석 및 의사결정 지원체계 구축, 금융위원회의 금융 회사 기후 리스크 대응 강화, 산업통상자원부와 환경부의 기후위기로부터 산업계의 적응역량 확보 등이 그 내용이다.

(2) 산업부문의 자원순환 생태계 조성[117]

순환경제(Circular Economy)는 자원의 낭비를 최소화하고 폐기물을 줄이며 자원을 재활용·재생함으로써 지속가능한 발전을 도모하는 경제 체제이다. 이는 기존의 선형 경제(생산-소비-폐기)를 대체하며, 제품의 수명 연장, 자원 회수, 에너지 절감 등을 통해 탄소 중립 실현에도 기여한다. 순환경제는 생산, 소비, 폐기·재생 전 과정에서 자원 효율성을 높이는 전략을 포함하며, 제품 설계부터 재활용까지의 전 생애주기

---

116 다음을 참고하라. 기후 위기에 대한 기업의 기후 리스크 및 대응 방안1, WWF-Korea, 2024.03.
117 다음을 참고하라. 강석원, 산업 부문에서의 자원순환 생태계 조성을 바탕으로 한 순환경제, 탄소중립녹색성장위원회, 2024.09.30. https://www.2050cnc.go.kr/base/board/read?boardManagementNo=68&boardNo=4025&searchCategory=&page=1&searchType=&searchWord=&menuLevel=2&menuNo=131

를 고려한다.

세계 각국은 이를 실현하기 위해 정책과 기술 투자를 확대하고 있다. 미국은 재활용 시스템 개선과 산업별 폐기물 관리 정책을 통해 대응 중이며, 일본은 순환사회 구축 기본법을 통해 플라스틱, 건축자재, 전자폐기물 분야의 재활용을 강화하고 있다. 유럽연합(EU)은 플라스틱 전략과 폐기물 법규 개정 등을 포함한 순환경제 행동계획을 시행하며 선도적인 역할을 하고 있다.

한국은 'CE9 프로젝트'[118]를 통해 석유화학, 철강, 배터리, 전자 등 9대 산업의 순환경제 전환을 추진하고 있으며, 재활용 기반 확충, 순환 자원 제도 개선, 포장재 관리 등도 병행하고 있다. 그러나 2022년 기준 폐기물 재활용률은 43%에 머무르고 있어 일본 등 선진국과의 격차 해소가 필요하다. 기업도 이에 동참하고 있다. 대표적으로 SK에코플랜트는 폐배터리·플라스틱·전자폐기물 등 다양한 분야에서 리사이클링 사업을 확대하며, AI 기반 폐기물 플랫폼 'WAYBLE'[119]을 통해 순환경제 생태계를 선도하고 있다. 폐기물의 물리적 처리에 그치지 않고, 자원으로 전환해 새로운 비즈니스 가치를 창출하는 사례다. 향후 과제는 산업 간 협력 기반의 기술 개발, 합리적 정책 설계, 재활용 시장 활성화 등이다.

(3) 생물 다양성

현재 지구상의 수많은 생물종이 빠른 속도로 감소 중이다. 70,000여 종에 대한 조사에서 약 48%가 개체 수 감소 추세로 나왔다. 이를 과거

---

118 CE9프로젝트는 한국이 석유화학, 철강, 배터리, 전자 등 9대 산업의 순환경제(Circular Economy) 전환을 추진화는 사업을 말한다.
119 WAYABLE은 WAY+ABLE의 합성어로, 폐기물, 자원순환, 탄소관리 등을 디지털로 통합 관리하는 SK에코플랜트의 플랫폼 브랜드를 말한다.

6대 대멸종 수준으로 평가하기도 한다. 대표적으로 나무 종의 경우, 전 세계 나무의 38%가 멸종 위기다. 이는 전체 생태계 안정성을 크게 위협한다. 생물 다양성은 기후조절, 수자원 순환, 토양 비옥도, 식량·약품 공급 등 경제 활동 전반과 깊은 연관이 있으며, 전 세계 GDP의 절반 이상이 생태계 서비스에 의존한다는 보고도 있다.[120]

1972년 UN 인간 환경회의를 시작으로, 2015년 파리협정, 2018년 IPCC '1.5°C 특별보고서' 등을 통해 생물 다양성 보전과 기후 위기의 병행 대응 필요성이 강조되었다. 2022년 COP15[121]에서는 '지구의 30% 보호(30x30)', 2025년까지 200억 달러, 2030년에는 연간 2천억 달러 확보 등의 목표가 설정되었으며, COP16에서 로마 회의를 거쳐 Cali Fund[122] 설립 등 실질적 재원 조달 구조가 마련되었다.

기업은 생물 다양성 붕괴로 인해 원자재 공급 차질, 비용 증가, 규제 위험, 투자자·소비자 신뢰 저하 등 직·간접적 리스크에 노출된다. 이에 TNFD(자연 관련 재무공시체계) 등 이니셔티브에 참여해 생물 다양성 리스크를 정량적으로 분석·공시하려는 움직임을 보인다.

환경에 관한 관심 고조로 인한 사회공헌의 변화

이러한 환경 문제를 둘러싼 국제사회의 관심 증가는 2020년대 들어 환경 관련 기업 사회공헌에도 커다란 영향을 끼쳤다. 크게 세 가지로 변화 흐름을 요약할 수 있다.

---

120 https://www.hellot.net/news/article.html?no=96367
121 생물 다양성 협약 당사국들이 모여 보전·지속가능한 이용··유전자원 이익 공유에 관한 국제적 결정을 내리는 회의로, COP15는 2021~2022년 사이에 열렸다.
122 https://www.un.org/sustainabledevelopment/blog/2025/02/press-release-cop16/

(1) 강화된 환경 분야

ESG 전략체계가 기업 사회공헌 전반에 본격적으로 적용되면서, 환경 분야는 특히 두드러진 변화가 나타나고 있는 영역이다. 이는 ESG 공시가 기후 정보 공시를 중심으로 발전하고 있고, 사회 분야 공시는 유럽을 제외하면 제도화가 미흡하며 기업의 관심도 상대적으로 낮기 때문이다. 2020년대 이후 ESG에 대한 전반적인 관심이 환경 중심으로 형성되면서, 기업 사회공헌 프로그램 역시 환경 분야를 중심으로 변화하는 흐름이 감지되고 있다.

과거 사회공헌의 주요 대상이 사회 취약계층에 집중되었던 것과 달리, 현재는 기후변화, 생물 다양성, 순환경제 등 환경 이슈가 주요 항목으로 부각되고 있다. 환경 주제를 다루는 전담 조직이 신설되고, 기존의 사회공헌 내 환경 항목이 독립적 프로그램으로 발전하는 사례도 확인된다. 한 정보통신기업 ESG부서 팀장의 설명은 이러한 변화를 단적으로 보여준다.

"20년 전만 해도 사회공헌팀에서 다뤘던 범주에서 환경은 거의 없었으며, 대부분 사회 취약계층 지원 내용이었다. 그러나 현재는 환경도 상당히 중요한 카테고리로 부각되었다. 기후변화나 생물 다양성을 다루는 전담팀도 생겼고, 순환경제 캠페인도 벌이고 있다. […] 가장 큰 변화는 'E(환경)'가 앞에 더 강조된다는 점이다. 예전에는 사회공헌이라고 하면 대부분 'S(사회)' 중심으로 이뤄졌는데, ESG라는 개념이 부각되면서 이제는 친환경 경영이 선택이 아니라 반드시 달성해야 하는 명확한 의사결정 과제가 되었고, 그런 점이 가장 큰 변화라고 생각한다."

이렇듯 환경 이슈가 전략적 과제로 부상하고 있다. 또 다른 정유·에너지 기업 ESG부서 담당자도 다음과 같이 예산 배분의 변화에 대해 언급한다.

"ESG 경영이 확대되면서 환경 쪽에 관심을 가지게 되면서, 전경련 등의 사회공헌 지표를 보면 순수 복지 쪽에 대한 기업들의 기부 예산이 크게 줄어들었다."

환경 분야 강화의 주요 요인은 ESG 공시 및 평가 제도의 영향력 확대에 있다. 특히 기후 관련 공시인 TCFD를 비롯해 생물 다양성 리스크와 연계된 TNFD 프레임워크에 대한 기업의 대응 요구가 강화되었다. ESG 평가기관들도 생물 다양성 관련 프로그램 유무를 평가 항목에 포함시키고 있어, 기업으로서는 이를 사회공헌 프로그램을 통해 대응해야 하는 필요성이 커졌다.

환경 이슈에 대한 사회적 요구 또한 환경 프로그램 강화의 중요한 배경이 되고 있다. 어느 화장품 기업 ESG부서 책임자의 다음과 같은 말처럼 고객의 관심은 제품 외부 요소까지 포함한 환경 감수성으로 확장되는 중이다.

"상대적으로 우리 회사 고객은 환경 쪽에 관심이 좀 많다. 고객 중에 환경 자원봉사에 참여하고 싶다고 의견을 주는 고객들이 많다. 또 '패키지가 왜 이렇게 바뀌었어요?', '이런 굿즈나 패키지가 기업 가치와 맞는 행보인가요?'라고 지적하기도 한다."

또한 아래 언급되는 어느 엔터테인먼트 기업의 사례는 환경 인식이 기업 내부에서도 뿌리내리고 있음을 보여준다.

> "연초에 신년 키트(KIT)를 만드는데, 직원들이 지나가면서 '포장이 너무 과한 것 아닌가요?' 하고 문제제기한다. 내부적으로 ESG로 인해서 그런 인식은 높아지고 있다고 생각한다."

그 외에도 "최근에 환경 단체에서 핀테크 기업들이 환경에 관심을 가져야 된다고 문제제기했다."라고 하는 한 금융업 기업 측의 말이나 "글로벌 기업들을 벤치마크해보니 생물 다양성, 토양 회복 이슈 등을 잘하고 있었다. 이런 것들이 조금 영향을 미쳤다."라는 어느 화장품 기업 측의 발언은 외부 압력과 글로벌 트렌드가 환경 프로그램 강화의 계기가 되고 있음을 시사한다.

이러한 흐름 속에서 2020년대에 들어 기업의 사회 공헌 프로그램 중 환경 관련 활동이 본격적으로 강화되기 시작하였다. 기존 프로그램의 내용을 환경 주제로 전환하거나, 아예 환경을 핵심으로 한 신규 프로그램을 기획하는 경우가 늘었다. 어느 종합화학·소재 기업의 사례는 프로그램 개편의 방향을 잘 보여준다.

> "프로그램이 많이 바뀌었다. 예를 들어 화학교육이 다 ESG로 바뀌고, ESG 안에서도 생물 다양성, 해양생태계 등 청소년들이 알아야 하는 것을 더 전문적으로 기획하게 된다."

ESG 초기 단계였던 2020년대 초반에는 환경 주제에 대한 명확한 전략이 부족했던 기업들이 플로깅 등 비고적 실행이 쉬운 자원봉사 활동을 중심으로 접근하기도 했다. 이는 예산과 인력 등의 제약 속에서 환경 프로그램을 가시적으로 운영하려는 현실적인 선택이었다. 이후 시간이 흐르면서 기업들은 환경 프로그램의 전문성과 범위를 확장하기 시작했고, 나아가 기업의 가치사슬과 연계하여 추진하는 환경 프로그램도 일부 등장하게 되었다. 이와 같은 변화는 환경 이슈가 단순한 사회공헌 테마를 넘어 기업 전략과 실행의 핵심 영역으로 자리 잡고 있음을 의미한다.

(2) ESG 요구를 환경 사회공헌으로 접근

최근 ESG 전략이 기업의 전반적 경영 의사결정에 깊숙이 작용하면서, 환경 분야 사회공헌 활동이 강화되고 있다. 특히 ESG 성과와 연계한 사회공헌 전략 수립 과정에서, 환경 부문은 기후위기, 생물 다양성 손실, 자원 고갈 등과 관련된 글로벌 이슈의 심화로 인해 피할 수 없는 대응 과제로 간주되고 있다. 이에 따라 기업들은 사회공헌 영역에서도 환경과 관련한 활동을 보다 적극적으로 확대하고 있다. ESG 공시와 규제 방향이 환경 중심으로 전개되고 있는 만큼, 이러한 흐름은 앞으로도 지속될 가능성이 크다. 예컨대 한 운수업 ESG부서 담당자는 아래의 언급을 통해서 사회공헌이 ESG 과제와 경영 전략을 연결하는 실천 수단이 되고 있음을 보여준다.

"ESG 경영이 대두되면서 몇 가지 변화가 있다. 하나는, 사회공헌 프로그램 기획할 때도 아무래도 기후변화 대응 등에 집중해서 많이 한다. 예전 같았으면 일반적인 소외계층 대상 기부나 지원 프로그램을 했다면, 이러한 프로그램을 해도 기후변화 대응에 취약한 대상을 찾아 지원하는 프로그램으로 바꾸는 것이다. 또 하나는 환경 카테고리 안에서도 사업 측면에서 우리의 리스크를 어떻게 줄일 수 있는지, 또는 기여할 수 있는지를 찾는다. 예를 들면 운송 차량을 전기차로 교체한다든지, 우리 회사의 물류 시스템을 활용해서 기존에 순환이 잘 안 되고 있는 물질들을 선순환할 수 있게끔 하는 활동들을 많이 하고 있다."

환경 분야의 사회공헌이 강화된 것은 환경 관련 ESG 요구에 대응할 때, 사회공헌 차원에서 접근하기가 쉽다는 점이 작용하고 있다. 대표적인 예가 자원봉사 프로그램의 환경 분야로의 확대다. 과거에는 자원봉사가 주로 취약계층 대상의 돌봄, 교육, 정보격차 해소 활동에 집중되었지만, 최근에는 플로깅, 가드닝, 사내 친환경 캠페인 등 환경 자원봉사로 확장되는 양상이 뚜렷하다. 이러한 변화는 ESG 환경경영의 실행이 기업 차원에서는 경영 프로세스, 공급망, 제품 전환 등 구조적인 변화가 필요한데 이는 단기간에 실현하는 것이 어려운 반면, 사회공헌은 상대적으로 비용과 리스크가 낮고 가시적인 효과를 내기 쉬운 수단이기 때문이다.

이에 따라 ESG 과제를 사회공헌 프로그램을 통해 우회적으로 실현하려는 접근이 늘고 있다. 한 중공업·에너지 기업 ESG부서 담당자는 사회공헌이 ESG 실행의 일종의 전위적 역할을 한다고 평가했다.

"사실 TCFD 등 ESG 공시 수준에 아직 미흡한 부분이 많기 때문에, 일단은 사회공헌 형태로 관련 사업들을 추진하는 것이 단기적으로는 지속될 것 같다."

어느 엔터테인먼트 기업 측은 다음과 같이 설명한다.

"우리 회사는 원래 사회공헌팀으로 출발했다가 4년 전부터 ESG까지 추진하고 있다. 다만 우리는 '환경' 영향이 아주 크지는 않은 업종이어서 ESG 평가에서도 환경에 대한 가중치는 좀 낮은 편이다. 그렇지만 환경 문제는 전 지구적으로 관심을 기울여야 하는 주제이니, 사회공헌 관련해서도 한 3년 전부터는 환경 주제를 넣기 시작했다. 여러 가지 사업 중에 자원봉사는 자율적으로 다양하게 해 볼 수 있는 여지가 많아서 플로깅, 가드닝 등 환경 자원봉사부터 시작했다. 이제는 생물 다양성 주제와 관련 도시 정원 조성 및 보호종 식재를 하고 있고, 대학교 연구실과 협업해서 토양 개선 연구도 진행하고 있다."

이러한 흐름은 향후 환경 분야 사회공헌이 더욱 확장될 것이라는 가능성을 시사한다. 환경 영역에서 사회적 가치를 창출하려는 노력은 긍정적이지만, 동시에 현재와 같은 접근이 ESG가 제기하는 본질적 ESG 경영 방향이나 구조적 과제를 충분히 해결하는 방식으로 기능하는지에 대해서는 점검도 필요하다. ESG 공시 기준의 고도화, 이해관계자의 기대 변화, 글로벌 규범과의 정합성 등을 고려할 때, 환경 사회공헌은 단기 대응에서 전략적 통합으로 전환되어야 할 시점에 와 있다.

(3) 생물 다양성에 대한 관심 증가

환경 분야 사회공헌이 강화되고 있는 가운데, 2020년대 중반 들어 주제 측면에서 가장 뚜렷하게 나타나는 변화는 생물 다양성에 대한 관심의 증가이다. 2023년을 기점으로 다수의 기업이 생물 다양성 이슈에 주목하기 시작했으며, 일부 기업은 해당 주제를 기존 환경 사회공헌의 일환으로 시도하거나, ESG 대응 차원에서 신규 프로그램으로 기획하고 있다. 이러한 흐름은 환경 사회공헌이 기후변화, 자원 순환과 더불어 생물 다양성까지 크게 세 가지 축으로 발전하고 있음을 보여준다.

현재는 철새 보호, 람사르 습지 캠페인 등 간접적 활동을 중심으로 생물 다양성 보전에 기여하려는 시도가 나타나고 있다. 어느 정유·에너지 기업 측의 언급은 이러한 초기 접근을 보여준다.

"환경 관련 다양한 분야는 공장 쪽에서 좀 더 민감하게 대응하고 있는 상황이고, 사회공헌 쪽에서는 직접적인 것보다 간접적으로 생물 다양성에 기여하려고 노력하고 있다. 예를 들면 철새 천연기념물 보호, 람사르 습지 보호 캠페인 등을 통해 생물 다양성 보존에 기여를 하고 있다."

이는 여러 기업에서도 유사하게 접근하고 있는 것으로 나타났다. 한 중공업·에너지 기업 측의 설명은 이러한 흐름을 보여주는 좋은 사례다.

"플로깅, 일회용품 제로 캠페인 등 캠페인성 활동들을 진행하다가, 한 2년 전부터는 생물 다양성 이슈가 부각되면서 사회공헌 사업으로 생물 다양성에 기여할 수 있는 게 무엇일까 고민하기 시작했다. 지난해부터는 사업장 지역을 중심으로 멸종 위기종 서식지 보존 프로그램을, 그리고 올해는 회사 비즈니스에 중요한 물 이슈 관련 습지 보존 연구를 지원하는 형태로 사회공헌을 많이 전환하고 있다."

생물 다양성 프로그램이 사회공헌 안에서 주요 주제로 부상하게 된 가장 결정적인 배경은 ESG 공시 기준의 변화이다. 특히 TNFD의 등장 이후, 자연자본 리스크를 체계적으로 공시해야 한다는 흐름이 강화되면서, 기업들은 생물 다양성을 더 이상 부차적인 항목으로 다루기 어렵게 되었다. 한 운수업 기업 측의 언급은 기업들이 외부 평가와 공시 요구에 실질적으로 반응하고 있음을 보여준다.

"TNFD 관련하여 사업 리스크를 평가하고 공시해야 하고, 한국기업지배구조원 등 ESG 평가에서도 생물 다양성 관련해서 프로그램을 하고 있느냐를 묻고 있는 부분이 있어서 사실 안 할 수는 없는 상황이다."

다른 기업 역시 비슷한 접근을 보여주고 있다. 그러나 한편으로는 실질적인 실행력과 데이터 기반의 투명한 성과 관련 고민이 있음을 알 수 있다. 어느 플랫폼서비스 기업 측의 설명이 이에 대해 잘 말해준다.

"한국ESG기준원의 ESG 평가 문항에 2023년부터 새로 생긴 것 중 하나가 생물 다양성 활동 평가다. 기존에는 기부와 같은 간접 활동과 꿀벌을 키우는 것처럼 직접 활동으로 나눴는데, 한 단계 더 기준이 강화되었다. 정량적 성과를 공개해야 하는 것이다. 예전에는 동물종 보존 활동을 했다 하면 되었지만, 이제는 국가에서 지정한 보전 가치가 있는 종인지, 그리고 단순한 활동이 아닌 성과를 수치로 계량화해서 외부에 공개해야 한다. 기업 입장에서는 단순히 형식적인 활동이나 제도 정비 수준을 넘어서 실질적인 실행력과 데이터 기반의 투명한 성과를 공개해야 하는 것이기에, 많은 기업이 발등에 불이 떨어졌다. 그래서 생물 다양성 주제로 사회공헌 프로그램화 하려는 기업들이 많아졌다."

앞으로 생물 다양성 주제를 다루는 사회공헌은 기부나 캠페인 차원을 넘어 기업의 가치사슬과 연계되거나, 또는 그 연계가 약하더라도 보다 전략적이고 지속가능한 방향으로 확대될 가능성이 있다. 예컨대 멸종위기종 보호, 생태계 복원, 도시 생물 다양성 확대 등은 지역사회와의 연계를 강화할 수 있는 주제이며, 탄소중립 이행 전략과도 연결될 수 있다.

그러나 현재 ESG 공시나 평가 기준이 요구하는 내용과 생물 다양성 관련 사회공헌이 지향하는 사회적 가치 간에는 다소 차이가 존재한다. 사회공헌은 본질적으로 이해관계자 가치 제고를 강조하는 경향이 강한 반면, ESG 공시는 정량화된 지표를 통한 기업 가치와의 연계를 요구하기 때문이다. 따라서 향후 기업들은 생물 다양성 프로그램을 ESG

전략과 정렬시키되, 사회공헌 고유의 맥락과 균형을 고려한 접근을 어떻게 할 것인지에 대한 방향 모색이 활발할 것으로 예측된다.

사회 분야 정책 환경의 변화

사회 분야의 경우 환경 분야보다 복잡한 양상을 띠고 있다. 환경 분야의 경우는 대표적인 이슈로 기후 위기, 순환 경제, 생물 다양성이 제기되고 있는데, 이는 기업 ESG 관점에서도 중요한 문제이기에 ESG경영이 강화되어도 이슈 관련 혼선은 없다. 그러나 사회 분야의 경우는 사회 문제의 범위가 넓은 것도 있지만, 일반적인 사회 문제와 ESG가 접근하는 사회 문제 간에 다소간에 차이가 있어 복잡성이 증대되었다. 따라서 일반적인 사회 분야 관련 환경 변화를 살펴본 후, 덧붙여 ESG로 인한 이슈 변화까지 함께 살펴봐야 한다.

일반적인 사회 문제 측면에서는 코로나19 팬데믹과 글로벌 경기 침체로 인한 양극화 심화, 인구 고령화와 청년 실업 같은 국내 사회 문제가 지속적으로 부각되어 기업의 대응이 요구되고 있다. 사회 분야에서는 UN의 지속가능발전목표(SDGs)에 발맞춰 빈곤, 교육, 보건, 양성평등 등 여러 의제가 국제 사회의 공동 과제로 추진되고 있으며, 우리 사회에서도 저출생·고령화 대책, 지역 불균형 해소 등의 노력이 이뤄지고 있다.

(1) 인구구조의 변화

한국의 총 출산율은 2023년 기준 0.72명으로, OECD 평균 1.58명의 절반에도 못 미치는 초저출생 상태이다. 2024년 출생아 수는 23만 8,300명으로 전년 대비 3.6% 증가했지만, 여전히 인구 감소와 고령화

문제는 심각하다. 고령화 속도도 급격하다. 2045년에는 세계에서 가장 고령화된 국가가 될 것으로 예상되며, 2067년 고령 인구 비율은 46.5%에 달할 전망이다.

저출생·고령화와 함께 생산가능인구(15~64세)가 줄어들어, 경제성장률 저하와 세수 기반 악화가 우려되고 있다. 연금·복지 재정 부담도 있다. 당초 국가연금 기금 고갈 예상 시점이 2056년이었고, 최근 개혁을 통해 2071년으로 연장되었으나 여전히 불확실성이 남아있다. 한편 사회복지 서비스 부담은 증가할 전망이다. 의료·돌봄 수요 급증, 노인 빈곤, 소외계층 증가 등 사회문제의 심화가 예상된다.

정부와 지자체는 관련 대응을 위해 노력 중이다. 정부는 2024년 '인구 국가비상사태'를 선포하고, 주거·육아·돌봄·일자리 등 3대 분야 중심 정책을 발표했다. 다양한 도구들이 모색되고 있다. 예비부부·신혼가정 주거 안정, 아빠 육아문화 확산, 맞춤형 일·가정 양립제도 도입 등이 그 예다. 기업도 인구구조의 변화에 대응하고, 저출생·고령화로 인한 문제를 해결하기 위해 노력 중이다. 현대차 등 대기업은 난임 치료휴가 확대, 임신·출산 지원 등을 도입했고, 서울시와 공공기관도 지원 정책을 진행 중이다.

단기적인 정책 성과는 일부 확인되지만, 본질적 전환을 위해서는 주거·교육·고용·돌봄의 사회 시스템 전환, 기업의 노동문화 혁신, 사회 인식 변화, 제도적 뒷받침 강화가 함께 이루어져야 한다. 이러한 전환에 대한 요구는 기업 사회공헌과도 연계될 전망이다.

(2) 안전사회 전환

세월호, 이태원, 무안 여객기, 오송 지하차도 참사 등을 경험하며, 한국은 민간과 정부 모두에게서 안전문화 정착, 안전사회로의 전환에 대한 고민들이 깊어지고 있다. 2022년 이태원 참사 이후 정부는 범정부적 차원의 '국가안전시스템 개편 종합대책'을 추진하고 있다. 관련하여 인파 안전관리 체계, 디지털 기반 위험 예측, 구조·소방·지자체 간 대응 소통 강화, 피해 지원 체계 정비가 진행 중이다. 특히 범정부 재난안전 R&D 강화를 위해 2024년에는 '제4차 재난·안전관리 기술개발 종합계획'이 수립되어, 기후변화·신종 재난에 대응하기 위한 과학기술 기반 연구가 추진 중이다. 또한 2024~2028년을 대상으로 한 '제1차 재난안전산업 진흥 기본계획'이 발표되었다. 관련 법제도도 부분적으로 정비되고 있다. 재난 및 안전관리 기본법 일부 개정을 통해, 주최자 없는 행사도 지자체가 안전 의무를 지도록 하고, 지역 축제 등에서의 안전 계획, 'Chief Safety Officer' 제도 등 재난 대응 조직과 책임 체계를 강화하고 있다. 기업도 이에 발맞추어 안전문화 차원의 대응과 현장기술시스템 양방향에서 전환을 준비하고 있다.

재난은 대형화·복합화 추세이므로, 대응 중심에서 예방 중심으로 체계를 전환하고, 초기 대응 역량을 강화해야 한다. 또한 기술과 결합한 스마트하고 체계적인 안전관리 역시 필요하다. GIS(Geographic Information System), CCTV, IoT(사물인터넷) 기반 실시간 모니터링 체계가 도입되고 있으나, 전국 단위 네트워크 통합과 표준화, 보안 관리가 보완되어야 한다. 안전은 기업과 공공기관이 관리해야 할 최대의 리스크로 부상하고 있다. 특히 안전 이슈가 이주배경노동자, 하청노동자 이슈와 맞물리며 사회적인 갈등으로의 전환 속도도 빨라지고 있다.

(3) 일자리 문제

실업 문제는 만성화되었다. 2025년 3월 기준 청년 실업률(15~29세)은 7.5%로, 최근 4년 내 가장 높은 수준이며, 이는 전체 실업률(약 2.9%)의 두 배 이상이다. 같은 기간 20~29세 고용률은 44.8%까지 떨어졌다. '니트'[123]로 불리는 경제활동 비참여 청년층도 급증하여, 20대 후반에서만 약 69만 명이 "쉬고 있는 중"이라고 응답한 설문 결과도 있다.

일자리에서의 불안정 고용과 경제적 불평등 문제 역시 심각하다. 임시직과 저임금 비정규직은 노동시장 내 불안정 일자리의 핵심 이슈로, 노동자의 34.8%가 이런 고용 문제를 최우선 과제로 보고 있다. 일자리 불안정과 경제적 불평등은 일자리를 찾고자 하는 욕구를 감소시켜 실업문제와 악순환 관계를 맺을 수 있어 그 심각성이 더 크다.

정부는 공공부문 채용 확대 및 일자리 안전망을 핵심적인 정책 기조로 내세우고 있다. 공무원 신규채용 확대, 공공부문 비정규직 정규직 전환, 사회 서비스 공단 설립 등 공공 분야가 '마중물' 역할을 수행한다는 것이다. 지자체는 지역 일자리 사업을 통해 지자체 주도 일자리 창출 확대를 추진 중이다.

일자리 문제가 주요한 사회문제로 대두되면서 기업들도 여러 대응을 하고 있다. 청년 대상 인턴십을 확대하거나 직무기술 교육, 직업교육 활성화 프로그램 등을 제공해 전문성 기반 취업을 지원하고 있다. 또한 정부와 함께 저리 학자금 대출, 교육비 지원, 직업훈련 수당 및 참여 인센티브를 통해 구직자 역량 강화 및 노동시장 진입 촉진을 추진하고 있다.

정책에 따라 단기적으로 성과가 나타날 때도 있으나, 청년 실업은 구조적인 문제로 변화하고 있다는 경고가 잇따르고 있다. 특히 고학력 청년 중심의 취업난은 여전하며, 불안정 고용과 임금 격차 문제도 여전하다. 세대·성별 간 고용 격차는 이미 구조적 문제로 지적되어 왔으며, 청

---

123 니트(N.E.E.T)는 '교육도 받지 않고, 고용(일자리)도 없으며, 직업훈련도 받지 않는 사람'을 뜻하며, 어휘 자체는 해당 영어 표현(Not in Education, Employment, or Training)의 이니셜이다.

년뿐 아니라 여성, 장년·노인층에 대한 맞춤대응이 요구된다.

일반적인 사회 문제의 변화 외에 ESG가 바라보는 사회 분야 이슈도 함께 살펴봐야 한다. ESG 관련 가장 영향을 끼치고 있는 것은 글로벌 지속가능성 3대 공시인, CSRD[124], ISSB, SEC[125]다.

CSRD(EU)는 유럽연합의 기업 지속가능성 보고 지침(CSRD)으로 이중 중대성 접근을 도입하여 기업이 환경·사회에 끼치는 영향과 금융적 영향을 모두 고려해 공시하도록 요구한다. CSRD 하에서는 유럽 지속가능성 보고기준(ESRS)[126]을 따라 상세한 공시를 해야 하며, 사회(S) 분야에서도 폭넓은 주제가 다뤄진다. 예를 들어 직원, 가치사슬상의 근로자, 영향을 받는 지역사회, 소비자 및 최종 사용자에 관한 표준이 마련되어 있다. 이에 따라 임금·근로조건, 산업안전, 다양성과 차별 금지, 아동·강제노동 및 지역사회 영향, 소비자 안전·프라이버시 등 폭넓은 사회 이슈를 공시해야 한다. CSRD 공시는 EU 역내 다기업 등에 법적으로 의무화되어 2025년부터 단계적으로 시행되며, 위반 시 벌금 등 제재가 부과될 수 있다.

ISSB IFRS[127] S1(국제)은 국제지속가능성기준위원회(ISSB)의 지속가능 관련 재무정보 공시 일반요구사항(FRS S1)을 갈하는 것으로, 단일(재무) 중대성 원칙에 기반한 글로벌 공시 기준이다. 2024년부터 발

---

124 CSRD(Corporate Sustainability Reporting Directive)는 유럽연합이 제정한 「기업 지속가능성 보고 지침」으로, 일정한 규모 이상의 기업에 지속가능성 정보 공시를 의무화한 규제를 의미한다.

125 SEC(U.S. Securities and Exchange Commission)는 미국의 「증권거래위원회」로, 투자자 보호와 공정한 증권시장을 위해 기업의 재무 및 공시 규제를 감독하는 기관이다.

126 ESRS(European Sustainability Reporting Standards)는 CSRD 이행을 위해 개발된 「유럽 지속가능성 보고 기준」으로, 환경·사회·거버넌스 각 영역의 구체적인 공시 항목과 지표를 규정한다.

127 IFRS(International Financial Reporting Standards)는 국제회계기준재단(IFRS Foundation)에서 제정한 「국제재무보고기준」으로, 전 세계적으로 통용되는 재무·지속가능성 공시의 기본 틀을 제공한다.

효된 IFRS S1은 투자자 등 재무정보 이용자 관점에서 기업 가치에 중대한 지속가능성 관련 위험과 기회를 공시하도록 한다. 별도의 사회 분야 목록을 두지는 않으나, 기업은 자사 산업에 관련된 지속가능성 주제들을 식별해 공시해야 하며 여기에는 인권, 노동관행, 고객·지역사회 관계 등의 사회 이슈도 포함될 수 있다. IFRS S1 자체는 각 국가의 채택 여부에 따라 법적 구속력이 결정되며, 현재는 여러 국가에서 자율적 또는 규제적 적용을 논의하고 있어 사실상 글로벌 기준의 역할을 한다.

미국 SEC(미국)는 미국 증권거래위원회(SEC)로 재무적 중대성에 기반한 전통적 공시 체계를 유지하고 있다. 현재까지 EU처럼 통합 ESG 공시 의무는 도입되지 않았으며, 특히 사회(S) 분야 공시는 원칙적으로 기업이 재무적 측면에서 중요하다 판단하는 정보를 자율 공시하는 구조다. 또한 아동노동, 인권침해 등 사회적 리스크도 기업의 재무 성과나 평판에 중대한 영향을 미칠 경우 기존 위험요인(Risk Factors)이나 소송 공시 등에 포함하도록 되어 있다.

ESG 공시 기준은 기업 사회공헌에도 커다란 영향을 끼치고 있다. 이에 ESG 공시가 주요하게 바라보는 중요 사회 이슈 역시 추가적으로 검토해봐야 한다.

(4) 아동노동

한때 감소 추세를 보이던 아동노동 문제가 2020년대를 들어 다시 국제적 이슈로 부각되었다. 최근 국제노동기구(ILO) 통계에 따르면 전 세계 아동노동 인구는 2020년에 약 1억 6,000만 명에 달해, 4년 전보다 증가하는 추세를 보였다. 특히 절반 가량의 아동이 광산·농장 등 위험하고 불법적인 업무에 종사하고 있어, 팬데믹 등으로 인한 경제적 어려움이 아동을 노동 현장으로 내모는 현상이 심각한 것으로 평가된다. 이러한 아동노동은 개도국의 카카오·커피 농장부터 선진국의 공급망

하위단계까지 광범위하게 존재하며, 기업의 윤리적 책임과 평판 리스크로 연결되고 있다. 국제사회는 2025년까지 아동노동 근절을 지속가능발전목표(SDGs)로 삼고 각국의 대응을 촉구하고 있다. 이에 따라 각국 정부는 수입상품에 대한 강제·아동노동 금지법을 도입하거나 기업에 공급망에서 아동착취 여부를 공개·시정하도록 요구하고 있다. 기업들도 자체 정책으로 '아동노동 제로' 선언, 공급업체 행동강령 도입, 현장 감사 등을 통해 어린이의 권리를 보호하려는 노력을 강화하고 있다. 아동노동 이슈는 ESG의 사회적 책임 중 가장 기본적인 인권 과제로서, 2020년대 들어 투자자와 소비자 모두 기업에 엄격한 대응을 요구하는 대표 사례가 되고 있다.

(5) 공급망 실사(Due Diligence)

글로벌 공급망을 통한 비즈니스가 확대되면서, 기업이 자신의 가치사슬 전반에 걸쳐 인권 침해를 방지할 책임이 강조되고 있다. 2020년대에 들어 가장 두드러진 변화 중 하나는 공급망 실사법제의 도입이다. 유럽을 중심으로 다국적 기업에 대해 공급망에서 발생하는 인권·노동·환경 문제를 식별하고 예방·완화하는 실사 의무를 법으로 부과하기 시작했다. 예를 들어 독일은 2023년부터 공급망 실사법을 시행해 일정 규모 이상의 기업으로 하여금 국내외 공급망의 강제노동, 아동노동, 안전사고 등을 점검하고 보고하도록 규정했고, 유럽연합(EU)에서는 중대규모 이상의 기업 대상 글로벌 공급망 인권·환경 실사를 의무화하는 지속가능성 실사지침(CSDDD)[128]이 2024년 7월 발효되었다. 이에 EU 각 국가는 2027년 7월까지 국내법을 만들어야 한다. 이는 기업의 법적

---

128 CSDDD(Corporate Sustainability Due Diligence Directive)는 유럽연합이 채택한 「기업 지속가능성 실사지침」으로, 중대 규모 이상의 기업에 대해 인권·환경 실사를 의무화하고 가치사슬 전반에서 부정적 영향을 예방·완화하도록 요구하는 규제이다.

리스크로 떠올라, 기업들은 공급망 관리 체계를 한층 고도화하고 있다. 주요 기업들은 공급업체를 선정할 때 사회·환경 기준을 포함하고 정기적인 현장 감사(audit)를 수행하며, 위험도가 높은 원자재나 지역에 대해서는 전문기관의 실사 보고서를 확보하고 있다. 또한 문제가 발견될 경우 즉시 시정 조치를 하고 피해자 구제에 나서는 절차를 마련하는 등, 공급망 관리를 기존의 자율적 CSR 영역에서 규범적 준수 영역으로 전환하고 있다. 결국 공급망 실사는 2020년대 ESG 경영의 필수 요소로 자리잡았으며, 기업의 글로벌 경쟁력과 지속가능성을 판단하는 핵심 지표가 되고 있다.

(6) 다양성·형평성·포용성(DEI)

다양성·형평성·포용성(DEI)은 2020년대에 기업 경영과 ESG 평가에서 빠르게 중요성이 높아진 사회 이슈이다. 다양성(Diversity)은 인종, 성별, 연령, 장애 등 배경이 다양한 인재를 포용하는 것을 의미하고, 형평성(Equity)은 직원 모두가 공정한 기회와 보상을 받을 수 있도록 불균형을 해소하는 것이다. 포용성(Inclusion)은 조직 내 모든 구성원이 존중받고 동등하게 참여할 수 있는 문화를 조성하는 것을 뜻한다. 2020년 이후 전 세계적으로 DEI 관련 논의와 요구가 급증하였고, 이는 ESG 전반에 대한 관심 상승과 맥락을 같이 한다. 많은 글로벌 기업들이 이사회와 경영진에 여성과 소수자 비율을 늘리고, 전사적인 DEI 정책을 선언하며, 임금 격차 해소를 위한 투명한 공개와 개선 계획을 수립하고 있다. 이러한 노력은 단순한 도덕적 책임을 넘어 기업의 경쟁력과도 연결된다. 다양한 배경의 인재가 존재할 때 혁신과 생산성이 높아지고, 직원들의 만족도와 충성도가 향상되는 효과가 있다는 연구 결과가 다수 발표되었다. 투자자와 ESG 평가기관들도 DEI를 중요한 평가 요소로 반영하고 있다. 예를 들어 MSCI[129] 등의 평가지표에는 경영진 다양성, 여성 임원 비율, 성별 임금격차 공개, 차별 사건 기록 여부 등이 포함되며, DEI 성과가 우수한 기업은 높은 평점을 얻는다. DEI 이슈는 ESG의 사회 영역 중에서도 현대적인 노동환경과 기업문화 혁신을 상징하는 주제로서, 2020년대 기업들의 지속가능경영 보고서에서 빠지지 않는 핵심 항목이 되고 있다.

과도기를 맞게 된 사회 분야의 사회공헌

2010년대까지만 해도 기업들은 일반적 사회 문제의 트렌드를 분석하고 기업 역량을 활용하여 차별적인 문제해결 방안을 모색했다. 대표적으로 고령화, 저출생, 일자리, 안전, 사회 격차 등의 사회 문제를 고민했다. 그러나 2020년대 ESG가 강화되면서 기업의 지속가능경영 주요 이슈로 다양성, 공급망 인권, 디지털 접근성, 공정 임금 등의 이슈가 부각되었다. 그동안 사회공헌의 접근 가치 중 하나인 브랜드 이미지 평판은 추상적이고 손에 구체적으로 쥐어지지 않으나, ESG 공시 기준 및 ESG 평가는 구체적인 사회적 규범으로 다가오니, 2020년대 들어 기업 사회공헌은 이 양자 사이에서 혼선을 빚고 있다.

환경 분야에서는 일반적인 이슈와 ESG가 접근하는 이슈가 기후 위기, 순환 경제, 생물 다양성으로 거의 동일하다. 우리나라 기업들이 그동안 사회 분야에 주로 집중해왔기에 이러한 환경 문제에 어떻게 접근할 것인가에 대한 고민은 많을 수 있으나, 최소한 주요 이슈에 대해서는 혼선이 거의 없다. 그러나 사회 분야는 다른 환경이 놓여 있다. 현재

---

[129] MSCI(Morgan Stanley Capital International)는 글로벌 금융시장 지수와 분석 도구, ESG 평가를 제공하는 선도적 투자 리서치 및 데이터 서비스 기관이다.

는 과도기이나, 기업 ESG 및 사회공헌 관계자들의 인터뷰 결과를 보면 점차적으로 ESG가 제기하는 사회 이슈 중심으로 이동할 것으로 예상되고 있다.

(1) ESG 핵심 주제와 연계 쉽지 않은 '사회' 영역

코로나19 시기 많은 기업이 사회안전망 보완에 기여하고, 지역사회 양극화나 청년 실업 문제해결을 위해 일자리 창출형 사회공헌을 확대하거나, 교육 및 역량강화 프로그램에 투자하는 등 사회 분야는 오랜 기간 기업 사회공헌의 대표 영역으로 자리매김해왔다. 이러한 흐름은 2020년대에도 일정 부분 지속되고 있으며, 일부 기업은 사회적 투자와 사회적 가치 창출의 정교한 모델을 구축하려는 시도도 함께 진행하고 있다.

그러나 ESG가 강화되면서 환경 분야에서 비교적 뚜렷한 전략 전환과 제도적 정비가 이루어진 것과 달리, 사회(S) 영역에서는 변화의 방향성과 연계 방식에서 다소 다양한 흐름이 전개되고 있다.

기업들은 사회공헌이 ESG의 사회(S) 영역과 가장 밀접하게 닿아 있는 활동이기 때문에 ESG 전략과의 정합성이 자연스럽게 형성될 것으로 기대했으나, 실제 현장에서는 오히려 ESG의 사회 항목과 사회공헌의 연계가 쉽지 않다는 평가가 많다. ESG 공시 기준 중 사회 공시는 아직 명확한 틀과 요구가 부족하며, 사회공헌의 활동 영역은 매우 광범위하여 ESG 프레임으로 포괄하거나 정렬하기 어려운 구조를 갖고 있기 때문이다. 또한 ESG의 사회 영역에서 중요하게 다루어지는 이슈가 인권, 공급망 관리, 다양성과 포용성(DEI) 등 비교적 제도적이고 기업경영 운영 개선과 연계되는 과제인 반면, 사회공헌은 대체로 기업 외부 사회를 대상으로 하는 공익활동이라는 점에서 접점 형성이 광범위하게 일어나지 않고 있다. 실제로 한 플랫폼서비스 ESG부서 팀장은 다음과 같은 발언을 통해 사회공헌과 ESG 사회 영역 사이의 합치점을 찾는 것이 어렵다고 설명했다.

"ESG 관점에서 보면 인권, 공급망 같은 사회 아젠다들이 대체로 내부적으로 제도화하고 규정화해서 실행해야 되는 내부 이슈랑 연관이 크다. 인권만 해도 ESG적으로 요구받는 것은 체계가 어떻게 되는지, 인권영향평가를 해서 개선을 하는지 등 전체적으로 연결되는 하나의 프로세스이다 보니까 훨씬 민감하고 사회공헌화하기에 쉽지 않다. 환경 분야처럼 어떤 하나의 아젠다가 사회공헌으로 이어지기는 쉽지 않다."

이러한 상황은 사회공헌이 ESG의 일환으로 정렬되기 위해 단순히 기존 프로그램을 ESG 용어로 포장하거나 명분을 강화하는 수준에 머물기보다는, 사회 영역 내 ESG 아젠다에 대한 보다 명확한 해석과 조율이 필요함을 시사한다. 특히 사회 분야에서 기업의 사회적 책임을 ESG 전략 수준에서 재정의하기 위해서는, 인권과 노동, 다양성과 포용, 지역사회 발전 등 각 주제를 기업의 본업, 이해관계자 구조, 공급망 체계와 어떻게 연계시킬 것인지에 대한 고민이 우선되어야 할 것이다.

(2) 사회공헌 대상 및 이해관계자 확장

'사회' 영역에서 ESG 핵심 주제와 연계가 쉽지 않지만, 그럼에도 불구하고 ESG는 사회 분야에서도 분명한 영향을 미치고 있다. 특히 대표적인 변화는 사회공헌에서의 이해관계자 정의와 접근 방식에서 확인된다.

과거 사회공헌은 주로 사회적 취약계층을 주요 수혜 대상으로 삼고, 일반 대중을 대상으로 메시지를 전달하거나 이미지 개선을 도모하는 방식이 주류를 이루었다. 그러나 최근에는 기업의 비즈니스와 밀접한 연관이 있는 이해관계자를 중심으로 프로그램을 기획하고 추진하는 사례가 늘어나고 있으며, 이는 ESG 관점에서 이해관계자의 중요성이 더욱 강조되고 있기 때문이다.

이러한 변화는 단순히 수혜 대상의 확장을 넘어, 기업의 전략 방향과 정렬된 사회공헌 프로그램 설계로 이어지고 있다. 한 금융기업 ESG부서 담당자는 전통적 취약계층에서 벗어나 실제 비즈니스 운영과 관계된 집단을 주요 이해관계자로 간주하고 있음을 말하였다.

"이제 사회공헌 영역이 다소 확장되었다. 예를 들어 배달 앱을 통해서 영세 소상공인을 지원할 수 있는 다양한 사회공헌 활동을 하고 있다. 영세 소상공인에게 할인 쿠폰을 지원하고, 매출액을 분석해서 영업을 도와주고 있다."

또 어느 플랫폼서비스 기업 측에서는 사회공헌 전략이 경영 전략과 연계되어 설계되고 있음을 시사하고 있다.

"[기업은] 최근에 회사 전체적으로 상생경영 방향을 정해서, 다섯 가지 이해관계자 군을 설정했다. 예전처럼 지역사회도 있지만 소상공인 등 회사의 비즈니스와 연계된 이해관계자를 포함하고 있어서, 사회공헌을 해도 그 방향으로 초점이 맞춰지고 있다."

이러한 변화는 프로그램 기획과 실행에도 영향을 미친다. 예컨대 모빌리티 산업에 종사하는 기업은 운수업 종사자와 그 가족을 대상으로 한 맞춤형 프로그램을 운영하고 있다. 한 플랫폼서비스 기업의 사례는 전통적인 사회공헌 대상이 기업 이해관계자 중심으로 이동하고 있음을 보여준다.

> "모빌리티 회사인 K기업 사회공헌 프로그램 중에 운수업 종사자를 지원하는 프로그램이 있는데, 해당 기업의 이해관계자로부터 굉장히 만족도가 높고 이해관계자 평판에 긍정적이다. 해당 기업은 운수업 종사자 자녀 대상으로 하는 코딩 교육도 하고 있다. 옛날 같았으면 하지 않았거나, 하더라도 그냥 저소득 가정 대상으로 했을 것인데, 현재는 이해관계자 관점에서 프로그램을 접근하고 있는 것이다."

이해관계자의 정의가 확장되면서 사회공헌 파트너십 또한 변화하고 있다. 과거에는 사회공헌 협력의 주체가 주로 정부나 시민사회단체(NGO)에 집중되었다면, 현재는 학계, 전문가 그룹, 환경 단체, 스타트업 등으로 협력 주체가 다양화되고 있다. 한 화장품 기업 측의 설명은 협력의 전문성과 전략적 정합성을 중시하고 있음을 보여주고, 이어서 사회공헌을 둘러싼 협력 구조의 재편을 강조한다.

> "파트너십이 많이 다양화되었다. 기존에는 사회공헌 프로젝트 파트너십이 정부 기관, 소비자 등이었다면, 이제는 학계 등 전문가 집단까지로 많이 확장되었다. 과학적인 검증이나, 지속가능한 활동 측면에서 긍정적 요소로 작용하는 것은 분명하다.
> […]
> 다양한 이해관계자들과 함께 하는 방향으로 변화했는데, 이를테면 동종 업계도 아닌데, 환경과 관련된 스타트업과 가치사슬과 연계된 협력을 하는 사례도 있다. 이렇듯 여러 업계, 학계, 소비자, 환경 단체 등 매우 다양한 이해관계자와 협력하고 있다는 것을 체감하고 있다."

이해관계자 확장의 의미는 단순한 수혜 범위의 변화 또는 확대에 그치지 않는다. 이는 기업의 가치사슬 전반과 관련된 관계망을 사회공헌의 전략적 자원으로 연계하는 방식이며, 동시에 사회공헌의 목적이 전통적인 복지 중심에서 이해관계자 가치 제고, 관계 유지, 기업 가치로의 연계 등 보다 복합적이고 전략적인 목표로 전환되고 있음을 시사한다. 이러한 변화는 사회공헌이 단순한 사회적 기여 활동을 넘어, 기업의 핵심 이해관계자 전략의 일환으로 강화될 가능성 또한 보여준다. 이는 향후 기존의 NGO 중심 협력 모델에 어떤 영향을 끼칠 것인지에 대해서도 주목해볼 필요가 있다.

(3) 동반성장 프로그램과의 경계가 모호해진 사회공헌

이해관계자 중심의 사회공헌 프로그램이 확대되면서, 사회공헌과 상생 또는 동반성장 프로그램 간의 경계가 점차 모호해지고 있다. 과거에는 사회공헌이 주로 지역사회나 취약계층을 위한 비즈니스 외부 지향적 활동으로 인식된 반면, 상생·동반성장 프로그램은 협력업체나 파트너사를 대상으로 한 지원 프로그램으로 분리되어 다뤄지는 경우가 많았다. 특히 2010년대까지는 동반성장 프로그램을 사회공헌의 범주로 포함하지 않는 것이 일반적인 인식이었다. 그러나 ESG가 강화되면서 이해관계자의 정의가 확장되었고, 그에 따라 상생·동반성장과 사회공헌의 활동 대상이 중첩되기 시작하였다.

이러한 흐름 속에서 기업들은 실질적 사회적 기여와 동시에 이해관계자 신뢰 확보라는 두 가지 목표를 위해 상생 프로그램을 사회공헌 전략의 일부로 포괄하려는 경향을 보이고 있다. 플랫폼 기업의 경우 이 같은 변화가 특히 두드러진다. 어느 CSR 전문기관 책임자의 아래와 같은 설명은 전통적 구분이 점차 흐려지고 있음을 잘 보여준다.

"플랫폼 기업들이 많아지다 보니 그런 기업들의 경우는 직접적인 이해관계자들이 더욱 뚜렷하게 나타난다. 노동권, 이익 배분 등의 이슈가 많이 있다. 예를 들면 배달의민족 같은 경우 '우아한 사장님 살핌기금'을 조성해서 전국 각지에서 어려움을 겪는 외식업 업주들에게 도움을 주는 사회공헌 활동을 하고 있다. 이런 사례도 상생 프로그램과 사회공헌 프로그램이 섞여 있는 경우다."

또한 일부 기업은 자사의 경영 철학이나 ESG 전략에 따라 상생 프로그램을 사회공헌으로 정의하는 움직임을 보인다. 어느 플랫폼서비스 기업 측의 아래와 같은 언급처럼, 협력업체의 자립을 지원하거나, 창작자·소상공인을 육성하는 프로그램이 사회공헌의 범주에서 운영되고 있다.

"예전에는 상생 또는 동반성장 프로그램을 사회공헌 프로그램과 구분하는 경향이 있는데, 최근에는 상생 프로그램도 사회공헌 프로그램으로 정의하는 경향이 있다. 네이버의 꽃 프로그램(소상공인과 창작자가 자신의 역량과 개성을 발휘하여 독립적인 비즈니스를 운영할 수 있도록 지원)이 그런 향의 프로그램이다. 꽃 프로그램을 뜯어보면 사회공헌인지, 상생 프로그램인지 경계가 모호한 것이 있다."

이처럼 경계가 흐려지는 현상은 단지 개념상의 혼란을 의미하지 않는다. 이는 사회공헌의 실행 대상이 점점 기업의 가치사슬 안으로 들어오고 있다는 것을 보여주는 지표이며, 사회공헌의 목적이 순수한 외부 지원에서 점차 관계 형성과 파트너십 강화, 경제적 가치의 공유까지로 확장되고 있음을 시사한다. 동시에 이러한 흐름은 기업의 사회공헌 전략 수립에 있어서 보다 명확한 정의와 기준 설정의 필요성을 제기한다.

단순히 사회적 기여를 표방하는 것에서 나아가, 어떤 목적과 이해관계에 기반한 활동인지를 구분하고 체계화할 필요가 있다.

이렇듯, ESG 시대의 사회공헌은 기존의 공익 중심 프로그램뿐만 아니라, 기업의 비즈니스와 밀접하게 연관된 이해관계자와의 협력 모델을 포함하는 방식으로 바뀌고 있다. 이러한 변화는 사회공헌이 기업의 전략적 자산으로 재정의되고 있음을 의미하며, 앞으로 사회공헌과 동반성장 간의 구분은 보다 유연하고 복합적인 구조로 전개될 가능성이 크다. 기업은 이러한 흐름 속에서 사회공헌의 정체성과 범위를 재점검하고, 공공성과 비즈니스 정합성 간의 균형을 고려한 통합적 접근이 필요할 것이다.

(4) 사회공헌의 비즈니스 연계 강화

ESG 전략체계와의 연계, 이해관계자 중심 접근 확산 등에 따라 사회공헌의 비즈니스 연계 강화 흐름이 더욱 뚜렷해지고 있다. 이는 단순히 전통적인 취약계층을 넘어서 기업과 연관된 이해관계자로 수혜 대상을 확대하는 수준에 머무르지 않고 사회공헌이 기업의 사업 전략 및 혁신 역량과 직접적으로 연결되는 방향으로 전개되고 있음을 의미한다.

이러한 흐름 속에서 최근 특히 주목받는 변화 중 하나는 오픈 이노베이션 관점에서 스타트업을 지원하는 사회공헌 프로그램이 급증하고 있다는 점이다. 과거에는 스타트업 지원이 사회공헌 활동의 범주로 인식되지 않았으나, 2020년대 들어 다수 기업이 해당 활동을 사회공헌 전략의 일부로 공식화하고 있다.

많은 기업이 〈표 5-1〉에서 볼 수 있듯이, 2020년대 들어 자사와 연관된 분야의 스타트업을 지원하는 프로그램을 사회공헌 명목으로 운영하고 있다. 이러한 프로그램은 다양한 목적을 포함하고 있다. 우선

표 5-1_ 각 기업의 스타트업 육성 프로그램

기업	프로그램명	시작연도	내용
삼성전자	C-Lab	2012년	스타트업 대상 사업자금, 공간 등 인프라, 멘토링, 컨설팅, 사업성장 촉진 프로그램, 협업 기회 제공
메트라이프	Inclusion Plus	2018년	금융포용성과 건강·복지 증진을 위해 혁신 솔루션을 개발하는 조직이나 스타트업을 발굴·지원하는 사회혁신 경진 플랫폼
SK이노베이션	에그(환경 스타트업 육성)	2021년	폐자원 재활용, 저탄소 기술, 신재생에너지 등 환경분야 스타트업 선발하여 지원
KT	KT Bridge Lab	2022년	성장 잠재력을 갖춘 벤처/스타트업을 발굴하고, 사무공간 제공, 투자유치 지원, 사업화 추진 지원
아모레퍼시픽	A MORE Beautiful Challenge	2022년	사회 및 환경 분야의 사회적 가치를 창출하는 스타트업을 발굴하고 오픈 이노베이션과 투자 기회 제공
NH농협은행	애그테크 청년 창업 캠퍼스	2023년	농산업 분야 청년 창업가와 혁신기업 발굴하여 비즈니스 진단, 글로벌 진출, 투자 연계 등 지원
SK텔레콤	AI Startup Accelerator	2023년	AI 분야 스타트업을 선발하여 전략수립, 멘토링, 투자 연계 등 지원 통해 육성하는 프로그램
SK하이닉스	청년창업파트 SPARK	2023년	사업장이 위치한 청주의 청년 인구가 순유출되는 문제를 풀고자 사회적 기업가 양성, 대학생 창업동아리 지원
카카오	임팩트클라이밋 네트워크	2023년	기술과 솔루션으로 기후문제해결에 기여하는 기후테크 스타트업의 기술 기반 사회적 솔루션 개발 지원
카카오뱅크	FIN:NECT 이노베이션 스쿨	2023년	핀테크 스타트업을 발굴하고, 금융 분야 사회안전망 혁신 기술을 육성하기 위한 오픈이노베이션 기반의 엑셀러레이팅 프로그램
유한킴벌리	그린임팩트펀드	2023년	탄소중립과 지속가능성을 실현하는 환경·사회 분야 스타트업에 투자하고, 친환경 사회혁신 스타트업과의 파트너십 추진

사회적·환경적 문제해결을 목적으로 하는 임팩트 스타트업을 지원함으로써 기업이 사회문제 해결에 기여하는 효과를 얻는다. 동시에 해당 스타트업과의 협업을 통해 기업의 ESG 경영 역량을 강화하거나, 내부 사업 부서와의 연계를 통해 비즈니스 시너지를 도모할 수 있다는 전략적 고려도 존재한다. 즉, 사회적 가치를 실현하면서도 기업의 이해관계자 및 사업 전략과 정렬될 수 있는 분야에 집중하고 있으며, 대표적 수단으로 스타트업 협력을 활용하는 것이다.

이러한 사례는 ESG와 사회공헌이 기업의 혁신 생태계와 어떻게 유기적으로 연결될 수 있는지를 보여준다. 사회공헌의 비즈니스 연계는 스타트업 지원에 국한되지 않는다. 지역사회 문제해결을 위한 기술 개발, 환경 이슈 대응을 위한 공동 프로젝트, 고객·공급망 등 이해관계자와의 협력 모델 개발 등 다양한 방식으로 확장되고 있다. 특히 ESG 평가 및 공시 체계가 성과 기반으로 진화하면서, 기업들은 사회공헌을 통해 비즈니스와 사회 가치를 동시에 창출할 수 있는 구조를 설계하려는 시도를 늘리고 있다.

전반적으로, 사회공헌의 비즈니스 연계 강화는 기업의 핵심 전략과 ESG 목표, 이해관계자 가치 창출 전략을 통합하는 구조 방향으로 나아가고 있다. 이는 사회공헌이 별도의 사회적 가치 제공 활동만이 아니라, 지속가능성과 경쟁력 확보를 위한 전략적 자산으로 나아가는 흐름이 있다는 것을 보여준다.

(5) 자원봉사 프로그램의 약화

기업 사회공헌에서 자원봉사는 단순한 사회기여 활동을 넘어 여러 측면에서 중요한 역할을 수행해왔다. 자원봉사는 구성원들의 사회적 감수성을 제고하고, 기업의 사회책임 문화를 내재화하며, 다양한 부서에 사회공헌 인식을 확산시키는 통로로 기능하였다. 또한 NGO, 지역

사회 등 외부 협력 파트너와의 관계 형성을 가능케 했으며, 구성원의 직무 역량과 기업 자산을 활용해 사회적 가치를 구현할 수 있는 플랫폼이기도 했다.

그러나 최근 몇 년 사이 이러한 자원봉사 프로그램의 위상은 뚜렷하게 약화되었다. 특히 코로나19 팬데믹 이후 자원봉사 활동은 물리적 제약으로 인해 급격히 축소되었고, 이후에도 이전 수준으로 회복되지 못한 상태가 지속되는 중이다. 한 정유·에너지 기업 ESG부서 담당자는 다음과 같이 말하며 자원봉사 저조의 현실을 설명한다.

"10년 전에는 거의 모든 기업이 자원봉사 활동을 경쟁적으로 했던 시대가 있었는데, 코로나 시기를 지나면서 자원봉사가 거의 0%다. 우리도 현재 활성화시키려 하는데 직원들은 관심이 없어, 가족 단위 프로그램처럼 비용을 투자해 재미있고 흥미로운 프로그램을 통해 참여를 유도하고 있다."

최근 ESG 공시 및 평가 기준의 변화는 이러한 흐름에 또 하나의 영향을 미쳤다. 과거 GRI[130] 지표나 DJSI[131] 평가에서 자원봉사 실적은 주요한 공시 및 평가 항목 중 하나였다. 그러나 지난 2023년 개정된 GRI Standards에서는 자원봉사 관련 내용이 의무적 공시 항목에서 빠지고, 기업 자율 선택 지표(self-selected metrics)가 되었으며, DJSI에서도 관련 항목이 빠졌다. 이에 자원봉사 활동에 대한 기업의 관심도

---

130 GRI(Global Reporting Initiative)는 지속가능경영 공시의 국제 표준을 제정·운영하는 비영리 기관으로, 기업이 환경·사회·거버넌스 성과를 투명하게 보고할 수 있도록 가이드라인을 제공한다.
131 DJSI(Dow Jones Sustainability Indices)는 S&P Global이 산출하는 글로벌 지속가능성 주가지수로, 재무성과와 ESG 성과를 종합 평가하여 지속가능성이 우수한 기업을 선별·평가한다.

함께 감소하는 경향이 나타났다. 한 운수업 기업 측의 아래와 같은 설명은 지표 변화가 기업 실무에 미치는 실제적인 영향을 보여준다.

"GRI 지표에서 자원봉사자 실적 데이터가 빠진 영향이 컸다. 지난해 DJSI 평가에서 관련 항목이 빠지니, 이제는 자원봉사자 참여 인원을 집계하는 의미가 다소 없었다."

하지만 자원봉사의 약화가 단지 ESG 지표 변화 때문만은 아니다. 세대 변화, 조직 문화의 개인화, 일-생활 균형 인식의 확산 등 복합적인 요인이 맞물려 있다. "이런 현상은 GRI에서 지표가 빠진 영향이 있다기보다 사회적인 변화 때문인 듯 하다."(정유·에너지 기업)라는 언급처럼, 자원봉사 참여 저조는 보다 구조적·문화적 맥락에서 이해할 필요가 있다. 또한 지속가능한 자원봉사를 위해서는 제도적 지원과 명확한 동기 부여 체계가 병행되어야 한다. "결국에는 근무 시간으로 인정하고, 정책적 지원, 문화 형성 등이 있어야 강화된다고 생각한다."(정보통신업)라는 지적은 제도화와 조직 내 정착의 중요성을 강조한다.

이제 기업 자원봉사는 단순 재개를 넘어서 새로운 방식과 목적, 제도적 기반을 고민해야 하는 시점에 도달해 있다. ESG 흐름에 부합하면서도 구성원이 자발적으로 참여할 수 있는 형태, 전문성과 기업 정체성이 반영된 프로그램 설계, 디지털 기반의 유연한 운영 방식 등 다양한 방안이 요구된다. 자원봉사의 미래는 단지 물리적 활동 여부가 아니라, 그것이 기업과 구성원, 사회에 어떤 가치를 제공할 수 있는지에 대한 전략적 재정립에 달려 있다.

(6) 고령화·저출생 및 지역사회 이슈 부각

사회문제는 시대적 변화에 따라 그 양상과 중요도가 달라지며, 이에 따라 기업의 사회공헌 주제 역시 유동적으로 변화해 왔다. 산업화 시기에는 산업재해, 환경오염과 같은 문제들이, IMF 이후에는 취약계층 지원과 고용안정이 주요 의제가 되었던 것처럼, 최근 들어서는 인구구조 변화, 지역소멸 우려 등 새로운 사회적 과제들이 주목받고 있다. 이번 FGI 조사 결과에서도 확인되듯, 고령화·저출생 문제와 지역사회 이슈가 특히 기업들의 사회공헌 활동에서 부각되는 주제로 떠오르고 있다.

고령화와 저출생 이슈는 단순한 복지 차원을 넘어, 사회 전반의 지속가능성과 직결되는 구조적 문제로 인식되고 있다. 특히 기업들은 이 문제를 업의 특성과 연결 지어 해석하고, 자사의 기술이나 인프라를 활용해 기여하는 방향으로 나아가는 중이다. 한 정보통신업 기업 ESG부서 팀장은 다음과 같이 말한다. 대상 확대의 흐름을 시사한다.

"인구 구조의 변화나 사회 구조 변화 관련 고령화 이슈가 커지다 보니, 고령화가 초래하는 여러 어려움 중에서 우리 회사만이 할 수 있는 기술 역량을 통해 기여할 수 있는 부분이 무엇일까 하는 고민을 했고 관련 프로그램을 실행하고 있다."

운수업 분야의 또 다른 기업에서는 정책과의 연계 가능성도 함께 고려하고 있다는 사실을 아래와 같이 들려주었다.

"고령화 사회가 되면서 고령자들의 경제 문제가 상당히 사회 이슈화되었고, 이에 업의 특성을 살린 일자리 창출 프로그램인 '실버 OO' 사업을 론칭했다. 이제 이런 사업에 정책적 지원도 있어 굉장히 활발하게 진행하고 있다."

금융권 역시 고령화와 저출생을 금융 소비자 보호 및 시장 안정성과 연계된 과제로 보고, 다양한 대응을 시도하고 있다. 한 금융기업의 경우는 정책 대응과 비즈니스 연계 모두를 고려하고 있음을 다음과 같이 밝히고 있다.

"인구구조 변화는 금융 소비자들이 직접적으로 겪고 있는 내용이다 보니 금융권에서는 상생금융, 포용금융 측면에서 저출생, 고령화, 청년 이슈를 해결하려고 많이 노력하고 있다. 지난해에 저출산·고령사회위원회에 큰 규모 금액을 출연해서 중소기업 직원이 육아휴직 사용 시 대체인력을 채용할 수 있도록 지원하는 등 저출생 극복을 위한 활동을 하고 있다. 또 고령화 관련 디지털 금융 격차 해소를 위해 금융 교육 프로그램을 운영하면서 영업점 축소로 인한 문제를 줄이려 한다."

이 외에도 청년 취업, 시니어 케어 등 다양한 생애주기별 과제를 반영한 프로그램들이 등장하고 있다. 어느 화장품 기업은 다음과 같이 대상 확대의 흐름을 시사한다.

"마음 돌봄 주제로 미혼모, 10대 청소년 대상으로 테라피 봉사 프로그램을 해오고 있는데, 내년부터는 호스피스 병동, 치매센터 등을 대상으로 시니어 케어로도 확장하는 생각을 하고 있다."

지역사회 이슈 역시 고령화 및 저출생 문제와 맞물려 기업 사회공헌의 핵심 주제로 부상하고 있다. 과거에는 전국 단위, 혹은 본사 중심의 사업 운영이 일반적이었으나, 최근에는 사업장이나 생산설비가 위치한 지역을 중심으로 보다 구체적이고 밀착된 사회공헌이 강조되고 있다. 이는 ESG 측면에서도 지역사회 기여가 중요한 평가 항목으로 반영되고 있고, 동시에 지역 커뮤니티와의 협력 없이는 기업의 지속가능한 운영도 장담할 수 없기 때문이다. 어느 정유·에너지 기업의 다음과 같은 언급은 이러한 변화 방향을 잘 보여준다.

> "예전에는 회사 본사 차원에서 전국적으로 사업을 했다. 이는 지금도 보통 유지되지만, 현재는 순위 고려할 때 지역사회가 우선이 되고 있는 상황이다."

어느 화장품기업은 다음과 같이 지역 기반 접근의 실천 사례를 제시했다.

> "경기도에 공장이 있는데, 공장이 있는 지역의 사회복지 시설과 협력하거나, 생물 다양성 프로그램도 공장 지역 하천에서 하는 등 지역사회와 밀접하게 추진하려고 한다."

결론적으로, 고령화·저출생 및 지역사회 이슈는 기업 사회공헌의 새로운 핵심축으로 자리잡고 있으며, 이는 단순한 사회적 관심의 이동이 아니라, 인구·지역 구조의 변화에 따른 불가피한 전략적 대응으로 이해할 수 있다. 앞으로 기업은 이 같은 이슈를 단발성 지원이 아닌, 비즈니스와 연계된 지속가능한 관점에서 설계하고 실천해 나가야 할 것이다.

구조적 전환에 직면한 사회공헌

2020년대 들어 기업 사회공헌은 환경과 사회 양 분야에서 구조적 전환을 맞이하고 있다. ESG 전략의 도입과 공시 기준 강화는 사회공헌을 단순한 기여 활동에서 기업 전략의 일부로 자리매김하는 흐름을 이끌어내고 있으며, 기후변화, 생물 다양성, 저출생·고령화, 지역사회 회복력 등 다양한 주제가 사회공헌 포트폴리오에 새롭게 포함되거나 강화되고 있다. 과거의 경험과 축적된 역량을 바탕으로 기존 사회공헌을 심화시키는 움직임과 더불어, ESG 맥락에 맞춰 프로그램을 재설계하고 확장하려는 노력도 병행되고 있다.

이러한 변화 속에서 사회공헌이 풀어야 할 과제가 제기되고 있다. 첫째, 사회 분야에서는 ESG 공시 및 평가에서 요구하는 주요 주제들과 사회공헌 간의 접점을 보다 분명히 하는 접근이 요구된다. 예컨대 인권, 공급망 관리, 다양성과 포용성(DEI) 등은 기존 사회공헌의 외부 공익 지향성과는 접근 방식이 다르기 때문에, 이를 어떻게 기업 내 이해관계자 또는 협력 파트너와의 사회공헌 활동으로 연결할 수 있을지에 대한 실천 모델 개발이 필요하다. 글로벌 공급망 인권 실사가 제도화되면, 협력업체 노동환경 개선이나 아동노동 근절 프로그램처럼 사회공헌이 인권 실천의 일환으로 작동해야 할 가능성도 커지고 있다.

둘째, 환경 분야에서는 ESG 경영 목표와 연계된 전략적 접근이 더욱 요구되고 있다. 탄소중립 달성을 위한 숲 가꾸기, 재생에너지 보급, 기후변화 취약계층 지원 등은 단순히 지역사회 활동에 그치지 않고 자사의 환경성과 및 배출량 상쇄와 직결되는 활동으로 정립되고 있다. 일부 기업은 스타트업과 협업해 친환경 기술을 공동 개발하거나, 사회공헌 포트폴리오 내에서 탄소흡수원 보호 활동을 ESG 공시와 연계해 스토리텔링하는 사례도 등장하고 있다. 이는 환경 사회공헌이 공시 기반 성과 창출과 함께 기후 회복력 향상을 도모하는 전략적 수단으로 기능할 수 있음을 보여준다.

셋째, ESG 규제를 넘어서는 사회공헌의 고유성과 자율성을 어떻게 강화할 것인가에 대한 고민이 필요하다. ESG 공시는 사회적 책임의

'최소기준'에 해당하며, 전통적 사회공헌이 지닌 사회적 감수성, 혁신적 시도, 공동체 연계성 등은 그 범주에 모두 담기 어렵다. 따라서 기업은 기존의 사회공헌 활동을 단순히 ESG 언어로 번역하거나 형식적으로 포장하는 것을 넘어, 오히려 ESG 기준을 재해석하며 사회적 가치를 확장할 수 있는 새로운 실행 방향을 모색해야 한다. ESG 중심의 규범 준수와 사회공헌 본연의 목적 사이에서 균형 있게 접근하는 전략적 감각이 어느 때보다 요구되고 있다.

결국 기업 사회공헌은 ESG 전략과의 정합성을 확보함과 동시에, 기존 사회공헌이 지닌 고유의 사회적 감수성과 책임을 어떻게 유지하고 발전시킬 것인지에 대한 다층적인 과제 앞에 놓여있다. 사회공헌의 전략화가 진행될수록 그 본질에 대한 성찰은 더욱 중요해지고 있으며, 기업은 지금의 전환기를 새로운 기회로 전환하기 위한 방향성을 분명히 할 필요가 있다.

6 장

사회공헌 이해관계자의 변화

사회공헌과 이해관계자

사회공헌에 있어, 이해관계자는 두 가지 층으로 분류되곤 했다.

첫 번째 층의 이해관계자는 기업 경영의 의사결정에 영향을 주거나, 영향을 받는 이들을 의미한다. 사회공헌 역시 기업 활동의 일환이기 때문에 이런 영향을 받는다. 첫 번째 층은 기업의 경영에 있어 본원적으로 이해관계자의 중요성에 주목하는 경향을 따른다. 이해관계자 이론에 따르면 기업은 단순히 주주 이익 극대화에 그치지 않고, 직원, 고객, 공급업체, 지역사회 등 여러 이해관계자의 가치를 고려해야 지속적으로 성장할 수 있다. 이러한 관점은 특히 2019년의 비즈니스라운드테이블(BRT)에서 발표된 '기업의 목적에 대한 선언' 이후 폭발적인 관심을 받았다. 당시 선언은 "고객에 대한 가치 제공, 종업원에 대한 투자, 협력업체와 공정하고 윤리적인 거래, 지역사회에 대한 지원, 장기적인 주주 가치창출" 등을 기업의 핵심적인 목적으로 선언했다. 이는 기존 기업의 목적(주주에 대한 봉사와 이윤의 극대화)을 뛰어넘어 모든 이해관계자들에 대한 기업의 책무성을 선언한 것이라는 의미가 있었다. 이러한 관점에서 사회공헌은 특히 기업이 주요 이해관계자인 지역사회에 대한 책무성으로 해석될 수 있다.

두 번째 층의 이해관계자는 사회공헌을 함께 하며 사회공헌의 성과를 창출하는 협력자-파트너십을 의미한다. 기업의 사회공헌은 그 특성상 협력이 필수적이다. 지역사회의 문제나 소외계층에 대한 이해가 깊고 사회공헌의 주요 고객인 소외계층과 직접적인 관계를 맺고 있는 비영리조직이나 사회적기업과의 협력이 없이 기업이 직접 사회공헌을 수행하기에는 여러 어려움이 따르기 때문이다. 두 번째 층에서는 협력을 키워드로 협력의 품질을 높이고, 협력의 성과를 높이기 위한 고민이 뒤따른다. 지구적인 문제를 해결하는 국가 간 협력과 참여의 상징이라 할 수 있는 SDGs는 16개 주요 목표(Goals)와 함께, 파트너십을 17번째 목표로 두고 있다. 이 파트너십은 기계적인 역할분담이 아니다. 생태계-사회-경제의 변화를 창출할 수 있는 의사결정과 책임, 수단 모두를 포괄하는 개념에 가깝다.

두 층의 이해관계자는 서로 연결되어 있고, 두 층의 이해관계자와 사회공헌 역시 영향을 주고받는다. 이러한 연결과 영향은 사회공헌의 목표와 성격, 방향성을 결정짓는 함수를 만들어낸다. 첫 번째 층의 이해관계자들은 기업 경영상의 목표와 전략을 수립하는 데 영향을 끼치고, 이러한 목표와 전략은 다시 사회공헌의 목적과 전략에 영향을 준다. 두 번째 층의 이해관계자들은 사회공헌 프로그램의 실행체계와 성과에 직접적인 영향을 미친다. 즉 기업의 사회공헌 예산의 배분 규모와 방식, 프로그램의 목표와 성과 창출은 모두 이해관계자와의 관계성 속에서 해석될 수 있다. 따라서 이해관계자의 변화를 탐색하는 것은 사회공헌의 방향성을 탐색하는 데 선결 조건이다.

첫 번째 층의 이해관계자 변화

첫 번째 층의 이해관계자는 기업의 지속가능성 성과와 사회책임의 수준 향상에 필수 불가결하다. 기업을 포함한 모든 조직의 사회적 책임에 대한 가이드라인이라 할 수 있는 ISO26000은 사회적 책임의 실현, 위험 관리 및 기회의 발굴, 지속가능한 경쟁력 강화, 사회적 기대 부응 등의 측면에서 이해관계자의 중요성을 반복해서 강조하고 있다. 그리고 이런 흐름은 ESG 경영에서도 나타난다.

(1) 투자자

ESG는 지속가능한 가치창출을 위한 경영의 평가라는 차원에서 기대와 우려를 동시에 받았다. 특히 기존의 지속가능경영 프레임워크와는 달리 투자자들로부터 그 필요성이 제기되었다는 측면에서 이런 현상은 두드러졌다. 투자자들로부터 변화가 시작될 것이라는 기대와 함께 투자자 중심의 ESG가 지닌 한계가 분명할 것이라는 회의론이 공존하고 있었다.

처음엔 낙관적인 전망이 우세했다. 지난 몇 년간 지속가능 투자 규모가 급증하여 2022년 글로벌 ESG 투자 규모가 30조 달러를 넘었고, 2030년경엔 40조 달러를 돌파할 것이라는 전망도 있다. 국내 ESG 금융의 규모가 지난 5년간(2019년~2023년) 213% 성장했다는 보고[132]도

---

132 2023 한국ESG금융 백서, 한국사회책임투자포럼.

있다. 국내외 주주들은 단순 재무실적뿐 아니라 ESG 지표에 관심을 가지며, 주주총회에서 사회책임 관련 안건을 제시하거나 경영진에 적극적인 행동을 촉구하는 사례가 늘었다. 실제로 국내에서도 2024년 주주총회 시즌에 환경 대응 미흡 기업을 상대로 주주행동주의가 발휘되고, 연기금 등이 ESG 성과를 투자 결정에 반영하면서 기업에 압력을 가하고 있다.

투자자들의 ESG 중시 경향은 사회공헌을 기업가치 제고의 수단으로 격상시킬 것이라는 믿음도 커졌다. 기업들은 투자자 설득을 위해 ESG 보고서에 사회공헌 성과를 강조하고, ESG 평가(DJSI, MSCI ESG 등)에서 좋은 평가를 받기 위해 지역사회 투자 금액이나 임팩트 지표를 개선하려는 시도도 했었다.

투자자 요구 측면에서는 세계 최대 자산운용사인 블랙록의 CEO가 매년 보내는 서한에서 "모든 기업은 사회에 기여해야 장기적으로 번성할 수 있다"는 메시지를 지속적으로 강조하며 기업에 ESG 강화를 요구한 바 있다. 이에 호응하여 다수 기업이 이사회 내 지속가능경영 위원회를 신설하고, 사회공헌 목표를 경영 KPI에 포함시키기도 했다.

그러나 최근 이런 흐름에 변화가 나타나고 있다. 우선 ESG전략을 축소하거나 방향을 전환하는 금융기관들이 나타나고 있다. 골드만삭스, 웰스파고, 모건스탠리, 씨티그룹, 뱅크오브아메리카 등 주요 금융기관들이 NZBA(Net Zero Banking Aliance)를 탈퇴했고, 당초 ESG 확대의 촉발점으로 언급되었던 블랙록은 2025년 1월 고객에게 보내는 서한을 통해 넷제로 자산운용(NZAM·Net Zero Asset Manager)를 탈퇴한다고 밝혔다. 이에 따라 COP26에서 탄소중립 목표 달성을 위한 협력을 촉진하기 위해 설립된 글래스고 금융연합도 흔들릴 수밖에 없게 되었다. 자산운용사 뱅가드는 주주총회에서 E&S 관련 주주제안에 대해 지지하지 않는 모습을 보이기도 했다. 이는 트럼프 정부 등장 전후 나타난

변화이기도 하거니와 ESG 투자의 수익성에 대한 투자자의 우려를 반영한 것이기도 했다. 기후목표가 달성하기 어려운 수준이라는 현실적인 부담이 작용하기도 했다. 지난 몇 년간 지속가능펀드의 규모가 꾸준히 증가하였지만, 최근 들어 지속가능펀드의 출시가 축소되거나 지속가능펀드에서의 자금 유출이 빨라지기도 했다.

그러나 세계 곳곳에서 더욱 극심한 기후리스크들이 등장하게 될 것이고, 이에 따라 금융회사와 투자자 역시 이러한 위험으로부터 예외일 수는 없다. 따라서 지속가능발전을 위한 금융은 아직 초기 단계로 블루본드, 글로벌 협약 등의 기회 요인이 여전히 유효하다는 주장도 신뢰를 잃지 않고 있다.

(2) 소비자

소비자들은 예전보다 훨씬 사회·환경 문제에 관심이 높아져 기업이 책임 있는 행동을 할 것을 강하게 기대한다. 특히 MZ세대 소비자들은 친환경·윤리적 브랜드를 선호하며, 제품 구매 시 기업의 ESG 성과를 고려하는 경향이 강하다.

이러한 흐름은 다양한 사회 현상을 통해 먼저 포착되었다. '가심비'나 '미닝아웃'이라는 용어들은 자신의 가치관을 소비를 통해 표현하거나 심리적 만족을 위해 조금 더 비싸더라도 좋은 제품을 구매하겠다는 이른바 가치소비의 가능성을 보여준다. 이러한 소비 현상은 '돈쭐'과 같은 직접적인 행동으로 나타나기도 하고, 브랜드의 이미지와 매출에 직접적인 영향을 주기도 한다.

특히 일찍부터 소비자들의 문화가 산업에 영향을 미쳤던 분야에서는 소비 활동이 적극적인 ESG 지지 활동으로 연계되는 모습을 보이기도 한다. 'KPOP 4 Planet'은 2021년 기후위기에 대항하기 위해 케이팝 팬들이 조직한 플랫폼이다. 이들은 기후캠페인을 벌이거나 케이팝 산업에서 발생하는 환경 영향(플라스틱 앨범, 스트리밍에서 발생하는 탄소량 등)을 줄이기 위한 행동[133]을 케이팝 산업에 직접 요구하기도 한다. 실제로 팬덤에 직접적인 영향을 받는 엔터테인먼트 기업들은 친환경 공연을 기획하거나 음원 제작에 재생에너지를 활용하는 등의 변화를 보여주고 있다. 이러한 소비자의 움직임이 다른 산업으로 확대될 가능성도 있다.

ESG가 소비자의 행동에도 직접적인 영향을 주고 있다는 조사나 연구도 증가하고 있다. 한국경제인협회가 2025년 3월에 발표한 「소비자 ESG 행동 및 태도 조사」[134]에 따르면, 국내 소비자의 70% 이상은 ESG 우수기업의 제품 구매를 위해 추가 지불을 할 의사가 있다. 또한 '식음료'와 '생활용품' 업종에서는 특히 제품이나 서비스 구매 시 친환경 여부가 중요하다. 특히 눈에 띄는 것은 응답자의 절반이 넘는 55%가 기업의 ESG 활동에서 중요한 것으로 '지속성'을 선택했다는 점이다. 이는 '기업의 규모에 맞는 활동(15%)', '소비자의 공감 용이성(15%)', '기업 주력사업과의 연계(10%)'를 훨씬 앞지르고 있다. 또한 소비자의 64%가 과거 불매 경험이 있거나 현재 불매운동에 참여 중인 것으로 나타났다.

이해관계자의 요구 증가는 기업 사회공헌 활동에 질적·양적 변화를 촉발시킨다. 우선, 소비자의 요구에 부응하기 위해 기업들은 친환경 및 사회책임 브랜드 이미지를 구축하려고 노력한다. 이는 단순 광고나 홍보를 넘어 실질적인 사회공헌 프로그램으로 이어지고 있다. 예를 들어 환경에 민감한 소비자층을 겨냥해 탄소중립 제품 라인을 출시하고, 해당 제품 매출의 일부를 기후변화 대응 기금으로 기부하는 마케팅 연계 CSR을 전개하는 식이다. 또한 사회적 가치를 소비자가 체감할 수 있도

---

133 https://www.kpop4planet.com/ko/campaign
134 https://www.fki.or.kr/kor/news/statement_detail.do?bbs_id=00036114&category=ST

록 제품의 윤리적 소싱 스토리를 공개하거나, 구매와 연계된 기부 캠페인을 실시하기도 한다.

최근 소비자 요구 변화를 활용한 사회공헌 사례로, 패션 업계의 변신을 들 수 있다. 과거 패스트패션의 환경 문제가 대두되자, 일부 패션기업들은 의류 리사이클링 캠페인을 전개하고 소비자가 헌 옷을 가져오면 할인 혜택을 주는 동시에 수거된 의류는 재활용하여 취약계층을 돕는 프로그램을 시행했다. 이는 소비자들에게 큰 호응을 얻어 브랜드 충성도를 높였고, 기업은 환경보호와 사회공헌이라는 두 마리 토끼를 잡았다.

(3) 임직원

임직원 역시 중요한 이해관계자이며, 그들의 인식 변화는 기업 문화와 사회공헌에 큰 영향을 준다. 최근 밀레니얼과 Z세대 인재들은 보람과 가치를 직장에서 추구하며, 회사의 사회적 책임 이행 여부를 고용주의 핵심 덕목으로 여기고 있다. 한 조사에서는 밀레니얼 세대의 64%가 "CSR 활동이 부족한 기업의 일자리는 아예 고려하지 않겠다."라고 응답했는데, 이는 젊은 인재들에게 의미 있는 일과 기업의 선한 영향력이 얼마나 중요한지 보여준다. 또한 직원들은 기업이 사회공헌을 통해 자신들이 사회에 기여할 기회를 제공해주길 원하며, 실제로 80% 이상이 "회사가 사회·환경 문제해결에 참여하도록 돕는다면 더 애사심을 느낀다."라고 답한 연구도 있다. 더 적극적인 사례도 있다. 2019년 9월 유엔 기후행동 정상회의 기간에는 구글, 아마존, 페이스북 등 빅테크의 산업 종사자들이 기후파업에 동참했다. 이들은 기술노동자연합을 조직하고 테크기업들의 그린워싱을 비판한 바 있다.[135]

---

135 https://www.hani.co.kr/arti/economy/economy_general/_006912.html

실제로 기업의 ESG 경영은 임직원과 상호작용하며, 임직원은 ESG 전략의 실행자이자 수혜자다. 기업과 임직원의 ESG 상호작용은 ESG 교육을 통한 임직원 역량 강화로 시작한다. ESG 경영의 영향권에 있는 기업들은 자사의 온라인 교육 플랫폼을 통해 ESG 교육 콘텐츠를 임직원에게 제공하거나 임직원 대상 ESG 교육을 통해 ESG 내재화와 공감대 형성을 도모한 바 있다. 특히 ESG 관련 데이터의 생성과 수집은 관련 부서와의 협업이 필수적이기 때문에 ESG 보고와 직접적인 연계가 있는 팀과 ESG 팀과의 지식을 통한 교류와 상호작용은 지속적으로 강화되고 있다.

상호작용의 두 번째 예는 조직문화 개선이다. ESG는 포용성과 다양성 증진을 주요 가치로 삼고 있다. 기업은 문화, 성별, 국적, 인종, 종교 또는 신념, 사회적 지위, 경제적 지위 등에 구애됨이 없이 구성원이 자신의 능력을 발휘할 수 있는 환경을 조성해야 할 필요가 있다. 따라서 다양성과 포용성은 정책으로 제시되고 문화로 구현되어야 한다. 기업은 이를 위한 전담조직을 갖추거나 이사회에 정책의 이행상황을 보고하고 있다.

기업과 임직원의 ESG 상호작용은 ESG 성과와 연계되는 임직원 평가에서도 나타난다. 특히 ESG 성과와 연계된 임직원 보상은 ESG의 도입과 함께 중요한 아젠다로 다루어졌다.[136] 2023년 S&P500 기업의 75.5%가 보상계획에 ESG 지표를 포함[137]하거나, 런던증권거래소 100대 기업(FTSE 100) 중 절반 정도가 임원 보상패키지에 ESG 지표를 포함[138]하고 있다.

---

136 https://www.mk.co.kr/news/business/11299401
137 https://www.kbiznews.co.kr/news/articleView.html?idxno=106346
138 https://www.posri.re.kr/kor/research/bbs_view.do?mmcd=2402221501000056721&cate=&sortby=&bbstype=&researchCode=4&s_hash=&s_ato=&sd=&ed=&col=&sw=&page=&num=4149

전통적으로 임직원들의 가치 지향은 기업 내부에서 사회공헌 추진 동력이 되고 있다. 많은 기업이 우수 인재를 유치하고 유지하기 위해 임직원 참여형 봉사활동이나 매칭그랜트 기부제도 등을 운영하며, 직원들이 회사의 사회공헌에 자부심을 느끼도록 프로그램을 설계한다. 직원들이 업무 시간 일부를 사회공헌 프로젝트에 사용할 수 있게 하는 임팩트 휴가/휴직 제도를 도입하는 기업도 있고, 임직원이 제안한 공익 아이디어를 회사가 지원하는 사내 사회공헌 공모전을 여는 기업도 있다. 이러한 노력은 직원 만족도와 충성도 향상으로도 이어져 인적 자본 관리 측면에서도 긍정적이다.

(4) 시민사회

전통적으로 한국의 시민사회는 기업 활동에 있어 중요한 감시자이자 협력자의 역할을 해왔다. 이는 지속가능경영에서도 마찬가지였다. 인권, 환경, 건강 및 보건 분야는 기업과 시민사회의 협력과 견제가 빈번하게 발생하는 영역이었다.

ESG가 한국에 처음 제안되었을 때, 다른 분야와 마찬가지로 시민사회도 혼란을 경험했다. ESG의 개념부터 ESG가 미치는 영향에 대한 이해까지 시민사회는 각양각색의 해석을 했다. 이러한 혼란은 꾸준한 학습과 대화를 통해 어느 정도 극복되고 있다. 한국 기업의 ESG 심화에 따른 NGO의 과제에 대한 논의[139]도 지속하는 중이다.

ESG 환경에서 시민사회의 역할은 첫째로 감시자의 몫을 들 수 있다. ESG는 기업의 그린워싱이 발생할 가능성이 있는 영역이고, 이에 따라 시민사회의 감시 역할이 필요하다. 실제로 시민사회는 기업의 친환경 표시 광고가 지닌 거짓, 과장성을 공정거래위원회에 신고해 시정명령

---

139 다음을 참고하라. 임현진, 2023, 「한국 기업의 ESG 심화를 위한 NGO의 과제: 이해관계자 자본주의를 중심으로」, 『NGO연구 제18권 제1호(2023): 121~150』.

을 이끌어내는 등의 영향력을 보여주고 있다[140]. 그린워싱에 대한 제도적 기준이 자리잡는 초기 단계이기 때문에 시민사회의 더 큰 역할이 요구된다.

시민사회는 ESG의 협력자로서도 기능할 수 있다. 특히 시민사회가 전문성을 가진 분야에서 기업과의 정책 협력도 가능하다. 장애인 당사자 관점에서 기업의 제품과 서비스의 디자인을 모니터링하는 활동이 그 예가 될 수 있다. 온라인 서비스의 댓글창에 나타나는 혐오표현을 어떻게 정의하고 식별해 줄일 것인가는 서비스 제공업체의 고민이면서 동시에 인권단체의 사명이 만나는 지점이기도 하다.

시민사회는 지역사회와 하나가 되기도 한다. 기업이 사업장을 두고 있는 지역의 주민들은 과거보다 적극적으로 기업의 사회적 책임을 묻는 동시에 환경오염이나 사고 발생 시 공개 사과와 재발 방지 대책뿐 아니라 지역사회 환원을 강하게 요구한다. 또한 글로벌 NGO나 시민사회는 인터넷과 SNS를 통해 기업 행동을 감시하며, 인권침해나 부당한 사례가 드러나면 국제적인 불매운동이나 캠페인으로 대응하여 기업 정책 변화를 끌어내기도 한다. 요컨대 기업을 둘러싼 이해관계자들은 이제 단순한 이익 공유자를 넘어, 기업의 가치관과 사회적 영향에 목소리를 내는 적극적 주체로 변모했다.

지역사회와 NGO의 요구에 대응하는 과정에서 기업의 책임경영 수준은 한층 높아질 수 있다. 기업들은 이제 주요 사업 결정 시 지역사회 의견 수렴 과정을 반영하기도 하고, 신규 프로젝트에 착수하기 전 지역영향평가(SIA)를 실시하여 부정적 영향을 최소화하려 한다.

---

140 https://forourclimate.org/ko/insights/54

(5) 사회공헌에의 영향

이해관계자들은 전에 비해 기업의 경영활동과 그 성과에 더 많은 관심을 보인다. 이러한 변화는 전보다 더 기업의 사회공헌에도 영향을 미친다. 우선 기업 사회공헌의 대상이 기존의 소외계층에서 이해관계자 전체로 확대될 가능성이 예측된다.

"과거에는 소외계층 지원이 사회공헌의 큰 대의였다고 생각하는데요, 이제는 꼭 소외계층이 아니더라도 기업이 좋은 영향을 주어야 할 집단이 더 늘어났습니다. 또 기업 사회공헌팀이 ESG팀 등으로 재편되거나 ESG팀의 하부로 들어가면서 기업 이해관계자 전체를 대상으로 하는 서비스를 같이 고민하게 된 측면도 있습니다. 과거에 상생경영팀의 과업이라고 생각했던 일이 이제는 사회공헌팀도 협업을 하는 일로 바뀐다든가, 사회공헌팀에서 할법한 프로젝트가 사업팀의 신규 아이템으로 등장하는 등의 현상이 발생하고 있습니다."

이러한 변화에도 불구하고, 전통적으로 주요한 이해관계자인 정부와 임직원은 여전히 사회공헌의 방향성에 큰 영향을 미치고 있다.

"이해관계자들의 변화 중에서도 특히 정부의 정책에 영향을 받는 부분들은 상당히 중요하게 여기고 있습니다. 동반성장과 같은 측면은 국내 정책과 밀접합니다. 내부 이해관계자들의 변화도 지켜보고 있습니다. 예를 들면 특정 세대의 직원들은 어떤 가치를 지향하는가 하는 질문들을 합니다. MZ세대를 예로 들면, 이들에게 업무는 효율적이어야 하고, 자유도가 있어야 하고, 실질적인 가치가 있어야 합니다. 이런 MZ에게 조직 사회공헌의 설득력을 높이려면 아무래도 경험 위주의 사업을 하게 되고, 이를 통해 기업이 창출하는 가치에 대한 마인드셋을 형성해보기도 합니다."

이해관계자들로부터 얻는 평가가 사회공헌의 성과가 될 것이라는 인식도 있다.

"사회공헌의 성과평가를 다양한 방식으로 할 수 있는데, 연구자들에 의한 평가는 내부 보고를 위한 도구는 될 수 있겠지만 사회공헌을 지속 가능하게 만드는 요소는 아닙니다. 사회공헌은 결국 평판, 더 구체적으로 말하면 이해관계자로부터의 공감을 얻는 것이 가장 큰 성과라고 생각합니다. 누군가의 입에서 우리 회사의 사회공헌이 자주 나오고, 언론의 관심을 받는 것들이 우리 기업이 얼마나 공감받고 있는가라는 질문에 대한 답입니다."

두 번째 층의 이해관계자의 변화

협력은 정부, 민간, 영리와 비영리 모두에게 중요한 문제해결의 수단이다. 특히 해결해야 하는 문제가 거대하고 복잡할수록 협력의 가치는 증대된다.

사회공헌에서 협력은 독특한 지위를 가진다. 사회공헌의 초기에는 기업이 갖고 있지 못한 사회공헌의 DNA와 노하우를 외부로부터 얻기 위해 직접 비영리조직 활동가나 사회복지사를 채용하며 전문성을 내재화했다. 사회공헌이 양적으로 성장하던 시기에는 다양한 사회문제에 전략적으로 접근하기 위해 각각의 사회문제에 전문성이 있는 비영리조직 등과의 협력이 곧 사회공헌의 이행수단이었다. 최근에는 협력은 더 폭넓은 의미를 가진다.

(1) 협력의 대두와 필요성

우선 영리 관점에서, 특히 현대 기업에게 협력은 혁신과 불가분의 관계를 가진다. 기업 환경에서 불확실성이 가중됨에 따라 전통적인 경쟁우위를 고수하는 전략은 제한적인 경쟁력을 가진다. 오히려 환경에 적응하고 대응하며 새로운 경쟁우위를 창출해낼 수 있는 혁신 능력이 중요한 경쟁력이 되었다. 혁신 능력은 기존에 기업 내부에 보유하고 있지 못하던 다양하고 새로운 요소들을 필요로 한다. 따라서 기업은 외부와의 협력을 통해 내부에 보유하지 못한 자원과 역량을 확보해야 할 필요성이 커졌다.

공공관점에서, 정부는 기존에 점유하고 있던 독점적 지위는 약화되는 데, 응답해야 할 시민의 욕구는 증대하고 있다는 모순적 상황에 놓이고 있다. 따라서 다양한 시민, 시민조직을 포함한 사회구성원들과의 협력을 확대하는 전략이 필요하다. 이는 단순히 시민과 함께한다는 슬로건 차원의 변화가 아니다. 다양한 구성원들 사이의 이해관계와 갈등, 욕구를 건전하고 참여적인 상호관계로 조정할 수 있는 역량을 가져야 한다는 근본적인 변화의 차원을 포함한다.

이처럼 협력은 한 행위자가 홀로 자신의 목적을 달성할 수 없다는 한계 위에서 시작된다. 그러나 협력의 효용은 여기에서 그쳐서는 안 된다. 즉 단순히 한 조직이 자신의 목적을 달성하는 차원으로만 협력의 효과가 머무는 것이 아니라, 한 행위자를 넘어선 더 큰 차원, 요컨대 복수의 행위자에게 효용이 발생해야 한다는 것이다. 거꾸로 말하면 한 조직에게만 효용을 안겨주는 협력은 제 기능을 다 하지 못하고 중단될 위기에 놓일 가능성이 크다.

따라서 협력을 사고할 때, 단순한 자원의 배분만 생각할 경우, 제한적인 성과를 달성하게 될 가능성이 크다. 협력 안에는 다양한 욕구와 차이, 갈등을 조정하고 통합하고, 목표의 달성을 추진해내는 역량의 요소들이 담겨 있다.

(2) 협력의 효용

협력은 구체적으로 어떤 효용을 갖고 있을까. SDGs는 협력의 본질에 대해 명쾌한 답을 보여준다. SDGs는 17개의 목표(Goals)를 가지고 있는데, 마지막 목표가 파트너십이다. SDGs의 구성원리를 보면, 지구 차원의 생태계 위에 사회가 있고, 그 위에 경제가 있다. 그리고 최상위에 파트너십이 있다. 이른바 SDGs wedding cake 모델[141]이다. 이때의 파트너십, 혹은 협력은 단순히 함께한다는 기계적인 역할분담의 의

그림 6-1_ SDGs의 17개 목표

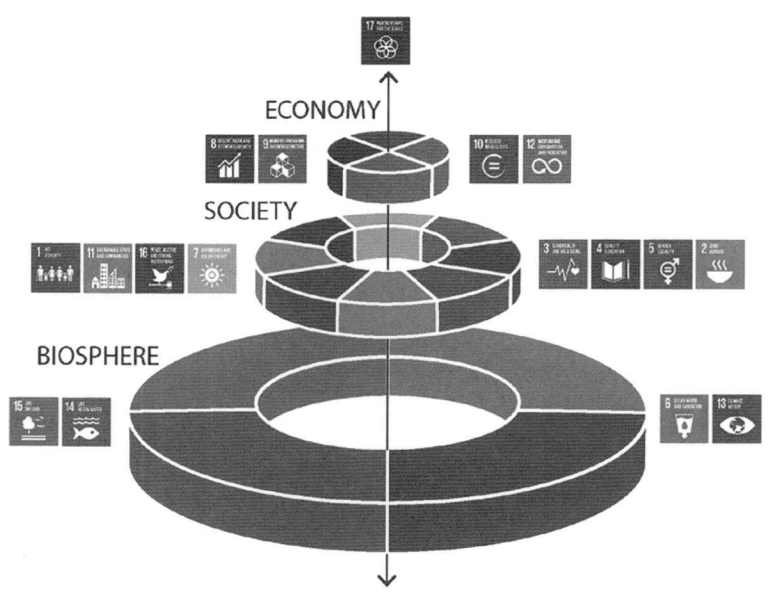

---

141 https://www.stockholmresilience.org/research/research-news/2016-06-14-the-sdgs-wedding-cake.html

표 6-1_ SDGs의 세부목표로부터 파트너십에 기대하는 효용

세부목표 No.	기대효용
3	문제해결을 위한 다양한 원천 동원
6	다양한 차원의 협력과 접근 강화, 지식의 공유 증대
14	문제해결을 위한 정책 일관성 강화
16	지식, 전문성, 경험의 공유와 보완

미가 아니라, 생태계-사회-경제의 변화를 창출할 수 있는 의사결정과 책임, 수단을 포괄하는 개념에 가깝다.

실제로 SDGs 17번 목표는 19개의 세부목표(targets)를 가진다. 이들 세부목표로부터 파트너십에 기대하는 효용을 예시적으로 추출하면 아래와 같다.

위의 표에서 나타나는 바와 같이, 협력의 효용은 단순한 자원 배분과 공유에 그치지 않는다. 협력은 정책적인 수준에서 문제해결을 위해 필요한 의지의 확인과 정책의 일관성 유지에 도움이 된다. 행위자 차원에서는 행위자 사이의 다양한 차이에 기반한 지식과 전문성, 경험이 공유되어 상호 보완될 수 있다. 요컨대, 문제해결을 위한 이해관계자 각자의 성장은 물론, 이해관계자 전체라는 스케일(scale)에서의 문제해결 역량의 증대가 협력의 핵심효용이라 할 수 있다.

(3) 현대의 문제와 사회문제해결형 사회공헌

한국은 다양한 사회문제에 노출되어 있다. 저출생고령화로 대표되는 인구구조의 변화, 남북관계로 대표되는 지정학적 갈등, 양극화와 지역 간 불균형의 심화, 기후변화로 인한 재난과 위기 등이 대표적인 문제로 거론되곤 한다. 이러한 문제들의 특성은 한마디로 단순하지 않다는 점

이다. 과거의 한국사회의 문제들, 예를 들면 빈곤의 심화와 질 좋은 공교육의 부재 등은 심각한 문제이지만, 국가 차원에서 자원의 집중으로 해결할 수 있는 수준의 복잡성을 띠고 있었다. 오늘날 한국은 빈곤 완화와 공교육 보급에 있어 성공적인 변화를 겪었다. 그러나 현대의 문제들은 문제의 규모와 관계없이 그 안에 복잡한 이해관계와 갈등이 내재되어 있으며 사회구조의 변화와 결합되어 고착되고 있다는 특성이 있다.

이른바 '사악한 문제(wicked problem)'도 있다. 사악한 문제는 단일한 주체의 압도적인 자원 투입만으로는 해결이 요원하다. 사악한 문제는 원인이 셀 수 없이 많으며, 설명하기 어렵고, 이렇다할 정답도 없는 경우가 많다. 문제를 해결할 중앙의 통제기관이 없으며, 문제를 해결해야 할 솔루션들이 오히려 문제의 일부가 되어 문제를 왜곡하거나 유발하는 역할을 하기도 한다.

이러한 난제의 등장은 기업사회공헌에도 영향을 미친다. 기업사회공헌의 역사는 자선-전략-문제해결관점으로 요약된다. 초기 기업사회공헌은 자선에 가까웠다. 국가의 보편적 복지 체계가 확립되기 전까지의 시대엔 사회공헌을 통해 사회의 사각지대에서 도움을 필요로 하는 이들에게 자원이 배분되었다. 자선적 사회공헌은 지금도 여전히 중요하지만, 사회공헌은 전략적 사회공헌이라는 개념을 추가했다. 전략적 사회공헌의 개념은 이중적인 목표를 가지고 있다. 기업의 전략에 부응하는 사회공헌, 사회공헌이 자체적으로 전략을 가지고 성과를 내야 한다는 관점이다. 전략적 사회공헌의 시대에, 기업은 각자의 비즈니스와 이해관계자에게 어울리는 사회공헌을 펼쳤다. 사회공헌의 진화는 최근에 이르러 사회문제해결을 강조하는 경향으로 바뀌고 있다. 이 관점은 기업이 창출할 수 있는 사회가치를 높이는 차원, 기업의 규범으로 존재하는 사회적책임을 다하는 차원 모두를 포괄하고 있다. 기업의 사회공헌이 사회문제를 해결하는데 기여할 수 있다는 믿음이 그 바탕에 있다. 그만큼 기업이 고도화되었고, 많은 자원이 기업에 집중되었다는 의미이기도 하다.

(4) 새로운 파트너십과 이해관계자의 등장

사회문제해결은 기업 사회공헌에 두 가지의 숙제를 안겨주었다.

첫번째는 '기업'이 해결할 수 있는 사회문제를 선택하는 것이다. 기업의 핵심역량, 기업의 미션과 조우할 수 있는 사회문제를 찾고 기업의 역량을 효과적으로 투입할 수 있는 방법을 찾는 것이다. 두번째는 사회문제해결을 함께 할 수 있는 파트너를 찾는 것이다. 기업의 압도적인 자원을 있는 그대로 사회에 투입한다고 해서 사회문제가 해결되지는 않는다. 사회문제에 대한 전문성을 지닌 협력 파트너가 필요해졌다. 기존에 복지단체 중심으로 한정되던 전달체계는 비영리조직, 사회적경제조직, 타 기업, 공공기관과 정부 등 다양한 협력 구조로 확장, 재편되고 있다. 즉 문제를 해결할 수 있는 조직과 실행체계를 향해 진화하고 있는 것이다.

기업이 고도화되고, 자원이 풍부하다고 하더라도, 기업이 홀로 사회문제를 해결할 수 없다는 점이 최근 받아들여지고 있다. 이는 기존에 해왔던 협력으로는 지금의 문제를 해결할 수 없다는 의미이기도 하다. 과거의 협력은 기업의 사회공헌 자원이 일종의 전달체계(파이프)를 타고 필요한 곳에 전달되는 것으로 한정되었다. 예를 들면 기부금이 소외계층에게 서비스나 물품의 형태로 전달되는 것이다. 이렇게 사회공헌 자원의 전달이 협력을 대신하는 경우에는, 협력의 품질은 곧 전달체계의 견고성에 의해 결정된다. 누수가 없이 투입되는 자원이 끝까지 전달되는 것이 협력의 품질이다.

그러나 복잡한 사회문제 앞에서는 전달체계라는 개념이 큰 의미가 없다. 사회문제의 어느 요소에 자원이 투입되고 집중되어야 사회문제가 해결될 수 있는 것인지에 대한 탐색이 선행되어야 하며, 때로는 기존의 전달체계가 아닌 다른 성격의 조직을 통해 서비스가 제공되어야 할 수도 있고, 때로는 완벽한 모델이 없는 상태에서 실험적인 시도를 해봐야 할 수도 있다. 이런 경우 협력의 품질은 누수 없는 전달체계보다는 협력체계가 가진 비전과 탐색, 현장 변수에 대한 유연한 대응력, 지속적인 소통과 상호 강화에 의해 좌우된다. 기업과 기업의 협력체계가 모두 각자의 확고한 전문성을 가지고 있어야 하며, 이를 통해 사회문제해결의 각 국면에서 적절한 기여를 해야 한다. 이는 새로운 스케일의 비전이다. 컬랙티브임팩트와 같은 개념이 기업사회공헌에 영향을 미치게 된 배경이다.

(5) 파트너십의 품질 변화

컬랙티브임팩트의 5요소는 새로운 차원과 스케일의 변화를 만들기 위해 공동의 목적을 가진 서로 다른 조직이 헌신하기 위해서 가져야 할 관행이다. 해결하고자 하는 문제에 대한 합의된 이해(Common Agenda)가 있어야 한다. 합의된 이해는 단순히 문제에 대한 서사적, 논리적 슬로건으로서 활용되어서는 안되고 실질적인 계획과 수단을 통해 구체화되어야 한다. 이를 강제하기 위해서는 평가의 방법과 내용이 공유(Shared Measurement)되어야 한다. 즉 무엇이 협력의 성공인지 정의하고, 성공적인 협력을 위해 무엇을 할 것이며, 이런 시도는 어떤 산출로 귀결되어야 할 것인지가 명확해야 한다. 이러한 측정과 평가의 공유는 서로 다른 조직이 상호간의 행위를 이해할 수 있는 기반이 되며, 서로 다른 접근들이 가진 특성들이 발휘하는 시너지를 확인할 수 있는 효과적인 방법이다. 이를 통해 각자의 차별화된 접근들이 서로를 강화(Mutually Reinforcing Activities)시키며, 이러한 강화가 전체의 강화로 수

렴된다. 이의 반복과 지속을 위해 끊임없는 소통(Continuous Communication)이 필요하다. 서로의 역할과 위치, 기여, 지금까지의 성과와 부족한 점, 앞으로의 노력과 계획에 대한 확인이 협력의 각 요소들이 제 역할을 의심 없이 지속할 수 있는 토대가 되기 때문이다. 그리고 이런 모든 일은 협력 안에서 자연발생적으로 나타나지 않는다. 이런 요소들을 작동하게 하고, 협력의 바퀴가 멈추지 않게 돌아가게 하는 중추조직(Backbone Support)이 필요하다. 당연히 중추조직은 충분한 자원과 역량을 지니고 있어야 한다.

4. 사회공헌의 변화와 이해관계자

이해관계자의 변화에 따른 사회공헌의 변화는 크게 세 방향에서 진행되고 있다.

(1) ESG와 사회공헌의 재정의

ESG는 '사회(S)' 영역에서도 의미 있는 변화를 촉발한다. 사회공헌의 경우 그 변화는 더욱 드라마틱하다. 과거의 사회공헌은 소외계층을 위한 복지 증진이 가장 큰 대의를 차지하고 있었다. 이 대의는 여전히 유효하다. 그러나 현장의 실무자들은 ESG를 매개로 기업의 전략-ESG 전략-사회공헌 전략이 어떻게 유기적으로 연결될 수 있는지를 핵심적인 고민거리로 생각하고 있다. 그 결과는 낮은 차원에서는 ESG 평가요소에서 사회공헌이 어떻게 이용되는지 이해하고, 이에 맞추어 사회공헌을 조정하려는 욕구로 나타나기도 한다. 그러나 대부분의 ESG 프레임워크에서 사회공헌의 비중이 낮으므로, 이런 시도는 다른 방향으로 발전한다. ESG의 요소들 중 사회공헌과 관련성을 접목할 수 있는 요소를 발견하는 것이다. 예를 들면 TNFD 대응을 고민하는 기업의 사회공헌팀에서 적극적으로 생물 다양성이나 생태계 보존과 관련한 사회공헌 사업을 구상하는 경우가 있다. 또한 기업의 핵심비즈니스의 가치사슬 강화 및 보호를 위해 사회공헌이 활용되기도 한다. 모빌리티 기업에서 운수업계 종사자 자녀를 위한 사회공헌을 강화하거나, 대리점을 통해 비즈니스를 펼치는 기업에서 기존의 상생프로그램과 사회공헌을 혼합해 진행하는 방식 등이 그 예라 할 수 있다.

이는 단순히 사회공헌의 대상이 되는 이들의 범위가 넓어지는 것만을 의미하지 않는다. 기업에서 사회공헌을 조금 더 기업 전략 중심으로 해석하며 기업의 가치를 높이는 방향으로 재구성하고 있는 현상의 반영이라 할 수 있다.

(2) 기업 사회공헌과 협력의 다양화

과거에는 기업 사회공헌의 협력은 대부분 비영리조직과의 파트너십을 기반으로 진행되었다. 기업이 관심갖는 특정 사회문제에 개입하는 조직을 찾아 후원하거나, 이 조직과 기업이 협력 프로그램을 기획하고 집행하는 것이었다.

최근에는 기업이 다양한 형태의 사회문제에 관심을 기울이고 있는데, 이는 사회공헌 협력의 대상 변화와도 관련이 있다. 사회적경제조직과의 협력이 증가하고, 소셜벤처나 비영리스타트업의 활동이 활발해지면서 사회공헌의 주제 범위도 확대되었다. 기존의 비영리조직이 담고 있지 못하던 사회문제에 대한 개입도 가능해진 것이다. 사회공헌의 형식도 다변화되었다. 비영리조직과는 기부라는 형식을 통해서만 협력이 가능했다면, 소셜벤처에 대한 투자나 사회적경제조직의 상품, 서비스 구매 등도 사회공헌의 한 형태로 인식되기 시작했다. 기업의 창업을 지원하고, 기업에게 무이자 대출 등의 서비스를 제공하는 등 비영리에게는 제공할 수 없는 서비스를 제공할 수 있게 되었다. 때로는 기업이 특정 사회문제를 해결하고 있는 임팩트 창출 목적의 기업을 인수하기도 한다.

이러한 변화와 함께 기부의 형태도 다양해졌다. 전통적인 기부는 기업이 비영리단체에 기부금을 전달하거나 직접 기업(가)재단을 설립하는 것이 일반적이었다. 현재는 이 외에도 기업의 목적에 따라 다양한 기부방식이 운영되고 있다. 우선 시민, 임직원과 기업이 함께 기부금을 조성하는 매칭그랜트가 나타났다. 기부자, 임직원이 특정 공익활동에 기부할 경우, 기업이 이에 비례해 기부금을 더하는 방식이다(CJ도너스캠프). 기업의 임직원이 급여 일부를 기부해 설립한 재단도 있다. 기업의 임직원이 급여의 1%를 정기적으로 기부한다든가, 기업임직원이 직접 재단설립에 참여하고 사업비를 기부하면, 기업도 이 재단에 사업비를 기부한다(HD현대1%나눔재단, 포스코1%나눔재단 등). 다수의 기업들이 참여해 공동의 재단을 설립하기도 한다. 이 경우는 대개 기업들이 같은 업종을 영위하고 있는 경우가 일반적이다. 같은 업종을 영위하는 기업들이 공동으로 인식하고 있는 사회문제에 대해 함께 대응하는 것이다. 이렇게 설립된 재단은 공익활동 조직에게 사업비를 지원하거나 직접 사업을 진행한다(생명보험사회공헌재단 등). 기업과 비영리조직이 전략적인 협업을 통해 재단을 설립하기도 한다. 재단의 초기 설립과정에서 역량있는 비영리조직과 함께 해 초기 운영과 사업을 세팅한다든가, 기업이 특정 사회문제해결을 목적으로 재단을 설립하고 그 운영에 있어 기업과의 연계성을 최소화하는 방식도 있다(재단법인 해피빈, 재단법인 숲과나눔 등). 최근에는 기업의 노조와 기업이 함께 사회공헌재단을 설립하기도 한다(금융산업공익재단).

(3) 중간지원조직의 등장

협력이 다변화되면서 새롭게 등장한 이해관계자로 중간지원조직을 들 수 있다. 중간지원조직은 사회공헌과 연계되어 중요한 생태계 지위를 차지하게 되었다. 과거의 중간지원조직은 주로 모금과 배분 기능 중심의 조직이었다. 기업의 기부금을 받고, 이를 현장 조직들에 배분하는 것이었다.

이런 중간지원조직의 질서에 두 가지 변화가 생겼다. 첫번째 층은 사회적경제기업들로부터 생겨났다. 이 중간지원조직들은 사회적경제기업의 창업지원, 성장지원 등의 서비스를 제공하고, 지원금부터 대출, 투자 등의 서비스도 제공한다. 이러한 중간지원조직들은 개별 현장조직들을 직접 지원하기 힘든 기업의 애로점에 대한 대안으로 작동해 사회공헌 프로그램을 기획하고 집행하는 새로운 주체가 되었다.

중간지원조직의 또 한 층은 중앙정부와 지자체로부터 출현했다. 비영리단체, 사회적경제조직, 마을활동 등 사회혁신을 지원하는 중간지원조직이 다양하게 등장했고, 이들 조직의 활동으로 현장 조직들의 역량강화, 의제 설정, 협력, 정보의 축적과 교환 등이 더 활발해졌다. 중앙정부와 지자체의 중간지원조직은 기업과 현장조직을 연결하며 공공의 이익을 확장하기 위한 협력을 매개하기도 한다.

비영리, 사회적경제 등의 구분과는 무관하게 현장 조직들은 대개 자기 미션과 고유 활동에 집중하는 반면, 중간지원조직들은 이들을 생태계적 관점에서 조망하게 된다. 즉 현장조직들의 활동에 대한 탐색은 물론 정책, 제도, 관련 분야의 연구 등을 수행하며 생태계 강화에 나서게 된다. 이러한 중간지원조직의 노력은 고유의 전문성을 축적하게 되고, 이는 기업사회공헌과의 협력을 촉진하는 또 하나의 요소가 되었다. 중간지원조직의 등장으로 기업 사회공헌과의 이전보다 더 큰 스케일로 사회문제를 조망하고 프로그램을 실행할 수 있는 기회를 갖게 되었다.

또한 중간지원조직의 프로젝트 기획, 수행, 관리기능을 활용해 기업의 목적에 부합하게 사회공헌 자원을 확대할 수 있는 기회도 갖게 된다.

(4) 다자간 협력의 가능성

이렇듯 다양한 이해관계자의 등장과 변화는 하나의 기대감으로 귀결된다. 다자간 협력 모델이 등장할 수 있느냐는 것이다. 기업의 사회공헌이 '사회문제해결'을 고민하는 순간부터, 기업이 고도화되고, 자원이 풍부하다고 하더라도, 기업이 혼자 사회문제를 해결할 수는 없다는 현실에 직면한다.

과거의 협력은 기업의 사회공헌 자원이 일종의 전달체계(파이프)를 타고 필요한 곳으로 이동하는 것으로 한정되었다. 그러나 최근 기업이 집중하는 문제는 단순한 자원의 전달이 아니라 문제해결에 필요한 전문성과 인프라를 가지고 있는 여러 유형의 조직들을 찾아 이들의 역량을 조립하는 과정에 가깝다.

기업이 사회공헌을 통해 실현시키고자 하는 것이 기존의 전달체계에서는 존재하지 않는 경우, 기업은 스스로의 기술과 인프라로 해낼 수 있는 부분과 그렇지 않은 부분을 구분한다. 기업이 구성하는 협력모델 안에는 기존의 사회공헌 파트너십 뿐 아니라 중앙정부나 지자체, 연구조직, 기업의 주요 이해관계자 조직들이 참여하게 된다. 예를 들면 자원순환을 이루고자 하는 기업에게는 소외계층의 자립에 전문성이 있는 전통적인 비영리조직보다는 기업의 소비자를 움직이는 캠페인 전문조직이나, 기업 상품으로부터 발생하는 폐기물을 수거하고 운반할 수 있는 운송 업체, 수거나 운송에 있어 기존의 제도적 관행이 지닌 경직성을 완화해줄 공공조직, 프로젝트를 통해 창출된 성과를 객관적으로 측정하고 평가해 이를 재조명해줄 연구조직 등이 더 적합한 파트너이다. 이들 파트너는 비영리, 영리, 정부조직 및 공공기관 등 다양한 형식으로 운영되고 있기에 협력에 있어서의 다면적인 원리들이 적용될 수밖에 없다. 이는 기업사회공헌에게도 하나의 실험이며 새로운 학습의 기회이다.

7장

기술변화와 사회공헌

들어가며: 기술이 바꾸는 사회공헌의 지형

4차 산업혁명으로 대변되는 기술의 급격한 발전은 기업 사회공헌을 포함한 모든 경영 환경에 근본적인 변화를 초래하는 핵심 동인으로 작용하고 있다. 인공지능(AI), 빅데이터, 사물인터넷(IoT) 등 2010년대 후반부터 사회·경제 시스템을 근본적으로 재편하고 있는 디지털 기술은 단순히 사회공헌 활동의 효율성을 높이는 도구를 넘어, 사회가 직면한 문제의 본질과 해결 방식 자체를 바꾸고 있다.

이 장에서는 한국 기업들의 사회공헌 현장에서 실제로 일어나고 있는, 그러나 겉으로 잘 드러나지 않는 기술과 사회공헌의 역동적인 만남을 포착하고자 한다. 기술 변화가 만들어내는 '기회'와 '위험'이라는 양면성 속에서, 기업들이 어떻게 새로운 사회적 가치를 창출하고 있는지,

그리고 이러한 변화가 우리 사회의 미래에 어떤 의미를 갖는지 살펴볼 것이다.

디지털 전환과 트윈 전환: 새로운 패러다임의 부상

(1) 가속화되는 디지털 전환

사회공헌 환경을 바꾸는 가장 근원적인 동인은 '디지털 전환(Digital Transition)'의 전례 없는 가속화다. 2010년대 후반부터 꾸준히 진행되어 온 이 흐름은, 특히 2022년 생성형 AI의 등장을 기점으로 질적인 변곡점을 맞이하며 사회 전반의 변화를 더욱 압축적으로 이끌고 있다.[142]

이러한 기술 변화의 흐름 속에서, 산업 경쟁력 제고를 위한 '디지털 전환'과 기후위기 대응을 위한 '녹색 전환'을 동시에 추진해야 한다는 '트윈 전환(Twin Transition)'이 주요 국가들의 새로운 정책 기조로 주목받고 있다.[143] 유럽연합(EU)을 필두로 세계 주요국들이 국가 미래 전략의 핵심으로 채택하면서, 기업 경영에 직접적인 영향을 미치는 거대한 외부 환경의 변화로 자리 잡았다.[144]

(2) 트윈 전환의 딜레마

그러나 '트윈 전환' 패러다임은 본질적인 딜레마를 내포하고 있다. 디

---

142 트리플라잇(2024), '빅데이터와 AI로 찾는 사회문제 해결 전략'.
https://www.triplelight.co/insight/building-solution-strategies-with-bigdata-and-ai-52bg02
143 뉴스1(2024.9.10.), '[미래읽기] 디지털-그린 트윈전환 시대의 도전과 기회'.
https://www.news1.kr/politics/assembly/5537765
144 관계부처합동(2025), 글로벌 과학기술 강국 실현을 위한 AI + S&T 활성화 방안.
https://www.moef.go.kr/com/cmm/fms/FileDown.do;jsessionid=xdXNokmr6o5QZGGBTMSiSre0.node60?atchFileId=ATCH_000000000028495&fileSn=8

그림 7-1_ '트윈 전환'의 개념[145]

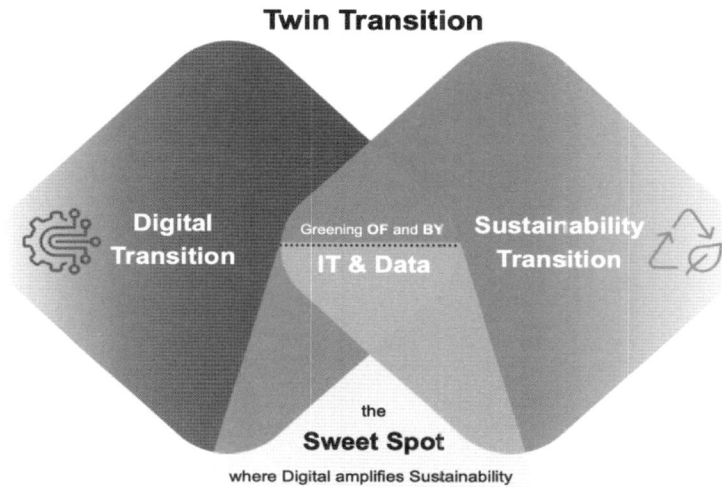

지털 전환의 핵심인 AI 모델 훈련, 대규모 데이터센터 운영 등은 막대한 양의 에너지를 소비하며, 이는 탄소 배출 감축을 목표로 하는 녹색 전환의 방향과 정면으로 충돌한다. 실제로 한 연구에 따르면 2027년까지 AI 기술이 소비하는 전력량은 대형 원자력 발전소 20기 이상이 생산하는 전력량에 해당할 수 있다는 경고가 제기되었으며,[146] EU는 디지털 기술이 유럽 전체 온실가스 배출량의 최대 4%를 차지할 수 있다

145　World Economic Forum (2022), What is the 'twin transition' - and why is it key to sustainable growth? https://www.weforum.org/stories/2022/10/twin-transition-playbook-3-phases-to-accelerate-sustainable-digitization/
146　Alex de Vries (2023), The growing energy footprint of artificial intelligence. Joule, 7(10). https://www.technologyreview.com/2025/05/20/1116327/ai-energy-usage-climate-footprint-big-tech/

고 분석했다.147

이는 디지털 혁신을 추구할수록 환경적 부하가 커지는 역설적인 상황을 의미하며, 기업들에게 성장과 지속가능성이라는 상충하는 목표를 동시에 관리해야 하는 근본적인 과제를 안겨주고 있다.

(3) 기술이 초래한 사회 구조의 변화: 기회와 위험의 공존

기술 변화는 우리 사회 구조 전반에 걸쳐 기회와 위험이 공존하는 이중적인 현실을 만들어내고 있다.148 한편으로 기술은 과거에는 해결 불가능했던 사회문제에 대한 혁신적 해법을 제시하며 새로운 기회를 창출한다. 다른 한편으로는 일자리 구조의 재편, 디지털 격차 심화, 알고리즘의 편향성 등 이전에는 없던 새로운 형태의 사회적 위험과 불평등을 야기한다. 오늘날 기업 사회공헌은 기술이 만들어낸 새로운 기회를 활용하는 동시에, 기술이 파생시킨 사회적 위험을 완화해야 하는 '이중의 과제(Dual Mandate)'에 직면하고 있다.149

긍정적 변화: 사회문제해결의 새로운 가능성

(1) 혁신적 해법의 등장

AI와 빅데이터 기술의 발전은 기존에는 해결이 어려웠던 사회적 문제에 대한 새로운 해결책을 가능하게 하고 있다. 공중 보건 분야에서는

147　European Commission (2025), Green digital sector - Shaping Europe's digital future. https://digital-strategy.ec.europa.eu/en/policies/green-digital
148　국회미래교육원(2023), '트리플 트랜지션(Triple Transition)- 디지털 전환, 녹색 전환, 그리고 국제질서 전환'. https://eiec.kdi.re.kr/policy/domesticView.do?ac=0000177863
149　UNESCO (2021), Ethics of Artificial Intelligence: Policy Paper. https://unesdoc.unesco.org/ark:/48223/pf0000379920

질병 조기 진단 정확성이 향상되고, 재난 및 안전 분야에서는 AI 영상 분석을 활용해 하천 범람이나 화재 위험을 사전에 예측할 수 있게 되는 등 증거 기반의 사회문제해결 역량이 크게 개선되고 있다.[150]

실제 기업 현장에서도 자사의 핵심 기술을 활용하여 사회문제에 접근하려는 시도가 확산되고 있다. 한 IT 기업에서는 고령화라는 사회적 문제와 AI라는 자사 기술의 교차점에서 새로운 사회공헌 모델을 발견했다고 설명한다.

"사회가 고령화되고 저희가 갖고 있는 기술은 통신에서 이제 AI로 넘어가고자 하는 회사의 어떤 방향성이 명확히 있다 보니까 사회의 필요와 회사의 지향점이 이제 교차점이 좀 나왔던 부분들이 있고, 그게 AI 돌봄이었던 것 같아요."

이처럼 AI 돌봄 서비스는 기술을 통해 독거노인의 안전을 확인하고 정서적 교감을 나누는 등 기존의 방식만으로는 한계가 있던 사회적 돌봄의 공백을 메우는 효과적인 대안으로 주목받고 있다. 또한 기술을 활용해 사회공헌 활동의 임팩트를 정량적으로 측정하고 증명하려는 노력도 나타난다. 한 화장품 기업의 경우는 아래와 같이 설명한다.

"드론을 띄워서 촬영을 하게 되면 그 식생들이 얼마나 탄소를 포집하고 있는지 알수 있는 기술을 가진 스타트업과 함께 프로젝트를 진행하고 있습니다. 그래서 그 업체가 가진 기술을 활용해서 우리의 활동이 실제로 환경에 긍정적인, 그러니까 유의미한 결과가 있었는지 도출을 하게 되고 유의미한 변화가 있었다면 여기에 좀 더 투자해서 확장할 수

---

150 UNESCO(2021), Ethics of Artificial Intelligence: Policy Faper. https://unesdoc.unesco.org/ark:/48223/pf0000379920

있을 것 같아요."

이러한 접근은 사회공헌 활동의 성과를 직관적이고 과학적인 데이터로 제시함으로써 사업의 효과성을 높이고, 향후 투자를 확대하는 선순환 구조를 만드는 기반이 된다는 점에서 의미가 있다.

(2) 사회적 포용성 증대

기술은 정보와 서비스에 대한 물리적, 사회적 장벽을 허물어 소외계층의 사회 참여를 촉진하고 삶의 질을 개선할 잠재력을 지닌다. OECD 보고서에 따르면, AI 기술은 장애인이나 저숙련 근로자 등 취약계층의 직업 접근성을 개선하고, 이들의 역량 강화를 통해 노동시장 포용성 증진에 기여할 잠재력이 있다.[151]

국내 기업들 역시 IT 기술을 활용해 장애인의 정보 접근성을 높이거나, 온라인 플랫폼을 통해 지역적 한계를 넘어선 문화 교육 기회를 제공하는 등 사회적 포용성을 높이는 데 기여하고 있다. 한 IT 기업의 경우는 다음과 같이 설명한다.

> "저희가 기반하는 AI 서비스에 대한 장애인, 노약자 고객분들의 접근성을 좀 높이고, 또 한편으로는 저희가 개발한 AI를 가지고 사회적 기업이나 스타트업들의 솔루션과 접목시켜서 일자리 접근성이나 정보 접근성을 좀 더 효과적으로 할 수 있도록 AI를 사회적 가치 창출하는 또 하나의 유용한 툴로 쓰기 위한 다양한 프로젝트들을 진행하고 있고요."

코로나19 팬데믹은 비대면 기술의 발전을 촉진하며 이러한 변화를

---

151 OECD (2023), OECD Employment Outlook 2023. https://www.oecd.org/en/publications/oecd-employment-outlook-2023_08785bba-en.html

더욱 가속화했다. 한 엔터테인먼트 기업의 담당자는 온라인 교육 기술 덕분에 기존의 수도권 중심 프로그램을 전국 단위로 확대할 수 있었던 경험에 대해 이야기한다.

> "코로나로 만나는 것 자체가 어려워지다 보니 줌을 활용한 온라인 수업이 진행이 됐었는데 온라인 교육 기술이 발달이 되어 있다 보니 빠르게 수업의 형태도 온라인으로 바꿀 수가 있고, 그렇게 하다 보니 원래는 수도권 아이들만 대상으로 진행할 수 있었는데 이제는 전국 단위로 진행을 하거든요. 거제에서도 줌으로 다 수업을 받을 수가 있어서…."

이 사례는 기술이 물리적 제약을 극복하고 더 많은 사람에게 동등한 기회를 제공하는 포용적 도구로 기능할 수 있음을 명확히 보여준다.

부정적 변화: 새로운 사회적 위험의 형성

(1) 노동시장의 구조적 재편

기술 발전이 노동시장에 미치는 영향은 과거와는 다른 양상으로 전개되고 있다. 과거 자동화가 주로 육체적이거나 반복적인 업무를 대체했다면, 최근 AI는 분석, 판단 등 비반복적이고 인지적인 업무까지 수행하여 고숙련 전문직 종사자들의 일자리에도 영향을 미칠 수 있다는 지적을 받는다.[152] 이는 노동 시장의 불안정성이 사회 전 계층의 문제로 확산되는 원인이 되고 있으며, 특히 신규 채용 축소로 이어져 청년층에게 충격이 집중될 수 있다는 우려를 낳고 있다.

---

152 OECD (2023), OECD Employment Outlook 2023. https://www.oecd.org/en/publications/oecd-employment-outlook-2023_08785bba-en.html

(2) 디지털 격차의 심화

디지털 격차는 단순히 PC나 스마트폰 등 기기 보유 여부를 넘어, AI 등 첨단 기술을 활용할 수 있는 '디지털 역량'의 차이로 심화되고 있다. 2024년 조사에 따르면, 고령층의 디지털 정보화 수준은 전체 국민의 71.4%에 그쳐 디지털 전환이 가속화되는 사회에서 고령층이 금융·의료·행정 등 필수 서비스 이용에서 배제될 위험이 높아지는 구조적 문제가 나타난다.[153]

디지털 서비스를 제공하는 기업들은 이러한 문제의 심각성을 인지하고, 기술 발전의 혜택에서 소외되는 계층을 지원하기 위한 노력을 기울이고 있다. 특히 디지털 플랫폼 기업들은 자사 서비스가 낳을 수 있는 정보 격차 문제에 직접 대응하는 모습을 보인다. 한 플랫폼 기업의 경우는 다음과 같이 설명한다.

> "저희도 기술격차라고 하는 사회문제로부터 자유롭지 않거든요. 그러다 보니까 지금 저희가 작년부터 시작하고 있는 것 중에 하나가 '시니어 디지털 OOO'이라고 하는 어르신 대상의 좀 기초적인 서비스 활용들… 금융 사기나 혹은 워낙 잘못 이용하시면 문제가 생길 수 있기 때문에 그런 것들을 교육하는 프로그램도 상당히 크게 하고 있고…"

이는 기업이 자사의 비즈니스로 인해 발생하는 사회적 리스크를 완화하고, 문제해결의 주체로 나서려는 책임 있는 태도를 보여주는 사례다. 나아가, 기업들은 현재의 디지털 격차를 넘어 미래에 발생할 수 있는 새로운 격차 문제에 선제적으로 대응하기도 한다. 한 IT 기업에서는

---

[153] 과학기술정보통신부(2024), 2024년 디지털 정보격차-웹 접근성- 스마트폰 과의존 실태조사 결과 발표. https://eiec.kdi.re.kr/policy/callDownload.do?num=264828&filenum=1&dtime=20250328020727

청소년들 사이에서 발생할 'AI 격차'를 새로운 사회문제로 인식하고 관련 교육 프로그램을 운영하고 있다고 밝혔다.

> "AI가 우리 사회에 전개되면서 청소년들 입장에서는 잘 쓰는 친구들과 못 쓰는 친구들 간의 AI 격차가 발생할 사회 문제라고 보고 그것을 해결해 나가기 위해서 AI 격차를 돕는 AI 코딩 스쿨과 같은 교육 프로그램 등을 운영하는…."

이러한 활동은 기업 사회공헌이 단순히 현재의 문제를 해결하는 것을 넘어, 미래의 사회적 위험을 예측하고 예방하는 역할로 확장되고 있음을 시사한다.

(3) 알고리즘 편향성과 공정성 훼손

AI 알고리즘은 과거 데이터를 기반으로 학습하기 때문에 데이터에 내재된 사회의 편견과 차별을 그대로 학습하고 증폭시킬 위험이 있다.[154] 실제로 아마존의 AI 채용 시스템이 여성 지원자를 체계적으로 탈락시킨 사례처럼, 알고리즘이 채용, 금융 등 중요한 영역에서 불공정한 결과를 낳으며 사회적 신뢰를 훼손하는 새로운 위험의 원천이 된다. 이에 뉴욕시의 'AI 채용법' 시행 등 알고리즘의 공정성 확보는 기업이 반드시 준수해야 할 사회적 책무로 부상 중이다.[155]

---

154 김일우(2024), 고위험 인공지능시스템의 차별에 관한 연구. 서강법률논총, 13(1).
155 중앙일보(2023.7.6.), '美 뉴욕 '이력서 거르는 AI'에 규제…"인종·성차별 가능성 보고하라", https://www.joongang.co.kr/article/25175308

그림 7-2_ 기술의 양면성 매트릭스

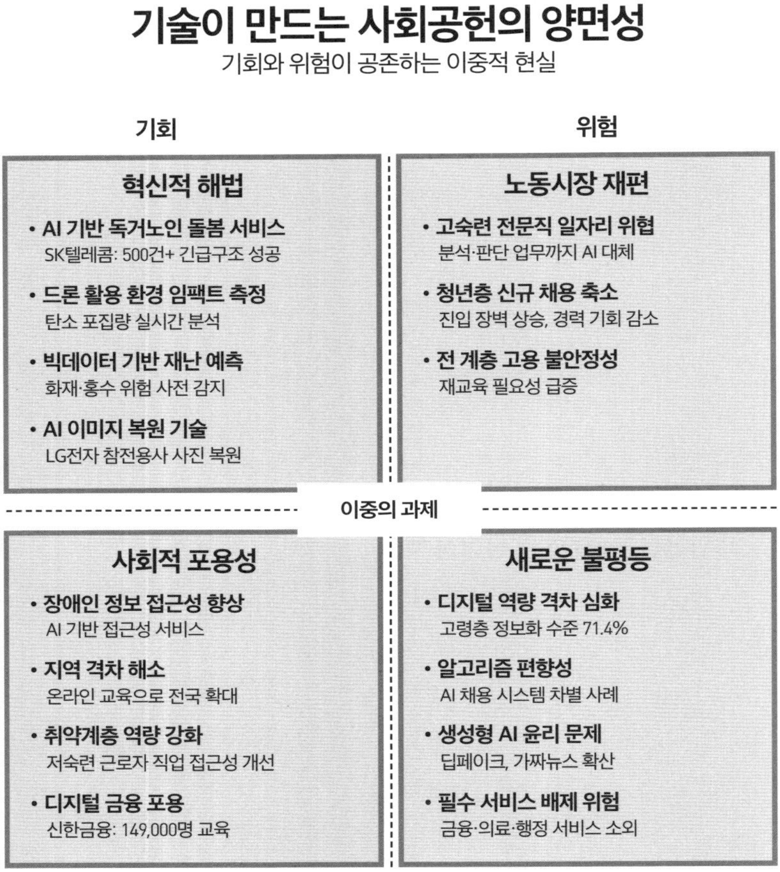

기술이 만드는 사회공헌의 양면성
기회와 위험이 공존하는 이중적 현실

기회

혁신적 해법
- AI 기반 독거노인 돌봄 서비스
  SK텔레콤: 500건+ 긴급구조 성공
- 드론 활용 환경 임팩트 측정
  탄소 포집량 실시간 분석
- 빅데이터 기반 재난 예측
  화재·홍수 위험 사전 감지
- AI 이미지 복원 기술
  LG전자 참전용사 사진 복원

위험

노동시장 재편
- 고숙련 전문직 일자리 위협
  분석·판단 업무까지 AI 대체
- 청년층 신규 채용 축소
  진입 장벽 상승, 경력 기회 감소
- 전 계층 고용 불안정성
  재교육 필요성 급증

─── 이중의 과제 ───

사회적 포용성
- 장애인 정보 접근성 향상
  AI 기반 접근성 서비스
- 지역 격차 해소
  온라인 교육으로 전국 확대
- 취약계층 역량 강화
  저숙련 근로자 직업 접근성 개선
- 디지털 금융 포용
  신한금융: 149,000명 교육

새로운 불평등
- 디지털 역량 격차 심화
  고령층 정보화 수준 71.4%
- 알고리즘 편향성
  AI 채용 시스템 차별 사례
- 생성형 AI 윤리 문제
  딥페이크, 가짜뉴스 확산
- 필수 서비스 배제 위험
  금융·의료·행정 서비스 소외

(4) 생성형 AI가 촉발한 새로운 윤리적 문제

생성형 AI의 확산은 사실과 다른 정보를 그럴듯하게 만들어내는 '환각 현상', 정교한 가짜뉴스 및 딥페이크를 통한 여론 왜곡, 기존 저작권 체계와의 충돌, 민감한 개인정보 유출 등 이전에는 없던 새로운 윤리적 딜레마를 사회 전반에 제기하고 있다. 이는 진실, 창작, 신뢰라는 사회의 근본 가치를 위협하는 새로운 위험 요인이다.

(5) 기술의 양면성과 기업 사회공헌의 새로운 책무

2020년대에 들어 가속화된 기술 환경의 변화는 기업 사회공헌이 마주한 현실의 본질을 근본적으로 바꾸고 있다. 기술은 사회적 난제 해결을 위한 혁신적 도구라는 '기회'의 측면과, 디지털 격차, 고용 불안, AI 윤리와 같은 새로운 사회적 위험을 야기하는 '과제'의 측면을 동시에 지닌다.

기술의 양면성이 부각되면서, 기업 사회공헌의 역할에 대한 기대가 변화하고 있다. 현장에서는 기업이 기술 도입에 앞서 사회적 책임과 새로운 책무에 대한 논의가 활발해지기도 한다. 한 IT 기업의 경우는 사회공헌 활동의 추진 기준을 다음과 같이 설명하며 변화된 관점을 드러냈다.

> "저는 사회공헌의 기준이 세 가지로 나뉜다고 생각합니다. 첫째는 우리 회사의 비즈니스가 만들어낼 수 있는 사회적 리스크에 대응하고자 할 때, 둘째는 이해관계자들과 변화를 만들고 싶을 때, 마지막으로 우리만 할 수 있거나 우리가 특히 잘할 수 있는 일일 때인데, 이 마지막 기준에 기술이 상당히 많이 포함됩니다."

이 발언은 기업이 기술 역량을 활용하는 것(잘할 수 있는 일)과 기술로 인한 사회적 위험을 관리하는 것(리스크 해결)을 사회공헌의 핵심적인 역할로 인식하고 있음을 명확히 보여준다.

더 나아가, 기술 기반 기업들 사이에서는 사회공헌과 비즈니스의 경계가 점차 모호해지는 현상도 나타난다. 한 핀테크 기업의 경우는 자사의 기술과 서비스를 활용한 사회공헌이 별도의 활동이 아닌, 비즈니스 본연의 가치를 확장하는 과정이라고 설명한다.

"특히 금융업이나 IT 기업들 같은 경우에는, 꼭 사회적 기업이 아니더라도 기업이 만드는 서비스나 제품이 많은 사회 문제를 해결하고 사회적 가치를 만들어내고 있다고 생각해요. 예를 들어서, 아이폰의 '손쉬운 사용' 기능을 애플이 사회공헌이라고 얘기하진 않잖아요. 본인들의 기술력을 활용해서 서비스를 더 좋게 만든 거죠. 저는 궁극적으로 기업들이 이런 식으로 성장해 나가지 않을까 싶고, 그러다 보면 사회공헌 활동과 일반 사업 활동의 구분이 점점 더 모호해질 것 같다는 생각이 들어요."

이처럼 최근 기업 사회공헌 영역에서는 기술 활용이 사회에 미치는 긍정적 영향뿐 아니라 부정적 외부효과와 그에 따른 책임 문제가 함께 대두된다. 이러한 변화 속에서, 기술을 통한 새로운 가치 창출과 더불어 사회적 책임에 대한 논의와 움직임이 나타나고 있다.

트윈전환 시대, 기술이 만드는 사회공헌의 새로운 모델

앞서 살펴본 기술의 양면성은 실제 한국 기업의 사회공헌 현장에서 어떠한 구체적인 현상으로 발현되고 있을까? 기술이 제공하는 '기회'의 측면에 초점을 맞추어 보면, 크게 두 가지 흐름이 관찰된다. 첫째, 기술 자체가 사회공헌 활동의 핵심이자 목적으로 기능하며 과거에는 존재하지 않았던 새로운 형태의 사회공헌 프로그램이 탄생하고 있다. 둘째,

기술이 기존에 존재하던 사회공헌 활동의 효과성, 효율성, 투명성을 높이는 강력한 도구로 활용되고 있다.

(1) 기술을 활용한 새로운 사회공헌 모델의 등장

기술이 기업의 사회공헌 활동에서 차지하는 역할이 근본적으로 변하고 있다. 과거 기술이 기존 활동을 보조하는 수단에 머물렀다면, 이제는 이전에는 시도하기 어려웠던 새로운 사회공헌 모델을 구현하는 핵심 동력으로 작용하는 현상이 나타나고 있다. 특히 AI, 빅데이터, 플랫폼 등 기업이 보유한 핵심 기술 역량 자체가 사회문제의 해결책으로 직접 제시되거나, 미래의 잠재적 위험에 미리 대응하는 예방 활동의 기반이 되는 사례들이 관찰된다.

(2) AI 기반 사회 안전망의 확장: 물리적 돌봄에서 정서적·역사적 예우까지

고령화와 사회적 고립은 한국 사회가 직면한 심각한 문제이며, 이를 해결하기 위한 돌봄 수요는 급증하고 있다. 이러한 상황에서 통신 및 IT 기업들은 자사의 기술이 사회적 필요와 만나는 지점에서 'AI 돌봄 서비스'라는 새로운 사회공헌 모델을 창출하고 있다.

SK텔레콤의 'AI 돌봄 서비스'는 이러한 변화를 종합적으로 보여준다. AI 스피커 '누구(NUGU)'를 통해 평시에는 어르신들의 말벗이 되어주고, 위급 시에는 "살려줘!" 또는 "아리아! 긴급 SOS!"와 같은 음성을 인식해 119와 연계된 관제센터에 자동으로 구조를 요청한다. 2023년 5월 기준으로 이 서비스를 통해 누적 500건이 넘는 현장 구조가 이루어졌으며, 특히 구조 요청의 74%가 타인의 도움을 받기 어려운 저녁부터 새벽 시간대에 집중되어 기술 기반 돌봄의 실효성을 입증했다. 서비스 이용자를 대상으로 한 조사에서는 [156] 행복감과 긍정 정서가 높아지고 고독감과 부정 정서는 감소하는 효과가 나타났는데, 특히 디지털 기기를 처음 접하는 어르신들에게서 이러한 변화가 더욱 뚜렷하게 나타나 기술이 정서적 안정에도 기여함을 보여주었다.[157]

최근에는 이러한 기술 기반 돌봄의 개념이 물리적 안전을 넘어 인간의 존엄성과 역사적 기억을 보존하는 차원으로까지 확장되고 있다. LG전자의 국가유공자 지원 프로그램은 이러한 진화를 명확하게 보여주는 사례다. LG전자는 단순히 가전제품을 기부하는 전통적인 방식을 넘어 자사의 AI 기술을 활용하여 국가유공자를 예우하는 새로운 사회공헌 모델을 구축하는 중이다. 대표적으로 임직원 자원봉사단인 '라이프스굿 봉사단'은 AI 기반 이미지 복원 기술을 활용해 6.25 참전용사들의 낡고 빛바랜 흑백 사진을 젊은 시절의 선명한 모습으로 복원해 전달하는 사업을 추진한다.[158] 이는 기술을 통해 개인의 소중한 기억과 역사를 되살려주는 정서적 예우의 새로운 형태다. 한 사회공헌 전문가는 이러한 활동의 의미를 아래와 같이 설명한다.

"LG전자에서 임직원 봉사단이 AI 챗봇을 활용해서 국가유공자 관리 캠페인을 했는데, 여기서 임직원들이 어르신들의 젊은 시절 모습을 복원해주는 서비스를 했더라고요. 이런 식으로 기술을 접목해서 새로운 모델이나 아이디어를 만들어낸 점이 참 흥미로웠던 것 같아요."

더 나아가 LG전자는 국가보훈부의 공적 데이터를 기반으로 독립운동가나 해외 참전용사들의 활동 내용을 상세히 알려주는 대화형 AI 챗

156　지디넷코리아(2023.5.7.), 'SKT, AI 돌봄 긴급 구조 500건 돌파', https://zdnet.co.kr/view/?no=20230507091635
157　뉴스핌(2020.5.20.), 'SKT 독거노인 AI 돌봄 1년…"행복감 높이고 고독감 줄였다.", https://www.newspim.com/news/view/20200520000341
158　한국경제(2025.6.23.), '생활비에 취업 지원도…LG전자, 한국전쟁 참전국 찾더니', https://www.hankyung.com/article/202506232553g

봇을 개발하고 있다. 이 챗봇은 특정 인물의 업적에 대해 질문하면 관련 정보를 정확하게 제공함으로써, 다음 세대가 역사적 사실을 올바르게 인식하고 그 숭고한 희생을 기억하도록 돕는 교육적 역할을 수행한다.[159] 또한 LG유플러스는 고령의 보훈대상자에게 치매 예방을 위한 인지 강화 콘텐츠가 탑재된 스마트패드 1,200대를 무상 지원하기도 했다.[160]

SK텔레콤의 사례가 기술을 통해 생존과 직결된 '물리적 안전망'을 구축하는 모델이라면, LG전자의 사례는 기술을 통해 존엄, 기억, 역사라는 무형의 가치를 지키는 '정서적·문화적 안전망'을 구축하는 모델로의 확장을 보여준다. 이처럼 기업의 기술을 활용한 사회공헌 활동이 단순히 가시적인 사회문제를 해결하는 것을 넘어, 인간의 삶과 관련된 무형의 가치를 지키는 영역으로까지 다각화되는 모습이 관찰되고 있다.

(3) 미래 사회문제의 선제적 해결: AI 역량 격차 해소를 중심으로

기술 발전은 '디지털 격차'라는 사회문제를 끊임없이 진화시킨다. 과거의 격차가 PC나 인터넷 접근성의 문제였다면, 이제는 AI와 같은 고도화된 기술을 활용할 수 있는 '역량의 격차'가 미래의 새로운 불평등을 야기할 핵심 위험 요인으로 부상하고 있다. 이에 대응하여 기업들은 현재의 문제를 해결하는 것을 넘어, 미래에 발생할 사회문제를 예측하고 이를 예방하기 위한 새로운 사회공헌 모델을 개발하고 있다.

이러한 선제적 대응은 기업의 역량에 따라 다층적으로 나타나고 있다. 네이버 커넥트재단의 '부스트캠프 AI Tech'는 최상위 수준의 AI 전

---

159 LG전자 뉴스룸(2019.5.31.), '팬덤 선행의 오작교, 'AI 챗봇'이 만드는 더 나은 세상'. https://live.lge.co.kr/lg_ai_chatbot01/
160 LG(2021), 'LG유플러스-국가보훈처, 국가유공자 치매 예방한다'. https://www.lg.co.kr/media/release/23510

문가를 양성하는 데 초점을 맞춘 대표적인 사례다. 이 프로그램은 네이버가 설립한 비영리 재단이 운영하며, 고용노동부의 K-Digital Training 사업으로 선정되어 교육비 전액을 지원한다. 5개월간의 강도 높은 프로젝트 기반 학습을 통해 컴퓨터 비전(CV), 자연어 처리(NLP) 등 특정 도메인의 실무 역량을 갖춘 AI 엔지니어를 배출하는 것을 목표로 한다. 6대 1이 넘는 높은 경쟁률과 수료생의 약 50%에 달하는 높은 취업률은 프로그램의 전문성과 실효성을 입증하며, 특히 4기 수료생의 75% 이상이 비전공자였다는 점은 AI 분야로의 성공적인 인재 전환 모델을 제시했다는 점에서 의미가 크다.

KT는 보다 넓은 저변을 대상으로 하는 실무형 인재 양성에 집중한다. 오랜 역사를 가진 'IT서포터즈' 프로그램은 고령층 스마트폰 교육에서 아동·청소년 대상 'AI 역량 강화 수업'으로 핵심을 전환했으며, 'AIVLE School'이라는 6개월 과정의 집중 교육 프로그램을 통해 매년 수백여 명의 청년들을 실무형 AI 개발자로 양성하고 있다. 현직자들이 직접 참여해 실무 프로젝트 경험을 공유하는 프로그램을 병행하며 교육의 현장성을 높이는 것이 그 특징이다.

LG CNS의 'AI 지니어스 아카데미'는 중·고등학생을 대상으로 하는 체계적인 AI 교육을 제공하며 인재 파이프라인의 중간 단계를 책임진다. 서울시교육청과의 협약을 통해 중학교 정규 수업 시간에 AI 챗봇, 자율주행 물류로봇 제작 등 실습 중심의 교육을 제공하고, 도서벽지 및 특수학교로 대상을 확대하며 교육 기회의 평등을 추구한다. 특히 IT에 재능 있는 고등학생을 선발해 1년간 AI 심화 프로젝트와 전문가 멘토링을 제공하는 'AI 지니어스 아카데미'는 기초 교육과 전문 교육 사이의 중요한 다리 역할을 수행한다.[161]

한편, 두산로보틱스는 미래 세대의 기술 친화성을 높이는 기초 단계의 역할을 수행하는 중이다. 아동복지시설을 방문하여 협동로봇 교육용 키트를 활용한 체험 교육을 제공하고, 로봇이 직접 치킨을 튀기는 모습을 시연하는 등 아동의 눈높이에 맞춰 로봇 기술에 대한 흥미와 친밀감을 유도한다.162

이 기업들의 사례를 종합적으로 살펴보면, 이들은 각자의 전문성과 자원을 바탕으로 AI 역량 격차 해소라는 공동의 목표를 향한 일종의 '사회적 인재 양성 생태계'를 형성하고 있음을 발견할 수 있다. 개별 기업이 단독으로 문제를 해결하려 하기보다, 각자의 강점에 맞는 영역에 집중함으로써 결과적으로 사회 전체의 필요를 충족시키는 구조가 만들어지고 있다. 두산로보틱스가 어린 세대에게 기술에 대한 영감을 불어넣는 '기초·흥미 유발' 단계를, LG CNS가 중·고등학생에게 체계적인 교과 과정 기반의 '성장·연계' 단계를, KT가 청년 구직자들을 대상으로 실무 역량을 키우는 '직업·대중화' 단계를, 그리고 네이버가 소수의 정예 인력을 길러내는 '전문가·심화' 단계를 담당하는 다층적 구조를 이룬다. 이는 개별 기업의 사회공헌 활동이 상호 보완적으로 작용하며, 미래 사회의 핵심 리스크인 AI 격차 문제에 대해 유년기부터 전문 인력 단계까지 전 주기에 걸쳐 체계적으로 대응하는 전략적 접근이라는 점에서 중요한 시사점을 제공한다.

(4) 비즈니스와 사회공헌의 융합: 플랫폼과 인프라의 사회적 가치 창출

기술 기반 기업들을 중심으로 사회공헌과 비즈니스의 경계가 모호해지는 현상이 나타나고 있다. 기업의 핵심 기술이나 서비스 자체가 사

---

161 LG CNS, 'AI지니어스 아카데미', https://www.lgcns.com/kr/company/csm/responsibility#AI%EC%A7%80%EB%8B%88%EC%96%B4%EC%3A%A4-%EC%95%84%EC%B9%B4%EB%8D%B0%EB%AF%B8
162 지디넷코리아(2023.8.17.), '두산로보틱스, 아동복지시설서 협동로봇 체험활동 진행', https://zdnet.co.kr/view/?no=20230817183726

회적 가치를 만들어내는 새로운 형태의 모델이 등장하는 것이다. 이러한 흐름 속에서 사회공헌은 기업의 별도 활동이 아닌, 비즈니스 본연의 가치를 확장하는 과정의 일부로 자리 잡는 모습이 관찰된다.

신한은행이 운영하는 배달 앱 '땡겨요'는 사회공헌 가치가 비즈니스 모델에 직접 내재된 대표적 사례다. '땡겨요'는 소상공인에게 업계 최저 수준인 2%의 중개 수수료를 적용하여 가맹점의 부담을 획기적으로 낮췄다. 나아가, 앱을 통해 지역사회에 음식을 나누는 가맹점을 '상생가게'로 선정하여 최대 210만 원의 지원금과 홍보용 할인 쿠폰을 제공하는 프로그램을 운영하며, 플랫폼을 소상공인 지원과 지역사회 나눔을 연결하는 상생의 도구로 활용하고 있다.[163]

토스뱅크의 '쉬운 근로계약서' 서비스 역시 기업의 핵심 인프라를 사회적 가치 창출에 직접 활용한 사례다. 이 서비스는 토스뱅크 앱 내에서 사장과 근로자가 간편하게 근로계약서를 작성하고 체결할 수 있도록 지원한다.[164] 특히 아르바이트 등 단기 근로에 종사하는 청소년들이 최저임금, 주휴수당 등 기본적인 노동권을 보장받지 못하는 문제를 해결하기 위해 기획된 토스뱅크의 첫 사회공헌 캠페인이라는 점에서 의미가 깊다.[165] 이는 기업이 보유한 디지털 인증, 전자서명 등 고도의 핀테크 인프라를 사회적 약자의 권익을 보호하는 '사회적 안전장치'로 제공한 것이다.

---

163 뉴스저널리즘(2025.7.14.), '신한은행, '땡겨요 상생가게' 2025년 사업 추진…소상공인에 최대 210만원 지원'. https://www.ngetnews.com/news/articleView.html?idxno=530843
164 모바일한경(2023.12.13.), '토스뱅크, '쉬운 근로계약서' 서비스 출시…"번호만 알면 계약체결 요청"'. https://plus.hankyung.com/apps/newsinside.view?aid=202312132635i
165 디마이너스원, '토스뱅크 쉬운 근로계약서'. http://dminus1.com/work/%ED%86%A0%EC%8A%A4%EB%B1%85%ED%81%AC-%EC%89%AC%EC%9A%B4-%EA%B7%BC%EB%A1%9C%EA%B3%84%EC%95%BD%EC%84%9C_trashed/

카카오는 자사의 강력한 플랫폼과 이용자 네트워크를 사회적 참여의 기반으로 활용한다. 사회공헌 플랫폼 '같이가치'의 '모두의행동' 프로젝트는 이용자가 특정 캠페인에 응원 댓글을 달거나 공유하는 행위만으로도 카카오가 대신 기부하는 구조를 통해 참여의 문턱을 극적으로 낮췄다. 이를 통해 '모두의행동'에만 60만 건이 넘는 이용자가 참여했으며,[166] '같이가치' 전체로는 900억 원이 넘는 기부금이 조성되는 등 개인의 작은 온라인 활동을 거대한 사회적 영향력으로 전환시키는 데 성공했다.

신한은행, 토스뱅크, 카카오의 사례에서 사회공헌의 새로운 흐름이 포착된다. 이들 기업은 단순히 제품이나 서비스를 기부하는 방식을 넘어 기업 운영의 근간이 되는 '플랫폼 인프라' 자체를 사회적 가치를 창출하는 공공재적 성격의 도구로 활용하고 있다. 과거 기업의 사회공헌 자산이 주로 잉여 자본인 '이익(기부금)'이나 생산물인 '제품(현물 기부)'에 한정되었다면, 이제는 비즈니스의 핵심 운영 기반 자체가 가장 강력한 사회공헌 자산이 될 수 있다는 가능성이 나타나고 있다. 신한은행은 결제 및 데이터 인프라를 소상공인 지원에, 토스뱅크는 본인인증 시스템을 노동권 보호에, 카카오는 이용자 네트워크를 시민 참여 활성화에 접목하는 모습이다. 이는 사회공헌이 기업 활동의 부가적인 영역이 아닌, 플랫폼 비즈니스의 핵심 기능과 직접 융합되는 현상으로 변화된 지형의 단면을 보여준다.

(5) 기술을 활용한 기존 사회공헌 활동의 고도화

기술은 새로운 사회공헌 모델을 창출하는 것 외에, 기존에 존재하던 활동들을 더욱 효과적이고 효율적이며 투명하게 만드는 역할도 수행

---

166 카카오임팩트(2025.6.), 'Social Impact'. https://www.kakaoimpact.org/socialImpact

하고 있다. 데이터 분석, 인공지능, 플랫폼 등의 기술이 환경보호, 교육, 캠페인과 같은 전통적인 사회공헌 활동에 접목되는 사례가 늘고 있다. 이러한 기술들은 활동의 과학적 기반을 강화하고 참여의 문턱을 낮추며, 그 성과를 객관적으로 측정하고 증명하는 핵심 도구로 기능하는 모습이다.

(6) 환경보호 활동의 과학화: 임팩트 증명과 비즈니스 연계

기업의 환경보호 활동을 바라보는 관점이 변화하고 있다. 과거 '얼마나 많은 나무를 심었는가'와 같은 투입 중심의 접근에서, '그래서 어떤 의미 있는 생태적 변화를 이끌어냈는가'라는 영향력(임팩트) 중심으로 초점이 이동하는 상황이다. 이러한 과정에서 기술은 활동의 성과를 객관적인 데이터로 측정하고 증명하는 핵심적인 도구로 부상하고 있다.

포스코의 '트리톤 바다숲' 조성 사업은 산업 기술과 생태 복원을 결합하여 기존 활동을 고도화한 대표적인 사례다. 포스코는 철강 생산 과정에서 발생하는 부산물인 '슬래그'를 재활용하여 해조류 성장을 촉진하는 인공 어초 '트리톤'을 제작했다. 슬래그는 칼슘과 철 등 미네랄 함량이 높아 해조류의 초기 부착과 생육에 유리한 환경을 제공한다. 실제 수중 모니터링 결과, 트리톤을 설치한 지역의 해조류 서식 밀도가 일반 암반 지역보다 10배 이상 높게 나타나는 등 과학적으로 그 효과가 입증되었다.[167] 이 프로젝트는 폐기물 재활용이라는 기존의 환경 활동을 기업의 핵심 기술과 결합하여 해양생태계 복원이라는 구체적이고 과학적인 솔루션으로 발전시켰으며, 그 혁신성을 인정받아 아시아 기업 최초로 미국 보스턴칼리지 기업시민연구센터(BCCCC)에서 혁신상을

---

167 브레이크뉴스(2012.4.24.), '포스코, 여수거문도에 철강 슬래그 '트리톤' 바다숲 결실'. https://honam.breaknews.com/sub_read.html?uid=31470

수상하기도 했다.168

　한화그룹의 '해피선샤인' 캠페인 역시 기업의 핵심 기술 역량을 사회공헌에 접목하여 활동을 고도화한 사례다. 태양광 기술을 보유한 한화는 2011년부터 전국의 사회복지시설에 태양광 발전설비를 무료로 설치해주고 있다.169 이를 통해 복지시설은 전기료를 절감하여 운영 부담을 덜고, 절감된 비용을 본연의 복지 서비스에 재투자할 수 있게 된다. 이 캠페인은 단순한 기부를 넘어, 기업이 가장 잘하는 기술을 통해 사회적 문제(에너지 비용 부담)와 환경 문제(탄소 배출)에 동시에 기여하는 전략적 접근을 보여준다.

　LG화학의 '블루 포레스트(Blue Forest)' 프로젝트는 물리적 복원 활동과 디지털 참여를 결합한 새로운 모델을 제시한다. LG화학은 여수 지역 해안가에 탄소 흡수원인 잘피 서식지를 직접 복원했다.170 동시에, 메타버스 플랫폼 제페토(ZEPETO)에 가상의 바다숲을 구현했다. 이용자들은 메타버스 공간에서 게임과 미션을 통해 자신간의 잘피 숲을 가꾸며 해양생태계 보전의 중요성을 자연스럽게 학습할 수 있다.171 이는 물리적 공간의 한계를 넘어 젊은 세대의 참여를 유도하고, 보이지 않는 해양생태계 복원 활동을 가시화하여 대중적 공감대를 확산시키는 '디지털 트윈' 전략으로 평가할 수 있다.

　기업들이 각자의 산업적 특성과 기술적 강점을 환경보호 활동에 접목하여 전문성을 높이는 모습이 나타나고 있다. 포스코가 철강 기술로

168　데일리대구경북뉴스(2023.5.10.), "트리톤 바다숲 조성 통한 해양생태계 보호!", http://www.dailydgnews.com/news/article.html?no=154649
169　이코노믹리뷰(2017.7.10.), '태양광으로 사회공헌을 한다고?', https://www.econovill.com/news/articleView.html?idxno=318675
170　LG화학(2023), LG화학 사회공헌. https://www.lgchem.com/upload/file/company/lg_social_partnership_2023_ko.pdf
171　Korea IT Times(2023.7.6.), 'LG화학, 메타버스 바다숲 한 달면에 100만명 방문', https://www.koreaittimes.com/news/articleView.html?idxno=123307

바다 생태계를 복원하고, 한화가 태양광 기술로 에너지 자립을 도우며, LG화학이 메타버스 플랫폼으로 생태 보전 참여를 유도하는 것이 그 사례다. 이처럼 사회공헌 활동이 기업 고유의 정체성과 깊이 연계되는 경향이 관찰된다. 이는 사회공헌이 단순한 선행을 넘어, 기업의 전문성을 바탕으로 사회문제에 대한 효과적인 해결책을 모색하는 전문 활동 영역으로 변화하고 있는 최근 흐름을 반영한다.

(7) 참여와 소통 방식의 혁신: 시민 참여 캠페인의 플랫폼화

기술은 기업이 대중과 소통하고 이들의 참여를 유도하는 방식에도 변화를 가져왔다. 특히 디지털 플랫폼은 기존의 오프라인 중심 활동의 시공간적 제약을 극복하고, 더 많은 사람들의 참여를 이끌어내는 통로가 되고 있다.

현대자동차의 '롱기스트 런' 캠페인은 시민 참여형 환경 캠페인을 기술 플랫폼으로 고도화한 모델이다. 이 캠페인은 참가자들이 달리기 코칭 앱 '런데이'를 통해 언제 어디서든 달리기에 참여하고 자신의 활동을 기록할 수 있도록 설계되었다. 앱은 개인의 달린 거리를 실시간으로 집계하여 전체 참가자의 누적 목표와 연결하고, 목표가 달성되면 실제 나무 심기 기부로 이어진다. 2024년 캠페인에서는 약 190,000명의 참가자가 총 400,000km 이상을 달려 3,000그루의 나무를 기부하는 성과를 냈다.[172] 2016년부터 9년간 누적 참가자는 약 250,000명, 누적 식재 수는 25,000그루를 넘어섰다.[173]

---

[172] 로드테스트(2024.5.27.), '현대자동차, '롱기스트 런 2024' 캠페인 성황리에 종료'. https://roadtestmedia.com/%ED%98%84%EB%8C%80%EC%9E%90%EB%8F%99%EC%B0%A8-%EB%A1%B1%EA%B8%B0%EC%8A%A4%ED%8A%B8-%EB%9F%B0-2024-%EC%BA%A0%ED%8E%98%EC%9D%B8-%EC%84%B1%ED%99%A9%EB%A6%AC%EC%97%90-%EC%A2%85%EB%A3%8C/

[173] 현대자동차, '포레스트런 히스토리'. https://www.hyundai.com/kr/ko/brand/forestrun/history

두산의 '쓰담걷기' 캠페인 역시 유사한 접근 방식을 보여준다. 임직원들은 모바일 애플리케이션을 통해 걷거나 뛰면서 쓰레기를 줍는 활동을 기록하고, 앱은 개인의 활동 거리와 탄소 저감량을 실시간으로 보여준다. 이렇게 축적된 활동 기록은 기부금으로 전환되어 지역사회에 환원된다.[174] '롱기스트 런'과 '쓰담걷기'의 성공 요인은 기술을 통해 참여의 경험을 혁신한 데 있다. 플랫폼은 환경보호 활동의 진입 장벽을 낮추는 동시에, 개인의 일상적 행위(달리기, 걷기)가 어떻게 집단적 임팩트(숲 조성, 기부)로 전환되는지를 시각적으로 보여줌으로써 참여자에게 동기와 효능감을 부여한다.

참여의 방식은 단순한 행동 집계를 넘어 깊이 있는 정서적 경험으로 확장되기도 한다. SM엔터테인먼트는 위기 청소년의 정서 회복을 돕기 위해 가상현실(VR) 기술을 활용한 통합예술치유 프로젝트 'SMile! 힐링 아트테크'를 지원한다.[175] 이 프로그램은 청소년들이 VR 콘텐츠를 통해 자신의 감정을 탐색하고 치유하는 경험을 제공하며, 기술을 심리적 지원이라는 고차원적 사회공헌에 접목한 사례로 평가받는다.[176]

(8) 교육 격차 해소의 고도화: 디지털 금융 포용을 중심으로

전통적인 사회공헌 영역인 교육 지원 역시 기술을 만나면서 그 내용과 방식이 고도화되고 있다. 특히 금융 그룹들은 자신들의 전문 분야인 금융과 IT 기술을 결합하여, 디지털 시대에 새롭게 발생하는 정보격차 문제, 즉 '디지털 금융 소외' 문제해결에 적극적으로 나서고 있다. 이는

---

174 두산 뉴스룸(2021.10.21.), "'착한 걷기'로 비대면 시대 맞춤형 사회공헌 나선다".
https://www.doosannewsroom.com/?p=44686&cat=8
175 나눔경제(2022.2.12.), 'SM엔터, 세계관 SMCU로 사회공헌활동…'예술과 인간개발'.
http://nanumbiz.com/news/view.php?no=3399
176 머니S(2024.1.18.), "VR 신기해요."… SM엔터, 청소년 750명 대상 사회공헌 사업 후원'.
https://www.moneys.co.kr/article/2024011817303819730

기존의 일반적인 경제 교육을 넘어, 특정 사회 문제에 초점을 맞춘 전문화된 교육 모델로의 변화를 보여준다.

신한금융그룹의 '아름인 금융프렌드'는 이러한 변화를 잘 보여주는 프로그램이다. 이 프로그램은 금융 서비스 이용에 어려움을 겪는 디지털 취약계층을 위해 맞춤형 교육을 제공한다.[177] 주요 대상은 고령층과 발달장애인 등 느린 학습자로, 이들의 특성을 고려한 별도의 커리큘럼을 운영한다. 예를 들어, 고령층에게는 모바일 뱅킹 앱 사용법과 보이스피싱 예방법을, 느린 학습자에게는 용돈 관리, 개인정보 보호 등 기초적인 경제 개념을 시각 자료와 체험 활동 중심으로 교육한다.[178] 2023년까지 누적 14만 9천여 명에게 6,800회 이상의 교육을 제공하며, 기술을 활용해 가장 소외되기 쉬운 계층의 금융 접근성을 높이는 데 실질적인 성과를 거두고 있다.

KB금융그룹 역시 ICT 기술을 적극적으로 활용하여 교육의 지리적 한계를 극복하고 있다. KB증권이 운영하는 'KB청소년 금융교실'은 원격 영상 교육 시스템을 도입하여 농어촌이나 도서벽지 등 교육 인프라가 부족한 지역의 학생들에게도 도시와 동등한 수준의 금융교육 기회를 제공한다.[179] 이는 기술이 교육의 기회균등이라는 사회적 가치를 실현하는 강력한 도구가 될 수 있음을 보여준다.

이처럼 금융권의 사회공헌 활동은 기술을 통해 단순한 지식 전달을 넘어, 디지털 시대의 필수 역량인 '디지털 금융 리터러시'를 강화하는 방향으로 심화되고 있다. 이는 기업이 가진 핵심 전문성이 사회적 필요

---

177 신한카드(2023), '금융프렌드'. https://www.shinhancard.com/pconts/company/html/sstinb/sstinb_07/arumin_finance03.html
178 뉴스핌(2025.7.4.), '신한은행, 디지털 금융교육 어시스턴트 2기 발대식'. https://www.newspim.com/news/view/20250704000331
179 비즈월드(2024.12.17.), "금융으로 세상을 바꾸는 기업"…①KB'. https://www.bizwnews.com/news/articleView.html?idxno=93622

와 정밀하게 연결되면서, 기존 교육 활동의 사회적 영향력이 한층 확대되는 현상으로 볼 수 있다.

나가며: 기술과 사회공헌이 만드는 미래

이 장에서 살펴본 바와 같이, '트윈 전환'이라는 거대한 흐름 속에서 국내 기업들의 사회공헌이 기술을 매개로 어떻게 변화하고 확장하는지를 확인할 수 있었다. 여기에는 두 가지 뚜렷한 흐름이 관찰된다. 한편에서는 AI 돌봄 서비스나 미래 격차 해소 교육, 비즈니스 융합 플랫폼처럼 과거에는 없던 새로운 사회공헌 모델이 탄생하고 있다. 다른 한편에서는 기술이 기존의 환경보호, 시민 참여, 교육 활동의 효과성과 투명성을 높이는 등 기존 활동을 고도화하는 역할을 수행하고 있다.

이러한 변화는 단순히 사회공헌 활동의 방법론적 진화를 넘어, 더 근본적인 질문을 우리 사회에 던지고 있다. 기술이 만들어내는 기회와 위험의 양면성 속에서, 기업은 어떤 역할을 수행해야 하는가?

비즈니스와 사회공헌의 경계가 모호해지는 현실에서, 기업의 사회적 책임은 어떻게 재정의되어야 하는가?

우리가 목격하고 있는 것은 기술이 단순한 도구를 넘어 사회공헌의 본질과 범위를 재정의하는 촉매제가 되고 있다는 사실이다. SK텔레콤의 AI 돌봄이 보여주듯, 기술은 생명을 구하는 안전망이 될 수 있다. LG전자의 사례처럼, 기술은 역사와 기억을 보존하는 문화적 장치가 될 수도 있다. 네이버, KT, LG CNS, 두산로보틱스가 함께 만들어가는 AI 교육 생태계는, 개별 기업의 노력이 어떻게 사회적 임팩트로 확장될 수 있는지를 보여준다.

동시에 우리는 기술이 야기하는 새로운 위험에도 주목해야 한다. 디

표 7-1_ 기술 활용 사회공헌 핵심 사례 분석

구분	유형	기업명	프로그램명	활용 기술	해결 목표 사회/환경 문제
사회 안전망	새로운 모델	SK텔레콤	AI 돌봄 서비스	AI 스피커, IoT 센서	독거노인 고독사 예방, 정서적 안정 지원
사회 안전망	새로운 모델	LG전자	국가유공자 지원	AI 챗봇, AI 이미지 복원	국가유공자 정보 접근성 향상 및 역사적 예우
미래 격차 해소	새로운 모델	네이버	부스트캠프 AI Tech	AI 교육 플랫폼, 온라인 협업툴	최상위 AI 전문가 양성을 통한 미래 산업 격차 해소
미래 격차 해소	새로운 모델	KT	AIVLE School	AI 코딩 교육 플랫폼	실무형 AI 인재 양성을 통한 청년 취업 및 역량 격차 해소
미래 격차 해소	새로운 모델	LG CNS	AI 지니어스 아카데미	AI 코딩 교육 플랫폼, 로봇 키트	중·고교생 대상 체계적 AI 교육 및 격차 해소
미래 격차 해소	새로운 모델	두산 로보틱스	협동로봇 체험 교육	협동로봇 교육용 키트	아동 대상 로봇 기술 흥미 유발 및 친밀감 형성
비즈니스 융합	새로운 모델	신한은행	땡겨요	배달 앱 플랫폼, 데이터 분석	소상공인 수수료 부담 완화 및 상생 금융
비즈니스 융합	새로운 모델	토스뱅크	쉬운 근로계약서	디지털 인증, 전자문서 기술	청소년 등 취약계층 노동권익 보호
비즈니스 융합	새로운 모델	카카오	같이가치 '모두의행동'	소셜 기부 플랫폼	시민 참여 활성화 및 기부 문화 확산
환경보호	활동 고도화	포스코	트리톤 바다숲	철강 부산물 재활용 기술	해양 생물 다양성 보전, 자원순환
환경보호	활동 고도화	한화그룹	해피선샤인	태양광 발전 기술	복지시설 에너지 자립 지원, 탄소 배출 저감
환경보호	활동 고도화	LG화학	블루 포레스트	메타버스 플랫폼 (ZEPETO)	해양생태계 보전 인식 제고 및 미래세대 참여 유도
시민 참여	활동 고도화	현대 자동차	롱기스트 런	모바일 앱 플랫폼, 데이터 집계	시민 참여 기반 산림 조성, 환경 인식 제고
시민 참여	활동 고도화	두산	쓰담걷기	모바일 앱 플랫폼, 활동 기록	시민참여 기반 환경 정화 및 기부 연계

시민 참여	활동 고도화	SM엔터테인먼트	SMile! 힐링아트테크	VR(가상현실) 콘텐츠	위기 청소년 정서적 안정 및 심리 치유 지원
금융 포용	활동 고도화	신한금융그룹	아름인 금융프렌드	모바일 교육 플랫폼, 맞춤형 콘텐츠	디지털 취약계층 금융 소외 해소
금융 포용	활동 고도화	KB금융그룹	ICT 활용 금융교육	원격 영상 교육 기술	도서산간 지역 교육 격차 해소

지털 격차의 심화, 알고리즘의 편향성, 일자리 구조의 재편, 생성형 AI의 윤리적 딜레마는 모두 기술 발전이 필연적으로 수반하는 그림자다. 이러한 위험을 인식하고 대응하는 것 역시 기업 사회공헌의 중요한 책무가 되고 있다.

특히 주목할 만한 변화는 기업들이 자신들의 비즈니스가 창출하는 사회적 리스크를 스스로 인식하고, 이를 완화하기 위한 사회공헌 활동을 전개하고 있다는 점이다. 플랫폼 기업이 디지털 격차 해소 교육을 진행하고, 금융기업이 디지털 금융 소외계층을 지원하는 것은 단순한 선행이 아니라, 자신들이 만든 변화에 대한 책임 있는 대응이라 할 수 있다.

앞으로 기술과 사회공헌의 관계는 더욱 긴밀해질 것이다. AI, 메타버스, 블록체인 등 새로운 기술이 계속 등장하면서, 사회공헌의 가능성과 도전 과제도 함께 확장될 것이다. 이러한 변화 속에서 기업, 정부, 시민사회는 어떻게 협력하여 기술의 혜택을 극대화하고 위험을 최소화할 것인가?

결국 기술 시대의 사회공헌은 '무엇을 할 것인가'를 넘어 '어떻게 함께 만들어갈 것인가'라는 질문으로 귀결된다. 이 장에서 살펴본 다양한 사례들은 그 질문에 대한 하나의 답이 될 수 있다. 기업이 자신의 핵심 역량을 활용하여 사회문제를 해결하고, 다른 기업들과 협력하여 사회적 생태계를 구축하며, 기술의 긍정적 가능성을 확장하는 동시에 부정적 영향을 완화하려는 노력. 이것이 바로 우리가 목격하고 있는, 그리고 앞으로 더욱 강화될 기술 시대 사회공헌의 모습이다.

    기술이 만드는 변화의 속도는 빠르지만, 그 변화가 향하는 방향은 우리가 함께 결정할 수 있다. 이 장에서 포착한 '보이지 않는 역동'들이 보여주듯, 한국 기업들은 이미 그 방향을 모색하고 있다. 이제 필요한 것은 이러한 노력들이 개별적 시도를 넘어 사회 전체의 변화로 이어질 수 있도록 하는 지속적인 관심과 참여다. 기술과 사회공헌이 만나는 지점에서, 우리는 더 나은 미래를 위한 가능성을 발견할 수 있을 것이다.

결론

전환의 한가운데에서 협력을 재조명하다

우리는 어디까지 왔는가

"변화의 시대, 사회공헌을 다시 묻다." 이 책의 제목이자 우리의 출발점이었던 이 질문에 답하기 위해, 우리는 지난 30년의 궤적을 되짚고, 최근 5년의 데이터를 분석하며, 해외 사례를 참조하고, ESG와 기술, 이해관계자와 환경·사회 이슈의 변화 양상을 심도있게 살펴보았다. 그리고 이제, 이 여정의 끝자락에서 우리는 하나의 분명한 진단에 도달하게 된다. 한국의 기업 사회공헌은 지금 중요한 전환기의 한가운데 서 있다는 사실이다.

2020년대 들어 본격화된 ESG 경영의 전면화는 사회공헌의 지형을 근본적으로 재편했다. 독립적이고 자율적이던 사회공헌 체계는 전사 ESG 전략의 하위 체계로 통합되었고, 재무적 영향도를 중심으로 한 평가 구조 속에서 전략적 정당성을 입증해야 하는 압박에 직면했다. 삼성전자가 사회공헌을 지속가능경영의 6대 축에서 ESG 구조 안의 '지역사회' 하위 항목으로 재배치한 것은 이러한 변화를 상징적으로 제시한다. 한 FGI 참여자의 말이 이를 잘 보여준다.

"예전에는 지역사회에 투자하는 정도로 사회공헌이 평가되었지만, 지금은 중대성 이슈와 재무 리스크를 중심으로 ESG 평가가 이루어지고 있다."

사회공헌은 더 이상 '좋은 일'만으로는 존재할 수 없게 되었다. 비즈니스 가치사슬의 리스크 완화 수단이자, 전략적 기회 발굴 수단으로의 전환이 가속화되고 있다.

동시에 사회공헌의 주제도 변화했다. 환경보호 분야 지출은 2017년 3%에서 2023년 19%로 급증했다. 플로깅, 생물 다양성 보전, 탄소흡수원 조성—이러한 환경 프로그램의 확산은 ESG 공시 강화와 직결되어 있다. 사회 영역에서도 취약계층 지원 중심에서 벗어나 공급망 인권, 다양성과 포용, 지역사회 회복력 등 복합적 이슈로 확장되고 있다. 이해관계자의 변화나 기술의 변화에 따른 사회공헌에의 영향 역시 수면 아래에서는 훨씬 더 거대하고 복잡한 양상을 확인할 수 있었다.

그러나 이러한 변화가 진보인가, 위축인가? 이 질문에 대한 답은 단순하지 않다. 분명한 것은 사회공헌이 위기와 기회를 동시에 맞이하고 있다는 사실이다. 가령, ESG 전략과의 정렬은 사회공헌의 전략적 위상을 높였지만, 동시에 사회공헌 고유의 목적인 '사회적 가치 실현'이 최소한의 규제 준수로 축소될 위험도 현실화되고 있다. 이 책의 결론을 갈음하며 우리는 심연의 논의에서 빠져나와 실천적으로 우리가 무엇을 해 나갈지에 대해 몇 가지를 고민하며 정리하는 것이 필요하다.

균형의 예술
: ESG와 사회공헌의 공진화(co-evolution)

4장에서 우리가 집중적으로 다룬 것처럼, 현재 기업 사회공헌이 직면한 가장 큰 도전은 ESG 전략과의 관계 설정이다. 사회공헌은 ESG 전략의 하위 체계로 완전히 흡수되어야 하는가, 아니면 독자적 영역을 유지해야 하는가? 이 질문에 대한 답은 이분법을 거부한다.

사회공헌은 ESG와의 정합성을 확보하되, ESG의 범위를 확장하는 역할을 동시에 수행해야 한다. 이는 이중중대성(Double Materiality)[180]의 관점에서 접근할 때 가능하다. 한편으로는 환경(E), 사회(S), 거버넌스(G) 전반과 결합하여 ESG 실행력을 강화하고, 다른 한편으로는 ESG 공시 지표나 평가가 담아내기 어려운 사회적 가치를 발굴하고 실험하는 것이다.

ESG는 기업이 최소한 따라야 할 기준이다. 그러나 사회공헌은 그 기준을 넘어서야 한다. 공급망, 인권, 다양성과 포용성, 생물 다양성— 이러한 ESG의 핵심 영역에서 사회공헌은 제도적 준수를 넘어 실질적 문제해결로 나아가야 한다. 스타트업 지원, 지역사회 기반 혁신, 고령화 대응 프로그램 등은 리스크 대응 관점의 ESG 평가를 넘어서, 기업의 사회적 책임을 장기적으로 실현하는 전략적 접근이 될 수 있다.

핵심은 사회공헌이 ESG 전략에 종속되는 것이 아니라, ESG의 본질적 가치를 실현하고 확장하는 실천의 장으로 진화하는 것이다. 기업은 기존의 사회공헌 활동을 단순히 ESG 언어로 번역하거나 형식적으로 포장하는 것을 넘어, ESG 기준을 재해석하며 사회적 가치를 확장할 수 있는 새로운 실행 방향을 모색해야 한다.

---

180 이중중대성(Double Materiality)은 ESG 경영이나 지속가능보고의 핵심 개념으로, 기업의 재무적 영향과 비재무적(환경, 사회 등) 영향을 동시에 고려한다는 관점이다.

생태계 확장: 환경과 사회, 기술과 포용의 교차점에서

5장부터 7장까지에서 우리가 목격한 것처럼, 2020년대 들어 기업 사회공헌의 지형도는 극적으로 재편되었다. 환경보호 분야에 대한 사회공헌 비용 지출이 2017년 3%에서 2023년 19%로 급증한 것은 단순한 수치 변화가 아니다. 그것은 사회공헌의 주제와 방법론, 그리고 평가 기준 자체가 변화하고 있음을 의미한다.

플로깅, 생물 다양성 보전, 탄소흡수원 조성 등 환경 관련 프로그램이 폭발적으로 증가했다. 그러나 이는 과도기적 현상이다. 진정한 환경 사회공헌은 경영전략과 깊이 있게 결합되어야 한다. TNFD가 요구하는 것처럼, 기업 활동이 자연에 미치는 영향(impacts)과 자연으로부터 받는 의존(dependencies)을 모두 고려하는 체계적 접근이 필요하다. 단순히 ESG 평가에서 점수를 얻기 위한 활동을 넘어, 기후 회복력 향상이라는 사회적 가치를 창출하는 활동으로 진화해야 한다.

포스코가 철강 부산물로 인공 어초 '트리톤'을 개발한 사례는 환경 사회공헌이 R&D와 결합할 때 어떤 혁신적 임팩트를 창출할 수 있는지를 보여준다. 이는 일회성 지원을 넘어, 사회문제해결을 위한 기술 자체를 개발하고 지원하는 '미래 가치 투자'로서의 사회공헌이다.

사회 영역에서도 생태계의 확장이 진행 중이다. 이해관계자의 정의가 확장되면서, 취약계층 지원 중심의 전통적 접근에서 벗어나 공급망 인권, 다양성과 포용(DEI), 지역사회 기반 혁신 등으로 영역이 넓어지고 있다. 그러나 여기서도 핵심은 제도화와 실천의 접점을 찾는 것이다. 공급망 인권 실사가 제도화되어도, 단순히 가이드라인을 제정하고 모니터링하는 것만으로는 실효성을 담보할 수 없다. 해당 지역 이해관계자를 어떻게 참여시키고, 문제의 근원적 해결을 위해 무엇을 할 것인가에 대한 사회공헌적 접근이 필요하다.

기술의 활용도 생태계 확장의 핵심 동력이다. SK텔레콤의 AI 돌봄 서비스, 토스뱅크의 쉬운 근로계약서, 네이버와 KT의 AI 교육 생태계는 기술이 사회공헌과 만날 때 어떤 혁신적 가능성이 열리는지를 보여준다. 그러나 기술 활용에는 세 가지 원칙이 필요하다.

첫째, 목적성의 강화—'무엇을 위한 기술인가'에 대한 근본적 성찰. 기술을 활용한 사회공헌의 성공은 어떤 화려한 기술을 사용했는지가 아니라, 해결하고자 하는 사회문제의 본질과 기술을 얼마나 깊이 있게 연결했는가에 달려 있다.

둘째, 포용성의 확보—AI 격차를 해소하고 디지털 취약계층의 접근성을 최우선으로 고려하는 설계. 네이버, KT, LG CNS, 두산로보틱스 등이 구축한 다층적인 'AI 인재 양성 생태계'는 기술 발전의 혜택이 사회구성원 모두에게 돌아갈 수 있도록 하는 '포용적 기술 확산'의 모델이다.

셋째, 장기적 R&D 관점—사회문제해결을 위한 기술 자체를 개발하고 지원하는 투자. 이는 사회공헌이 비용 지출을 넘어, 사회를 위한 핵심 기술을 창출하는 '미래 가치 투자'로 진화할 수 있음을 시사한다.

생태계의 확장은 단순히 활동 분야가 늘어나는 것이 아니다. 그것은 사회공헌이 다루는 문제의 본질을 더 깊이 이해하고, 더 많은 주체와 협력하며, 더 혁신적인 방법으로 접근한다는 것을 의미한다.

임팩트: 측정을 넘어, 의미의 증명으로

"한 아이의 인생이 바뀌는 걸 어떻게 숫자로 표현할 수 있을까요?" 한 사회공헌 실무자가 던진 이 질문은 현재 성과 측정을 둘러싼 근본적인 딜레마를 함축한다. ESG 공시 의무화와 함께 사회공헌의 성과 측정은 선택이 아닌 필수가 되었다. 그러나 많은 기업은 여전히 측정의 용이성 때문에 투입(Input)과 산출(Output) 중심의 관리에 머물러 있다. "몇 명을 도왔고, 얼마를 투자했는지"라는 정량적 지표는 명확하지만, 진정한 사회적 변화인 성과(Outcome)를 포착하지 못한다.

그러나 변화의 움직임도 감지된다. 여러 선도 기업들은 외부 전문기관과 협력하여 사회적 성과를 측정하고, 이를 차년도 전략 수립에 활용하는 혁신적 시도를 하고 있다. 이들은 성과 측정을 단순한 '보고의 덫(Reporting Trap)'에서 벗어나, 프로그램을 개선하고 발전시키기 위한 '전략적 관리' 도구로 재인식하고 있다. 향후 성과 관리의 진화는 세 가지 방향에서 이루어져야 한다.

첫째, '보고용 측정'에서 '개선을 위한 관리'로의 관점 전환이다. 현재 성과 측정은 ESG 정보 공시 등 외부 이해관계자를 향한 보고에 과도하게 집중되어 있다. 단기적이고 가시적인 성과를 보여줘야 한다는 압박은 투입·산출 지표에만 집중하게 만든다. 성과 측정의 진정한 목표는 외부를 향한 화려한 보고서가 아니라, '전략-측정 피드백 루프'를 구축하여 사회공헌 활동의 효과성을 지속적으로 높이는 데 있다.

둘째, 개별 기업의 고군분투를 넘어 협력과 기술로 만드는 측정 생태계의 구축이다. 성과 측정은 상당한 전문성과 자원을 요구한다. "장기적인 추적은 정말 어렵고 비용도 많이 든다."라는 점은 다수 사회공헌팀에게 큰 진입 장벽이다. 이를 개별 기업이 모두 해결하려는 것은 비효율적이다. 글로벌 표준(VBA, IFVI 등)의 활용, 외부 전문기관과의 파트너십, 그리고 7장에서 다룬 AI와 자동화 기술의 적극적 도입을 통해 개별 기업의 부담을 줄이고 측정의 질을 높일 수 있다. 물론 중소 기업에게 이러한 적용은 쉽지 않다. 그러나 선도 기업들의 경우 충분히 고려할만하며, 안정화된 후 그 과정과 결과물은 충분히 함께 공유되고 사용될 수 있을 것이다.

셋째, '화폐화의 딜레마'를 넘어 '총체적 증명'으로 나아가야 한다. SROI처럼 사회적 가치를 화폐로 환산하는 방식은 강력한 도구지만, 모든 가치를 담을 수는 없다. 한 아이의 인생이 바뀌는 순간, 한 지역사회가 회복탄력성을 얻는 과정, 한 생태계가 되살아나는 여정—이러한 변화의 본질은 숫자만으로는 포착되지 않는다. 측정의 목적에 따라 화폐화 여부를 유연하게 결정하고, 정량적 데이터로 임팩트의 규모를 증명하며 정성적 데이터로 변화의 깊이와 의미를 설명하는 이중적 접근이 필요하다.

임팩트는 숫자로만 증명되지 않는다. 그것은 살아있는 변화 속에 살아 숨 쉰다. 우리의 과제는 이 살아있는 변화를 포착하되 그 본질을 훼손하지 않는 방법을 찾는 것이다.

우리가 해결하고 싶은 문제는 아무리 획기적인 문제해결책을 적용하더라도 그 변화가 빠르지 않고, 점진적이다. 동시에 그 변화는 다차원적이고 동시적이다. 한 파트에서만 변화를 감지하는 것이 아니라 다방면의 모든 변화가 포착될 필요가 있다. 이런 점이 우리에게 많은 인내심을 요구하는 것이다. 1년 혹은 3년을 사업해서 어떠한 임팩트를 내놓으라고 한다면 그것은 단순 사업을 했다는 말의 반증일 수도 있다. 진정한 변화를 이끌고 싶다면 그 진정성이 그 변화를 면밀하고 섬세하게 바라볼 수 있는 안목과 인내도 좋은 덕목으로 갖추는 것이 필요하다. 사회공헌 주체들이 해결하고 싶어 하는 문제는 그리 간단치가 않다는 점은 반드시 명심할 필요가 있다.

협력: 난제 앞에 선 우리에게 필요한 것

서론에서 우리는 지역소멸, 초고령화, 청년 불안, 불평등 심화, 기후

위기 등 복합적 문제들이 동시다발적으로 진행되고 있음을 지적했다. 이 문제들은 더 이상 '복잡하다'는 표현으로는 부족하다. 이것들은 '난제(intractable problem)'이다. 뚜렷한 해결책이 없고, 다중의 원인이 얽혀 있으며, 문제를 해결하려는 솔루션 자체가 때로는 문제의 일부가 되기도 한다.

더 심각한 것은 이 문제들의 고착화다. 저출생, 고령화, 지역 간 불균형, 기후재난―이들은 새로운 문제가 아니다. 우리는 이미 수십 년 동안 이 문제들과 씨름해왔다. 그러나 문제는 해결되지 않았고, 오히려 문제들 사이의 상호강화가 가속화되고 있다. 과거의 솔루션과 관행으로는 더 이상 대응할 수 없다는 것이 분명해진 지금, 우리에게 필요한 것은 무엇인가?

답은 협력의 재구성에 있다. 과거 기업-비영리조직 간의 이원적 협력 구조에서, 이제는 소비자, 지역사회, 스타트업, 협력회사, 정책 파트너 등 다층적 이해관계자가 사회문제해결의 주체로 참여하는 다자 협력 생태계로 전환되고 있다. 6장에서 살펴본 것처럼, 과거 기업이 해결하고자 하는 사회문제의 관찰자에 불과했던 소비자가, 현대자동차의 '롱기스트 런' 캠페인처럼 앱을 통해 직접 참여하고 기부하는 적극적 주체로 변모하고 있다.

이러한 변화는 협력의 총량을 증대시킬 뿐 아니라, 협력의 질적 변화를 수반한다. 기업-비영리로 한정되었던 소통의 언어와 관행이 다자간 협력을 위한 새로운 프레임워크로 전환되어야 한다. 바로 여기서 컬렉티브 임팩트(Collective Impact)의 개념이 실천적 의미를 갖는다.

컬렉티브 임팩트의 다섯 가지 요소―합의된 이해(Common Agenda), 공유된 측정(Shared Measurement), 상호 강화 활동(Mutually Reinforcing Activities), 지속적 소통(Continuous Communication), 중추조직

(Backbone Support)—181는 복잡한 난제를 해결하기 위해 서로 다른 조직이 헌신하고 협력할 때 반드시 갖춰야 할 실천적 관행이다.

플라스틱 용기를 사용하는 기업의 사례를 생각해보자. 자사의 폐플라스틱만 수거하는 독자적 시스템을 구축하는 것은 비효율적이다. 진정한 해결은 사회 전반의 수거 시스템 개선, 재활용 교육, 시민 인식 제고, 동종 업계 협력, 정부 정책화를 통해서만 가능하다. 이는 ESG 기준을 넘어서는 사회적 가치 실현이며, 다자 협력 없이는 불가능한 과제다. 좋은 협력이란 단순히 자원이 잘 배분된 상태가 아니다. 그것은 협력을 통해 도달할 수 있는 더 큰 목표와 역량의 가능성을 함께 알아가고 있음을 의미한다. 새로운 스케일의 비전이 있을 때, 다양한 이해관계자가 참여하고 협력할 수 있는 무대가 조성된다.

사랑의열매, 그리고 중간지원조직의 새로운 소명

1998년 IMF 위기 속에서 출범한 이후, 사랑의열매 사회복지공동모금회는 한국 사회공헌의 궤적과 함께해왔다. 서론에서 밝혔듯이, 사랑의열매의 사회공헌 역사와 한국의 사회공헌 역사를 별도로 들여다보았을 때, 둘의 궤적이 다르지 않다. 지난 25년간 모금회는 국가적 위기와 재난의 순간마다 기업과 시민, 그리고 정부 사이를 잇는 가교로서 수많은 사회공헌의 장면을 함께해왔다.

그리고 지금, 변화의 소용돌이 속에서 사랑의열매는 '다음 세대의 사회공헌'을 준비해야 할 시점에 서 있다. 격변하는 사회공헌 환경 속에서 중간지원조직, 특히 공동모금회의 역할은 더욱 중요해지고 있다. 기

---

181 John Kania & Mark Kramer (2011), "Collective Impact." Stanford Social Innovation Review, Winter 2011, 36-41.

업들이 ESG 전략과의 정렬에 집중하는 상황에서, 여전히 해결되어야 할 사회문제에 대한 관심을 유지하고 촉진하는 것은 모금회의 핵심 책무다. 모금회는 다음과 같은 역할을 강화해야 한다.

첫째, 성과의 투명한 공유와 체계적 관리다. 기업 기부자에게 명확한 정량·정성적 성과를 제공하고, 사업 단계에 맞는 성과지표를 제시하며, 비영리기관들이 데이터를 축적하고 성과를 공유할 수 있도록 가이드와 시스템을 제공해야 한다. 성과 측정에 대한 기준과 방법을 제시함으로써, 모금회는 사회공헌 생태계 전체의 임팩트 관리 역량을 향상시키는 촉매 역할을 수행할 수 있다.

둘째, 파급력 있는 사회공헌 사업의 기획과 실행이다. 환경과 기술로 관심이 쏠리는 상황에서도, 모금회는 여전히 중요한 사회문제를 발굴하고 다자 파트너십을 통한 해결 모델을 제시해야 한다. 특히 모금회의 강점인 민관협력 파트너십은 사회적 난제 해결에 필수불가결하다. 미시적이지만 반드시 필요하고 미래에 중요한 과제가 될 만한 이슈를 선도적으로 발굴하고, 그에 맞는 사회공헌 사업을 지속적으로 추진하며 모니터링하는 것이 필요하다.

셋째, 기업과 비영리기관을 연결하는 맞춤형 매개 기능의 강화다. 기업에게는 적합한 비영리 파트너 정보를, 비영리기관에게는 잠재적 기업 기부자 정보를 제공하는 데이터베이스 구축이 필요하다. 이를 위해서는 비영리기관의 지역, 분야, 활동 이력을 정리하여 데이터베이스화하고, 기업의 맞춤형 제안을 할 수 있는 정보 축적이 반드시 요구된다.

특히 중소·중견 기업에게는 차별화된 지원이 요구된다. 사회공헌 전담 인력이 부족한 이들에게 구성원과 함께 공감하는 체감형 사회공헌 활동을 기획하고, 나눔의 역사를 누적적으로 스토리화하여 기업 문화로 정착시키는 서비스가 필요하다. 작은 기업일수록 기업 사회공헌 활동에 대한 내부 구성원들의 공감대와 긍정적 협조가 매우 중요하게 작용하기 때문이다.

넷째, 비영리기관의 역량 강화와 옹호다. 현재 기업 사회공헌의 환경 변화를 분석하여 비영리기관과 공유하고 기관의 역량에 맞는 차별화된 지원체계를 마련해야 한다. 제안서도 쓰기 어려운 기관, 새롭게 기획사업을 도전하는 기관, 3년 사업을 추진할 수 있는 기관 등 기관의 현재 상태에 맞는 진단과 그에 필요한 지원, 차별화된 사회공헌 사업 과정 설계가 필요하다.

그리고 무엇보다 비영리기관들이 하는 사회적 역할의 의미를 지속적으로 조명하고 옹호해야 한다. 비영리기관들이 가진 고유의 사명이나 사회적 역할은 자칫 효율적이지 않거나 트렌디하지 않다는 이유로 관심 밖으로 밀려날 가능성이 있다. 모금회는 이들의 활동이 희석되거나 이슈에 휩쓸리지 않도록 지속적으로 사회에 이들의 활동에 대한 성과와 의미를 알리는 방파제 역할을 수행해야 한다.

모금회가 추진하는 '사회공헌 정보플랫폼'은 이러한 역할을 수행하기 위한 중요한 인프라가 될 것이다. 데이터와 정보를 축적하고 공유하며, 기업과 비영리를 연결하고, 성과를 투명하게 공개하는 플랫폼은 단순한 정보 시스템을 넘어, 한국 사회공헌 생태계의 신뢰와 협력을 강화하는 공공재로 기능해야 한다.

다음 세대를 위한 질문들

서론에서 우리는 이 책이 "다음 세대의 사회공헌 언어를 새로 쓰는 시도"라고 밝혔다. 그리고 "다음 세대의 사회공헌은 새로운 질문을 던질 줄 알아야 한다."고 말했다. 이 책을 마무리하며, 우리는 몇 가지 질문을 던지고자 한다. 이 질문들은 답이 아닌 시작점이다.

기업 사회공헌의 목적은 무엇인가? 그것이 ESG 전략의 한 축으로만 존재해야 하는가, 아니면 ESG를 넘어서는 독자적 가치를 추구해야 하는가? 우리는 이 둘이 상호배타적이지 않다고 믿는다. 오히려 둘 사이의 창조적 긴장이야말로 사회공헌을 더 풍요롭게 만드는 동력이다.

복잡한 사회 난제 앞에서, 기업 혼자 할 수 있는 일은 무엇이며 할 수 없는 일은 무엇인가? 그리고 협력을 통해 도달할 수 있는 가능성의 지평은 어디까지인가? 우리가 만난 사례들은 협력의 스케일을 키울 때 비로소 사회문제의 고착을 뚫고 나갈 실마리를 찾을 수 있음을 보여준다.

임팩트를 측정한다는 것은 무엇을 의미하는가? 그것은 단지 보고서를 위한 숫자를 만드는 일인가, 아니면 우리의 활동이 만들어낸 진정한 변화를 이해하고 더 나은 방향으로 나아가기 위한 나침반인가? 측정의 목적에 대한 근본적 성찰이 없다면, 우리는 영원히 '보고의 덫'에 갇힐 것이다.

기술은 사회공헌의 도구인가 목적인가? AI와 디지털 기술이 가져올 변화의 혜택을 모두가 누리려면 무엇이 필요한가? 포용적 기술 확산 없이는, 기술 발전이 오히려 새로운 격차를 만들어낼 것이다.

비영리 생태계의 고유한 가치는 무엇이며, 우리는 그것을 어떻게 지켜낼 것인가? 효율과 트렌드의 논리 속에서도, 사회적 약자와 소외된 문제에 천착하는 비영리기관들의 역할은 결코 대체될 수 없다.

그리고 마지막으로, 사회공헌은 사회를 어떻게 바꿀 수 있는가? 단순히 문제를 완화하는 것을 넘어, 사회 시스템의 재구성에 동참하는 공공적 행위로서 사회공헌의 가능성은 무엇인가?

전환의 한가운데, 협력의 시작점에서

한국의 기업 사회공헌은 지금 갈림길에 서 있다. 한쪽 길은 ESG 전략에 완전히 종속되어 최소한의 요건만 충족하는 방향이고, 다른 쪽 길은 ESG와의 정합성을 유지하면서도 그 너머의 사회적 가치를 적극적으로 확장하는 방향이다. 우리는 후자의 길을 선택해야 한다고 믿는다. 이 책을 시작하며 우리는 '전환(transition)'을 시대적 키워드로 제시했다. 전환은 끝이 아니라 과정이다. 그리고 그 과정의 끝에는 새로운 시작이 기다리고 있다. 바로 '협력'이다.

협력의 시대는 이미 시작되었다. 이제 필요한 것은 더 많은 이해관계자가 이 무대 위에 올라와 각자의 역할을 수행하는 것이다. 기업은 자본과 기술과 네트워크를, 비영리는 현장의 전문성과 신뢰를, 정부는 제도와 정책을, 시민은 참여와 연대를 가져와야 한다. 그리고 그 모든 협력을 조율하고 지원하는 중추조직들이 든든히 자리해야 한다.

임팩트의 확장은 숫자의 증가가 아니라 질적 도약을 의미한다. 더 많은 사람을 돕는 것을 넘어, 더 깊은 변화를 만들어내는 것. 더 큰 예산을 집행하는 것을 넘어, 더 지속가능한 시스템을 구축하는 것. 이것이 우리가 나아가야 할 방향이다.

생태계의 확장은 활동 영역의 확대를 넘어, 사회공헌이 작동하는 방식 자체의 혁신을 요구한다. 환경과 사회, 기술과 포용, 경영전략과 사회적 가치—이 모든 것이 유기적으로 연결될 때, 진정한 사회적 임팩트가 창출된다.

나가며: 새로운 언어를 말할 용기

서론에서 밝혔듯이, 이 책은 "사회공헌이 더 이상 '주어진 문제의 해결을 돕는 일'이 아니라, '함께 문제를 새로 정의하고, 해결의 질서를 재구성하는 과정'이 되어야 하는 시대"를 위한 기록이다. 그리고 그 시대에 필요한 것은 새로운 언어다.

새로운 언어를 말한다는 것은 쉬운 일이 아니다. 그것은 익숙한 틀을 벗어나는 불편함을 감수해야 하며, 때로는 명확한 답이 없는 질문 앞에 머물러야 한다는 것을 의미한다. 그러나 바로 그 불편함과 불확실성 속에서 새로운 가능성이 싹튼다.

변화의 시대는 불확실하지만, 기회로 가득하다. 한국의 기업 사회공헌이 이 기회를 어떻게 활용하느냐에 따라, 우리 사회의 미래가 달라질 것이다.

"협력하고, 임팩트를 측정하며, 생태계를 확장하라."

그것이 전환의 끝에서, 협력의 시작점에 선 우리가 다음 세대에게 건네는 메시지다. 그리고 그 여정의 중심에 사랑의열매를 비롯한 중간지원조직들이, 기업과 비영리조직과 시민이, 그리고 새로운 언어를 말할 용기를 가진 모든 협력자들이 함께 서 있기를 희망한다.

이것이 앞으로 한국 사회공헌이 나아가야 할 길이다.